名师工程
创新课堂系列

新课程·新理念·新教学
丛书编委会主任：马立 宋乃庆

小学语文

个性化课堂教学艺术

商德远 编著

西南师范大学 出版社
全国百佳图书出版单位 国家一级出版社

《名师工程》
系 列 丛 书

学术指导委员会

主 任	顾明远

委 员

陶西平	李吉林	钱梦龙	朱永新	顾泠沅	马　立
朱小蔓	张兰春	宋乃庆	陈时见	魏书生	田正平
张斌贤	靳玉乐	石中英	钱理群		

编 撰 委 员 会

主 任	马　立　宋乃庆

编　委
（按姓氏拼音排序）

卞金祥	曹子建	陈　文	邓　涛	窦桂梅	冯增俊
高万祥	郭元祥	贺　斌	侯一波	胡　涛	黄爱华
蓝耿忠	李韦遴	李淑华	李远毅	李镇西	李力加
李国汉	刘良华	刘海涛	刘世斌	刘扬云	刘正生
林高明	鲁忠义	马艳文	缪水娟	闵乐夫	齐　欣
沈　旎	施建平	石国兴	孙建锋	孙志毅	陶继新
田福安	王斌兴	魏　群	魏永田	吴　勇	肖　川
谢定兰	熊川武	徐　斌	徐　莉	徐　勇	徐学福
徐永新	严永金	杨连山	杨志军	余文森	袁卫星
张爱华	张化万	张瑾琳	张明礼	张文质	张晓明
张晓沛	赵　凯	赵青文	郑忠耀	周安平	周维强
周亚光	朱德全	朱乐平			

编者的话

当前，以人为本的教育理念正在逐步深化，素质教育以及基础教育课程改革不断推进。在这场深刻又艰苦的教育改革中，涌现了无数甘为人梯、乐于奉献的优秀教师。他们积极探索、更新观念、敢于创新、善于改革，在实践中创造性地发展、总结了很多先进的教育思想、教育理念；创造性地开发了很多新的教学模式、教学内容和教学方法。这些新思想、新模式、新方法在实践中极大地提高了教学质量，是教育改革实践中的新内涵和宝贵财富。这些优秀教师就是我们的名师，这些新内涵就是名师的核心教育力。整理、总结、发展、推广这些教育新内涵，是深化教育改革、完善教育体制、提高教育质量、提升教师水平的一件大事。

教育，是民族振兴的基石；教师，是教育发展的根基。

胡锦涛总书记在全国优秀教师代表座谈会上指出："教师是人类文明的传承者。推动教育事业又好又快发展，培养高素质人才，教师是关键。没有高水平的教师队伍，就没有高质量的教育。"十七大报告又进一步强调了必须加强教师队伍建设，不断提高教师的素质。当今世界，社会进步一日千里，科技发展日新月异，知识更新的周期越来越短。教师作为"文明的传承者"更要与时俱进，刻苦钻研、奋发进取，尽快提升自身素质和能力，为推动教育事业的健康发展贡献自己的力量。

基于以上，西南师范大学出版社策划、组织出版了大型系列教育丛书——《名师工程》。希望通过总结名师的创新经验、先进理念，宣传名师的核心教育力，为广大教师职业生涯提供精神源泉和实践动力，在教育实践层面切实推动从教者职业素养的提升。通过《名师工程》实现"打造名师的工程"。

丛书在策划、创作过程中力求实现以下特色：

一、理念创新，体现教育的人本精神

教师角色在以人为本的教育理念下发生了重大的变化，教师的素质和能力也面临更高的要求。如何弘扬、培植学生的主体性、增强学生的主体意识、发展学生的主体能力、塑造学生的主体人格等问题成为教师在目前教育中亟待解决的难题。丛书以教育管理者和教师为主要读者对象，通过教师综合素质的提高而将人本教育的思想落实到教育实践中，真正实现教育培养人、塑造人、发展人的本质要求。

二、全面构建，系统提升教师的教育能力

丛书选题的最大特点就是系统、全面地针对教师教育能力的提升而展开。施教者的能力决定教育的效果，教育改革的落实、教育效果的提高无不体现在教师身上。丛书针对不同教育能力、不同教学要求、不同教育对象，有针对性地设置选题。棘手学生、课堂切入、引导艺术、班主任的教导力、互动艺术、课堂效率、心灵教育等等，这些鲜明的主题从教育的细节出发，从教育实际情况出发，有针对性地解决问题，让教师在阅读中学有所指、读有所获。

三、科学权威，体现教育的时代前沿性

丛书邀请全国各地著名的教育工作者执笔，汇集在教育改革与实践中涌现的先进理念、成果和方法，经过专家认真遴选、评点总结而成，代表了目前教育实践中先进的教育生产力，具有时代前沿性，是广大一线教师学习、借鉴的好素材。

四、注重实践，突出施教的实用价值

丛书采用了通俗的创作方法，把死板的道理鲜活化，把教条的写法改变为以案例为主，分析、评点为辅，把最先进的教育理念和方法融入有趣的情境中。经典的案例，情境式的叙述，流畅的语言，充满感情的评述，发人深省的剖析，娓娓道来、深入浅出，让教师更充分地领会先进、有效的教育方法。

在诸多教育、出版界同仁的支持与努力下，《名师工程》陆续推出了《名师讲述系列》《教学提升系列》《教学新突破系列》《高中新课程系列》《教师成长系列》《大师讲坛系列》《教育细节系列》《创新语文教学系列》《教育管理力系列》《教师修炼系列》《创新数学教学系列》《教育通识系列》《教育心理系列》《创新课堂系列》《思想者系列》《名师名课系列》《幼师提升系列》《优化教学系列》《教研提升系列》《名校长核心思想系列》《名校工程系列》《高效课堂系列》《班主任专业化系列》等系列，共120多个品种，后续图书也将陆续出版。

丛书在出版创作过程中得到各地、各级教育部门与教育工作者的大力支持与帮助，在此一并表示感谢！

教育事业是全社会共同的事业，本丛书的出版一方面希望能对广大教育工作者有所帮助，共飨先进成果；另一方面也是抛砖引玉，希望更多的教育工作者参与到出版创作中来，百家争鸣、百花齐放，为促进教育事业的发展共同努力！

前　言

　　百年大计，教育为本。教育是民族振兴、社会进步的基石，是提高国民素质、促进人的全面发展和个性发展的根本途径。强国必先强教，强教必先有先进的教育理念。

　　在当今各种教育理念中，有一种被国际教育界从教育理论研究层面到教育政策制定层面直至教育实践层面，普遍被肯定、认可和遵循的教育理念，那就是"以学生发展为本"。"以学生发展为本"的核心就是要注重学生的全面发展、尊重学生的个性发展和差异发展。即要以学生为主体，以教师为主导，充分发挥学生的主动性和主体性，把促进学生成长、成才作为一切工作的出发点和落脚点；关心每个学生，促进每个学生主动地、生动活泼地发展；尊重教育规律和学生身心发展规律，为每个学生提供适合的个性教育，着力提高学生的学习能力、创新能力和实践能力，造就高素质的劳动者和创新型、实用型、复合型人才。

　　联合国教科文组织国际教育发展委员会编著出版的《学会生存——教育世界的今天和明天》在谈到"培养完人"的教育目的时，特别指出："每一个学习者的确是一个非常具体的人。他有他自己的历史，这个历史是不能和任何别人的历史混淆的。他有他自己的个性，这种个性随着年龄的增长而越来越被一个由许多因素组成的复合体所决定。这个复合体是由生物的、生理的、地理的、社会的、经济的、文化的和职业的因素所组成的，而这些方面对于每一个人来说，都是各不相同的。当我们决定教育的最终目的、内容和方法时，我们又如何能够不考虑这一点呢？"

　　所以，无论是从促进教育公平的角度，还是从提高教育质量的角度，今天的教育都应把实现每一个学生个体潜能最大限度的发展，作为着眼点和着力点，注重学生发展的差异性和独特性，顺学生之天性，创造适合每一个学生全面发展和个性发展的教育。这一要求体现在教育教学中，就是要给学生提供最大的选择机会，包括课程、学习时间、学习方式和学习内容等。简言之，就是要使学生在教育上享有"参与性""自主性"和"选择性"等权利，即在教育教学中真正落实学生的主体地位，体现学生学习的主体性、差异性和独特性等。

在这一理念下，笔者进行了"个性教育艺术"这一专题的研究，并围绕这一专题，精心筛选了自己的极具阅读价值的部分创新作品编写成了这本书。笔者希望通过编写这本书，一是可以把近年来自己对个性教育研究的一些认识，毫无保留地奉献出来，与读者交流分享；二是希望能得到专家、学者和广大读者的批评指导，不断完善自己的研究。

全书共分为"理解个性化教育"和"个性化课堂教学研究"两章。笔者在"理解个性化教育"部分阐述了自己对个性教育的认识。"个性化课堂教学研究"是对个性课堂教学进行的研究，这一章包括"认识个性化课堂""个性化阅读教学"和"个性化作文教学"三部分内容，其中大部分内容是能体现个性教育思想的典型教学设计、教学实录和个性评析等。

因为语文教育的内容博大精深，任何一项研究都不可能穷尽语文教育要研究的所有内容，都不可能研究的非常全面系统、尽善尽美，本书亦如此。本书在每一章中只能选取一些研究的专题，而这些专题都是教学一线的学校领导、教学研究人员和广大教师十分关注或操作起来普遍感到有困惑的问题。每一个专题都能实实在在地解决一个教学中的实际问题。在解决这些问题时，笔者特别注重理论与实践相结合，突出操作性，彰显实用性和实效性，体现独特性和创新性。书中所列举的事例和选取的典型教学设计，涵盖了人教版、苏教版、北师大版三大版本的教材内容，每一篇都有鲜明的个性特点和与众不同的亮点，真正体现出了个性教育的特色，有着极强的可读性和普适性，可借鉴性强。

同时由于时间紧，笔者在编写本书时难免会有不当之处，敬请广大专家、读者批评指正。

商德远

目录 *MuLu*

第一章　理解个性化教育

对"个性教育"的认识 ……………………………………（3）
透视美国的个性教育 ……………………………………（7）
我的个性教育观 …………………………………………（18）

第二章　个性化课堂教学研究

第一节　认识个性化课堂 ……………………………（27）
　个性课堂，课堂教学追求的理想境界 ………………（27）
　个性课堂的好课标准 …………………………………（31）
　如何构建个性化的课堂教学模式 ……………………（33）
　学会质疑，是构建个性课堂的前提 …………………（36）
　发挥主体作用，是构建个性课堂的关键 ……………（42）
　怎样设计个性化结课 …………………………………（46）
　怎样设计个性化的有效作业 …………………………（50）
第二节　个性化阅读 …………………………………（56）
　在自主学习过程中实现个性化阅读 …………………（56）
　小学生的个性化阅读与教师的价值引导 ……………（62）
　怎样引导学生进行个性化阅读实践 …………………（67）
　在"一点三线"探究阅读中实现个性化阅读 ………（71）
　在学科整合中实现个性化阅读 ………………………（74）
　个性化阅读教学案例 …………………………………（81）
　　《给予树》教学设计、教学实录、个性评析 ………（81）
　　《自然之道》教学设计与实录、对话教师、课堂观察 …………（93）
　　《普罗米修斯》教学设计、课例打磨、个性评析 ………（109）

《献你一束花》教学设计、个性评析 …………………… (121)

《三顾茅庐》教学设计、个性评析 …………………… (127)

《一双手》教学设计、个性评析 …………………… (135)

《石榴》教学实录、个性评析 …………………… (143)

《和时间赛跑》教学设计 …………………… (151)

《七律·长征》教学设计 …………………… (157)

《报春花》教学设计 …………………… (163)

《卖火柴的小女孩》教学设计 …………………… (166)

第三节 个性化作文教学 …………………… (171)

怎样写出真挚的情感

  ——谈以"成长"为话题作文的个性化指导 …………… (171)

如何写出富有个性的想象作文

  ——以科幻奥运为例进行个性作文指导 …………… (179)

怎样写好读后感 …………………… (188)

个性化作文评价新探索 …………………… (190)

个性作文实践 …………………… (195)

《记一次借书的经历》作文指导的教学设计 …………… (195)

开放创新 放飞个性

  ——写"解决生活中的难题"作文指导课的教学设计 …………… (203)

《_____的时刻》作文指导课教学设计 …………… (207)

《_____的时刻》作文评改课教学设计 …………… (212)

神秘的礼物

  ——观察写实作文指导课的教学设计 …………… (217)

写名人的作文指导课的教学设计 …………………… (220)

《未来的公交车》想象作文指导的教学设计 …………… (224)

《我想发明……》想象作文指导的教学设计 …………… (229)

多彩的感悟

  ——"书香"主题读后感写作指导的教学设计 …………… (236)

张扬个性 自由表达

  ——《记一次辩论》作文指导课的教学设计 …………… (242)

后 记 …………………… (247)

第 一 章

理解个性化教育

　　本章主要从理论的层面谈了笔者对个性化教育的理解，特别是从个性发展观到个性教育、再到语文个性教育等几个层面，论述了自己对个性化教育的整体认识与思考。在此基础上，笔者从理论层面谈了自己对"个性发展观"的思考及形成的基本理念。

对 "个性教育" 的认识

有人说，如果把教育比做一个传递和创生文化与文明的王国，那么当学生走出这一国门的时候，他们应该是全面发展且有着丰富个性的一代新人。目前，世界各国根据政治、经济、科技、文化的发展，在人才培养中改变观念，在 "发展个性、启迪智慧、培养能力和鼓励创新" 等环节上下工夫，利用独创型人才发展独创型科技，所有这些都是围绕人才素质这个核心展开的。因为让学生学会学习、学会生存比什么都重要，所以提高人的素质、重视人的个性发展已成为世界教育教学改革的主流。在今天，提倡个性教育，造就学会学习、富有个性、具有创造力的新人已经成为世界课程改革的基本价值取向，也自然成为我国新课程改革的重要理念之一。那么，为什么要进行 "个性教育"？怎样的教育才算是 "个性教育" 呢？

一、个性发展观

华东师范大学课程与教学研究所教授、博士生导师钟启泉教授认为，当今世界的课程改革在基本价值取向上主要受五对张力的影响：一是平等与高质量之间的张力，由此产生教育民主与教育公平的理念；二是民族性与国际性之间的张力，由此产生多元主义教育价值观；三是科学世界与生活世界之间的张力，由此产生主体教育观；四是人与自然之间的张力，由此产生生态伦理观；五是个人与社会之间的张力，由此产生个性发展观。这五种理念既是世界课程改革的基本价值取向，亦是我国课程改革的基本理念。

"个性发展观" 已成为世界教育改革发展的趋势，其核心内容就是个性教育。目前，个性教育已得到世界各国的高度重视，并已成为世界各国教育的一面旗帜。如日本的 "尊重个性"，俄罗斯的 "全面发展个性，最大限度地发展每个人的才能"，美国的 "希望并帮助所有的学生最大限度地发挥他们的能力"，等等，都较好地凸显了个性教育。

个性教育不仅是世界各国课程改革的趋势，亦是我国课程改革的基本理念。我国也在 20 世纪 80 年代后期把个性教育列为教育的主题与使命之一。新的语文课程标准中更是强调了 "使学生逐步形成良好的个性"。《国家中长期教育改革和发展规划纲要（2010～2020）》（以下简称《纲要》）中也明确提出要注重学生的全面发展和个性发展。把发展人的个性作为教育的培养目标意义深远而又重大，因为"教育在今天只有赢得了'个性和个性发展'，才能赢得社会发展的未来"。因为国家要发展，最重要的一点是要靠人的发展，而人的发展的核心又是个性的和谐发展。个性教育就是真正的、具体的、独特的人的教育，就是使一个生物意义上的实体不仅获得社会性、文化性，更要获得自身独特性、自我确认性的过程。

在当代教育改革过程中，注重发展学生的个性不仅已成为当代教育的重要内容，也成为我国课程改革的主要任务之一。可以说，在今天的教育中重视了"个性发展"，就等于扼住了当代教育的脉搏。

二、个性教育

当前，我国的教育改革早已经由"应试教育"转向了"素质教育"，全国都在对学生全面实施"素质教育"。

什么是"素质教育"？素质教育是指依据人的发展和社会发展的实际需要，以全面提高全体学生的基本素质为根本目的，尊重学生的主体性和主动精神，注重开发人的智慧潜能，注重形成人的健全个性为根本特征的教育。说到底，"素质教育"其实就是"个性教育"。"素质"是以人的先天禀赋为基础的，在环境（教育）作用下高度内化的心理品质，并在人与环境的相互作用中外化为个体的行为表现。"素质教育"是在每一个个体原有的人格特性的基础之上进行的，是对每个人的人格特性的修正、补充、提炼和完善。从这个意义上说，"素质教育"是尊重个性的教育。"素质教育"就是要使被教育者的心态、观念、信念、思维能力、学习力、创新力、知识、技能等得到发展，即帮助学生释放生命的潜能，全面提高素养，实现个性化的自我成长、自我超越等，最终目的就是个性的发展与人格的完善。所以说，"素质教育"说到底就是在学生全面发展基础之上的"尊重个性、发展个性"的教育。

"素质教育"是以人为出发点和归宿的，它区别于"应试教育"的一个根本点就在于，它尊重并发展每一个儿童的"个性"。所谓"个性"，是指一个人所具有的一定意识的倾向性，表现为个体的兴趣、爱好、需要、动机、意志、信念等，还体现在人与人之间的能力、气质、品德、性格等方面存在的个体差异上。这种在个体身上经常地、稳定地表现出来的心理特征的总和以及精神面貌，包括一个人怎样行动、怎样对待自己、怎样影响别人，我们称之为个性。它一般是指一个人区别于他人的固有特性，这些特性是有机整合的，作为一个整体显示出独特的倾向。个性教育与整齐划一的教育不同，它强调尊重人的个性，提倡个性潜能的发掘和个性优势的发展，主张培养个性全面和谐发展的人，弘扬教育特色化，这就是现代个性教育的内涵。

我国当代个性教育的主题是什么呢？学术界普遍认同的看法是培养个人独特的社会主体性和健全的人格精神。个性教育一方面要发展个人的自我意识，引导受教育者学会正确地认识自己，正确地评价自己，并能监督、控制、教育自己；另一方面又要把受教育者视为教育主体，激发、引导受教育者积极地参与教育和教学活动，进而把受教育者培养成为能认识世界和改造世界的社会主体。所谓主体性即作为主体的人在进行认识活动和实践活动中的特性，即人的自主性、能动性和创造性。可以说，主体性教育是人们自我教育意识的一次大觉醒，是教育发展中的一个大飞跃。主体性教育既是一种富有时代感的个性教育思想，又是当代个性教育的首要原则，同时也是培养个人独特的社会主体性的实践活动。加强现代教育个性化，必须把主体性教育凸显出来，才能使教育改革顺应时代潮流，满足社会发展与个体发展的双重需要。

三、语文个性教育

个性教育已成为世界各国教育发展的趋势。作为基础学科的语文，凭借其自身的人文学科优势理应成为个性教育的核心领域，并发挥中流砥柱的作用。个性教育思潮所标举的"尊重人的个性""发掘人的潜能""塑造人的人格"等主张正是当前语文教育改革的主流方向。

语文个性教育的核心是对学生创造性人格的塑造，因为人格是确保个体获得个性独特性的最终依据。众所周知，语文具有复合功能，所谓复合功能就是将语文教育的各种功能有机地整合为一体的功能，由工具性要素和人文性要素组成，正如新课标所说的"工具性与人文性的统一是语文学科的特点"。语文的复合功能对于语文个性教育价值观的构建起了决定性的作用。语文个性教育的核心就是要通过语文教育促进学生的个性和谐健康地发展。但是，这种发展绝对不是脱离具体语文教育过程的抽象思想运动，而是由语文教育的现实功能直接承载的。语文教育的多功能整合很好地协调了语文教育的工具性价值和人文性价值，把个性教育与社会需求有机地结合起来，这对于培养学生符合社会需要的良好个性品质起到了积极的促进作用。因此，多功能复合的语文教育价值观是语文个性教育的重要理论基石。

在新世纪里，语文个性教育的价值追求表现在受教育者的素质上，就是要重视个人的全面发展和个性发展，尤其是人格的健康成长。这一点具有世界性、终极性意义。所以，语文个性教育就是要立足于全体学生，立足于客观存在的学生的个别差异，通过因材施教、因需施教、因文施教等，充分调动每一个学生的积极性、主动性和创造性，让每一个学生都能健康快乐地成长，都能在学习语文的个性漫游中体会到成功的快乐，体验到作为学习主体的自主感、独特感和成就感，从而释放他们的学习热情和创造能量，进而培养出知识丰富、能力突出、积极进取、勇于创新、个性鲜明的社会主体。

语文教育多功能复合价值观决定了语文个性教育内涵的丰富性、多元性。一方面，作为工具学科，语文教育对培养学生独特的理解能力、鉴赏能力等阅读能力，以及富有个性的语言表达能力、语言风格等语文素养具有促进作用；另一方面，作为人文学科，语文教育对培养学生独特的人格又具有重要意义。

因此，语文个性教育就是要培养学生具备与众不同的良好语感、鲜明的语言风格、创造性的思维、良好的语文能力、独特的学习方法、与众不同的写作个性以及积极向上的创造性人格，等等。

透视美国的个性教育

《东方早报》曾经有这样一则报道:"在国内他被教成水泥脑袋,到美国他被育成年轻天才。他叫王楠子,8年前,他是上海某中学一个'标准的差生',经常被老师'重点关照',无奈之下赴美求学;8年后,他成了全美动画比赛个人组冠军,并被老师表扬'是个天才'。王楠子如今是费城艺术学院的大四学生,是该校动画专业最出色的学生……"再看看美国获得诺贝尔奖的人数,据统计,截至2009年,在诺贝尔奖109年的历史上,共有811人和22个国际性组织获得过诺贝尔奖,其中美国占335人,占了40.2%。面对以上真实的事例和令人信服的数字,我不禁联想到那个令国人深思的钱学森之问:"为什么我们的学校总是培养不出天才?"

我一直在反思:王楠子为什么在国内被称为差生,到美国后却变成了"天才"?为什么美国的诺贝尔奖获得者高居世界第一?中美教育究竟有哪些不同?我国的教育究竟有哪些不足?美国的教育又有哪些值得我们学习借鉴的地方?

带着种种疑问,我查阅了大量资料,也和多位教育界同仁进行过探讨。虽有一些初步的认识,但总因为没亲眼目睹美国的教育而不敢妄下结论。正如美国李鸥·李奥尼讲的那个关于《鱼和青蛙》的故事一样,如果你只读书或听别人讲过,实际的东西可能会在你的大脑中变了样。通过实地考察,你才会把抽象的东西变成具象的思考。看书和听说,毕竟不如实地考察更真实、更形象、更全面、体验更深。

2010年1月,山东省教育厅组织22位齐鲁名师赴美国康州进行教育考察,我被分到了康州的新镇。在考察期间,我住在了美国家庭中。据房东桥港大学终身教授俞教授介绍,该镇所在的县是美国第一富县,经济发达、教育一流。在那里,我共考察了7所学校,包括5所小学、1所初中和1所高中。其间,我听课60余节,参与教学研究4次,与校长、教授、中小学教师、学生、家长座谈10余次。同时,我还重点考察了美国的校园环境、学校管理、教学理念、课程设计、课堂教学、教学方法、学生培养、教师培养等多个方面的内容,获得了宝贵的第一手资料。

这次出国考察,使我对美国的教育感触颇深!我发现美国的基础教育与中国的基础教育的确有着较大的差异,各有优势和不足。虽然我们国家也提出了"尊重个性,发展个性"的理念,但实际情况却是,知识传承仍是我国基础教育课程的重要价值取向，应试、选拔、功利的成分更大一些，注重整体划一、机械训练，是一种格式化的教育。这种教育模式忽视了对学生的个性培养，导致学生缺乏独特的创造性和实践能力，可以说根本不能满足学生的个性需求。特别是该模式缺失了最核心、最长远的价值——促进学生个性健全发展的奠基性价值和可发展性价值。个性，简单而通俗地说，就是个人素质和能力等方面表现出的个体的独特性。美国的小学和中学教育虽然在世界上排名仅为第28位和第30位，但他们的教育却恰恰抓住了教育最本质的"核心价值"——培养每一个学生的健全个性，发展学生的创新思维能力和实践能力。

给我印象最深的是，"教育要使学校适应儿童，而不是使儿童适应学校"的原则，在那里体现得淋漓尽致。美国教育非常重视对学生个性的培养，是真正从学生出发，并根据每一个学生的个性差异和需求去培养他们，而且机会均等。顺学生之天性培养人，才能满足不同学生的发展需求，发展不同学生的健全个性。教育所做的一切都是为了适应每一个孩子，而不是让孩子适应教育。在发展人的健全个性方面，美国教育抓住了人的最核心的能力——创新能力和实践能力，如发散性思维、批判性思维等，特别是批判性思维能力，以及与生活密切相关的各种社会实践能力，等等。

人的个性都是主体在特定的社会关系和教育关系等外部因素的影响下形成和发展起来的。一切成熟和成才的人都是个性充分发展的人。那么，美国究竟是怎样培养学生健全的个性，特别是培养学生个性的独特性，并使之走上成才之路的呢？除了有着良好的教育体制之外，下面几个方面也是至关重要的。

一、平等、民主、自由、宽松的氛围是学生个性发展的前提

创设一种平等、民主、自由、宽松的课堂教学氛围，形成一个无拘无束的思维空间，让学生始终处于一种轻松愉快的心理状态，学生就能无拘无束地积极思维、驰骋想象、自由发展、张扬个性。

据了解，美国制定了平等政策，学校设有平等委员会。学生不管什么国籍、性别、身体状况、种族和文化背景等，一律都是平等的。师生之间、学生之间人人平等。课堂上是讲究民主的，学生是自由自在的，学习氛围是轻松愉悦的。平等、民主、自由、宽松的学习氛围，为学生形成健全个性提供了必要的前提条件。

在新镇的7所学校中，我真正感受到了一种在平等氛围下以学生为本的教育。在那里，学生的主体地位真正得到了落实，每一个学生，哪怕是身体有残

疾、智力低下的学生，也不会受到歧视，大家都会得到公平的待遇，受到相同的教育。在学校里，我看到残疾同学和外籍学生都得到了特殊的照顾，有一位残疾学生竟有两名老师单独照顾；还有一个刚从其他国家转来的学生，因为外语不好，有专门的老师辅导。这样的事例在美国的学校里处处可见。

除了平等，学生在课堂上也十分自由，师生之间可以像朋友一样真诚交流与对话，学生可以质疑一切，包括质疑老师的教学，其学习氛围轻松自由。课堂上，学生只要在思考、在参与，怎么做都可以。学生在这样自由宽松的氛围中不知不觉地就发展了思考能力、创造能力，滋养了个性。现代心理学认为，儿童只有在无拘无束的时候，在轻松、愉快、和谐的环境中，才能思维活跃，想象丰富，记忆力增强。反之则思路阻塞，动作迟缓，心灵封闭，无创造性可言。

自由宽松的氛围是学生个性发展的一个必要条件，而个性的自由发展会使人达到一种理性上的自觉主动的发展。在这样的氛围中，学生的自我意识、独立思考能力、创新能力不断增强。正如马克思所说："自由是创造的前提。"国际上一些知名学者也认为，创造要有"内在自由和外在自由"。而如果用单一的教学模式，就会使教育中的自由逐步丧失，导致学生以社会需要的格式统一发展，甚至就像在流水线上生产出的成品一样，个性得不到充分的张扬，从而使创造力减弱。正如教育家赞科夫所说："个性的东西是共性的东西的存在形式。因此，要求一律，就会压制个性，从而也就压制了学生的精神力量，阻碍了学生发展可能性的发现与形式，阻碍了学生的一般发展。"经历了中美教育的杨振宁先生更是深有感触地说过，美国是放任开放、讲究个性的教育，对学生的各种放肆行为，表示宽容和理解。管得过严过死，都是要扼杀创造性的。

二、开拓多种培养渠道是学生形成健全个性的关键

依据霍华德·加德纳的多元智能理论，每个人都有 9 种不同的智能。而每个人的强势智能又会各不相同，这就使得每个人形成不同的兴趣爱好，展现出与众不同的个性特点。所以，开拓利于每一个学生强势智能发展的途径并重点培养，使其得到最大限度的发展，是培养学生形成健全个性的重要一环。

因此，设立丰富多彩、能满足不同学生需求的多元化课程，让学生自主选择感兴趣的课程进行学习，是充分发展个性的关键。

我考察的这一地区，共有学校、社区和家长俱乐部三条训练体系，为学生的个性发展提供了多种锻炼和实践的途径。

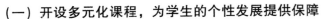

（一）开设多元化课程，为学生的个性发展提供保障

课程的价值就在于能满足学生主体个性发展的兴趣需要。学生的个性发展需要有适合学生兴趣需求的多样化课程。学生要通过自己感兴趣的课程去认识世界、适应生活，了解和发展自己的强势智能，从而形成健全个性。

我所考察的 7 所学校，除了开设州里规定的语言、写作、数学、科学等必修课程之外，还有开设课程的自主权。根据学生个人的兴趣和需求，不管是高中、初中还是小学都开设了多种多样的自选课程。如"新镇高中"根据学生的实际需要开设了"汽车修理、摩托车修理、微机修理、厨艺、电脑音乐制作、园艺、办（印刷的）报、摄像、照相、手工制作、器乐、合唱、球类运动"等几十种学生感兴趣的选修课程。学生可以根据自己的喜好和个性特点自由选择感兴趣的课程，以发展自己的个性特长。因为开设的课程多，涉及的生活面广，而学生又少，所以这些课程基本上能满足每一个学生不同的学习和生活需求。据一所学校的老师介绍，学校曾有两个学生想学一门课程，但没有这门课程的专业辅导教师，结果学校就千方百计聘请了教师，开设了这门课程，满足了这两个学生的学习需求。在另一所小学，我看到一节陶艺课上仅有 3 位学生在学，但课程照开。

这里的选修课，完全是为学生个性发展着想，是从适合学生的角度出发来考虑设计的。从小学到高中 12 年的时间，学生可以就自己感兴趣的课程学深、学精，满足兴趣需求，发展个性的独特性。

（二）提供时间和空间，为学生的个性发展创造条件

新镇的中、小学校都是下午 3 点准时放学。这样，学生就可以有足够的时间到自己感兴趣的学校社团或家长俱乐部发展自己的个性特长。这里的学校社团和社区俱乐部数量很多，完全能满足学生的需求。

这里的社团和俱乐部都给学生提供了专业水准极高的辅导教师和服务人员，有的是学校的专业教师，有的是水平极高的家长，还有学校外聘的高水平专家等。学生学习自己感兴趣的选修课程时间充足，有很多课程学生每天都可以进行训练。学校和社区俱乐部为学生个性的发展提供场地，而且由于学生自己感兴趣，又有高水平的辅导教师进行专门指导，因此每个人的特长自然发展迅速，真正张扬了学生个性。

（三）建立校外俱乐部，为学生的个性发展开辟路径

仅有学校这一个培养途径是不够的，而有了社区和家长的全面参与，就形成了学校和社区齐抓共管的局面，就有了多元化的培养路径。在这里，社区有各种适合学生发展的俱乐部，为学生的个性发展提供了很好的发展路径。

首先，这里有正规的社区俱乐部。一个星期六的下午，一位老师带我参观了一所"社区赛车俱乐部"，在这里我观看了该俱乐部组织的一次"童子军车模比赛"。这个社区俱乐部地方虽然不大，约有一百多平方米，但比赛设施却一应俱全，且科技含量高，电子计时屏、电子赛道、广播设施等都十分正规。附近学校的小学生平日和周末都可以在这里训练和比赛。来这里训练的学生和工作人员着装统一，都穿着俱乐部统一配发的工作装。比赛时，家长、学生的加油呐喊声不断，气氛相当热烈，俨然一场国际正式比赛，颁奖仪式也是有板有眼的。

这样的社区俱乐部通过训练和比赛为学生提供了锻炼的平台。大家相互切磋、互帮互学，车模技术自然提高很快。在这样逼真的竞争舞台上，学生发展了自己的兴趣，能力自然会不断得到锻炼和提高。

其次，这里还设有专为学生服务的家长俱乐部。一所小学的"家长里德俱乐部"就为学生提供了游戏、运动、创作艺术、实用艺术、学术活动和服务他人等课程，充分发挥了家长的作用，为有各方面兴趣的学生提供了锻炼平台，满足了学生的需求。

社区和家长俱乐部既可弥补学生节假日无人辅导的不足，又可以形成一个帮助学生发展的多元培训和服务网络，有益于学生的个性发展。

（四）举行多样化竞赛，为学生的个性发展搭建平台

校内外的竞赛活动是多样化的，凡是有利于学生发展的竞赛活动应有尽有，学校、镇、州、全国定期组织各种竞赛或演出，为学生提供锻炼和展示的机会。各种形式的比赛安排得科学合理、有条不紊，且开展得如火如荼、丰富多彩。

1. 学校经常组织各种演出活动

学校会定期组织学生召开音乐会。我参加了一所小学举行的音乐晚会，参加晚会演奏的都是五六年级（该小学只有这两个年级）的学生，据校长介绍基本上是全员参与。家长也聆听了此次音乐会。音乐会上，小"演奏家"们训练有素，演奏的曲目多，技艺高超，听众掌声此起彼伏。学生平日的训练在这个舞台上得到了精彩的展示，其自身价值得到了真正体现，提高了技能，陶冶了情操。学校在音乐比赛方面获得的奖项之多，令人瞠目结舌！

2. 校际之间也经常组织常规竞赛，切磋技艺

我参加了一次两个镇中学间定期组织的初中学生的常规篮球比赛，其中一

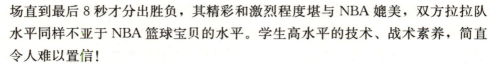

场直到最后8秒才分出胜负，其精彩和激烈程度堪与NBA媲美，双方拉拉队水平同样不亚于NBA篮球宝贝的水平。学生高水平的技术、战术素养，简直令人难以置信！

3. 地区以上的部门也会定期组织大赛

我参加了该地区组织的一年一度的大规模的"护旗队"表演竞赛（一种有棋、刀、枪的类似体操的比赛）选拔大赛。来自州里各镇的小学、初中和高中的护棋队都来角逐，前三名将代表州参加全国大赛。选拔赛上，各代表队的必选动作、自选动作都独具特色、各有优势，令人大开眼界。学生们训练有素，基本功扎实，队形变幻多样，动作自由灵活，富有想象，表演出色，令人眼花缭乱。比赛结束后，评委们评出了一、二、三等奖（这里的评奖特别公平，评委一人一个地方，分散到场地的各个角落打分，打完分接着有人取走）。

另外，我还看了电脑音乐制作比赛、科技制作比赛等。各种高水平的比赛检验了学生们的水平，让学生得到了心理满足，更让他们产生了一种成功感，而这种成功感又给他们注入了新的发展动力与激情。从这些参与竞赛的学生的身上，我仿佛看到了来自中国的王楠子的身影，仿佛看到了未来的科比、乔丹等一大批篮球巨星的影子，还仿佛看到了一批批未来诺贝尔科学奖获得者的成功身影……

三、培养学生的创造性思维能力是发展学生个性的根本

每个国家、每个民族都需要发展。要发展就要有创新，要创新就需要有高素质的创造性人才。而创造性总是寓于独特的个性之中。独特的个性不仅是一个人获得成功的前提，更是一个人存在价值的体现。没有独特的个性也就不会有创造性。每个人都需要创造，人人都有创造的欲望，创造性是个性发展的最高层次。注重发展学生的创造性思维能力，是培养学生创新能力的核心，更是学生个性健全发展的根本。

心理学研究表明：教育可以激发人的创造性思维能力。但是，"千百万人今天却正在发现，他们进行创造活动的两个组成因素（思想和行动）都已经瘫痪了……教育既有培养创造精神的力量，也有压抑创造精神的力量。"日本政府提出："创造力开发是通向21世纪的保证。"曾任美国哈佛大学校长的曾西认为："一个人是否具有创造力，是一流人才和三流人才的分水岭。"美国教师认为，学会创造性地思维才是最核心的和最首要的。

一个人只有具备创造性的思维方式，才能提高发现问题和解决问题的能

力。通过考察美国中小学教育，笔者发现美国从小学就特别注重对学生创造性思维能力的训练。创造性思维主要包括批判性思维和发散性思维。批判性思维，即不迷信、不盲从，凡事独立思考，勇于提出自己的想法，辨证地看待问题；发散性或开拓性思维，则是不依据常规、寻求变异、多角度寻求答案的一种思维方式。在美国的中小学，根本见不到背标准答案、机械训练的现象，他们认为这么做等于浪费时间，而且还会僵化学生的思维。

（一）培养学生提出问题和解决问题的能力

问题是创造的先导，也是思维的起点，具有问题意识是一个人有所创新的前提和基础。有问题就意味着有思考，创新活动实际上就是一个不断提出问题和解决问题的过程，只有先提出问题，才能启动思维，使创新活动始终以提出的问题为核心而展开。实验科学的鼻祖培根曾经说过，如果科学研究从肯定开始，必将以问题结束；如果从问题开始，则必将以肯定结束。1938 年，爱因斯坦在《物理学的进化》中说："提出一个问题往往比解决一个问题更为重要，因为解决一个问题也许是一个数学上或实验上的技巧问题。而提出新的问题、新的可能性，从新的角度看旧问题，却需要创造性的想象力，而且标志着科学的真正进步。"学生一旦发现了问题就会产生解决问题的需要和内驱力，产生一种心理上的不平衡，从而激起强烈的求知欲和好奇心、唤起内心创造的需求与兴趣，并在强烈的创造动机驱使下，进行积极地思考和创造，直至解决问题，达到创造的目的。

首先，在课堂上，教师特别注重培养学生的问题意识，注重让学生自己提出问题。我听了多节阅读课，发现学生特别喜欢提问题，也非常会提问题。在一节四年级的阅读课上，我看到执教老师在课堂上没有任何琐碎的讲解，也没有单调的一问一答，有的只是学生分组之后静静地阅读。每个人在阅读时都会在读过的每一页上贴上一张 6 厘米见方的小纸片，上面密密麻麻地写着自己的问题。临近下课时，老师再引导学生在小组内自主交流解决这些问题。在一节高中的地球科学课上，老师让学生从日常生活中寻找元素。在这里，我看到老师总是给学生提供提问、思考、表现及体验成功的机会，如老师在讲课的时候，学生可以随时提出自己的疑问，老师从来不会批评学生的奇思异想，而是给予充分鼓励和引导，启发学生通过自己动脑筋思考，找到解决问题的办法。

其次，学生除了向书本和老师提问外，还不断对生活中的各种现象质疑。有一个班级在墙壁上专门设了一个"问题专栏"，学生只要有问题都可以贴在上面，每天老师都会抽出时间引导学生自主解决这些问题。无论是课堂作业还是家庭作业，一般都没有固定的标准答案，学生都要通过自己查找资料和独立思考来完成。

再次，学生甚至不放过一切质疑的机会。一次，我到一个三年级班听阅读课，这个班的学生就"你最喜欢读什么书？这些书内容怎样？"等问题向我提问了 20 多分钟，让我看到了这里的三年级孩子们的问题意识很强。到一所高中也同样遇到了学生们的提问。

（二）重视培养学生的创造性思维能力

中国教育因忽视个性而造成了学生思维中的从众定式。多少年来，我们的教育一直推崇的是培养听话的孩子，强调教育的整齐划一。用同样的教学内容、教育方法、评价标准来衡量智商、兴趣、爱好、个性迥异的学生。经过我们的教育之后，一个个原本各具特色的学生变成了"标准件"，缺失了个性和灵性，缺失了独立的思考能力、独特的思维方式。学生们不敢求异，也不敢标新，更不敢挑战权威。在美国，你很难看到这种现象。

培养学生不畏权威，不盲目崇拜，并且敢于向权威提出质疑与挑战的性格，是美国教育的主要特色。教师不会把一成不变的、固定死板的答案告诉学生，而是让学生自己思考，在分析、批判、借鉴他人观点的基础上，进而形成自己的、独立的看法和观点。课堂上，学生们不迷信权威，甚至可以找出老师的问题。在一节小学五年级的音乐欣赏课上，老师让学生通过反复欣赏学校组织的合唱录像，找出改进的办法。第一遍看，学生从演唱声音、技巧等不同角度提出了自己的改进看法，如有的学生从和声的角度谈，有的学生从各个不同的声部谈等；第二遍教师将录像快进，学生再看，他们又从演唱学生的表情、动作等非音乐元素中发现了问题。甚至有的学生还找出了老师指挥的问题，并提出了改进的建议。老师不但没批评学生，反而表扬了学生。学生通过欣赏这个录像，从不同角度提出了改进建议，在培养音乐素养的基础上，还培养了发散思维能力和批判性思维能力。

另外，学校还特别注重对学生想象力的培养，这都是培养学生创新性思维的有效方法。

四、依据个性差异实施分层教学是培养学生个性的有效措施

中美两国的教育理念是不同的，中国的应试教育不是让教育适应每一个孩子，而是整齐划一式的教育·是众人一样的教育。而美国的教育则是从每一个学生的需要出发，通过选课制、走班制、分层教学等，真正实现了因材施教，

真正发展了每一个学生的个性。

这里的学校按照学生的实际水平、性格特点、学习能力等多个方面进行分层教学。这种分层教学一般分为四个层次，每个层次的学生能力、基础等各不一样，绝对区别于我们国家的行政班分层。下面从阅读教学的角度来看美国的分层教学。

首先，就阅读的书目分层。在学校里，学生读书从一年级就开始分层了。教师将学生的阅读能力分成红、黄、蓝、绿四个不同等级，并将教室里的很多书贴上不同颜色的小圆片以标注并区分等级。再按由易到难的顺序分红、黄、蓝、绿四个层次进行摆放，学生按自己的能力类别选择自己感兴趣的图书。在家里也是如此，学生可以在家长的指导下按能力大小阅读适合自己能力等级的书。

其次，读书的进度分层。在四年级的一节阅读课上，我看到老师将学生分成了多个读书小组，每个小组读的书和进度各不一样。学生可以按照兴趣选择图书，再按能力、适合自己的进度进行阅读。超出本年级阅读水平的学生读的进度快一些，达到本年级阅读水平的学生按本年级的阅读速度读，能力稍差的学生进度更慢一些。这些小组中，能力特别强的一组和能力最差的一组都有老师进行特别指导。读完后，再按小组进行交流。

实施潜能早发现、能力倾向持续跟踪指导计划，是分层教学的重要一环。对学生的潜能和能力倾向进行早期诊断与评价，建立跟踪电子档案，及时发现学生的潜能和能力倾向及其变化趋势，及时制订个别化的指导与培训方案，确保了学生潜能的早发现、早开发。能力倾向的早发现、早跟踪、早引导，保障了每一个学生的潜能和个性沿健康方向最大限度地发展。

五、联系生活培养学生的实践能力是发展学生个性的有效途径

传统观念认为教学就是传授知识。然而，杜威认为，学生从教师口中被动听来的知识不是真正的知识，这种教学方法只能抑制儿童的活力和阻碍儿童创造才能的发展。他以打仗作比喻：放弃正面攻击而采取迂回战术，能减少军力的消耗。同样的道理，教学不应直接注入知识，而应诱导儿童全身心地参加活动，使他们在活动中以迂回的方式无意识地获取经验和知识，应该"从做中学"。做是根本，没有做，儿童的学习就没有依托。杜威提出，要充分利用儿童的游戏本能，让他们以活动为媒介间接学到知识。"从做中学"强调的是要从儿童的现实生活出发，并且依附于儿童的现实生活。教学要为儿童设想，以

儿童的心理为根据。

无数事实表明，把学生封闭在书本里、禁锢在题海中的课程体系在将学生变成缺乏灵性、缺乏创造性、缺乏个性的"考试机器"的同时，也使基础教育本身丧失了最根本、最长远的价值——促进学生个性健全发展的奠基性价值和发展性价值。中国学生的知识量要比美国学生多得多，也复杂和深入得多，但他们的知识大多与社会发展脱节，并且应用不到实践中，学生一接触社会，便感到现实社会与在书本中所学的并不一样，所学知识也大多派不上用场。相反，美国学生所学知识虽然比中国学生所学知识要浅显得多，容易得多，但却能与社会生活实践结合起来，并能用于解决实际问题。因此，美国学生对社会认识现实得多，进入社会后，实践能力特别强。

在美国的学校里，教师非常注重对学生动手能力的培养，使学生将所学知识与社会实践紧密结合起来。这里的学校都有实践活动课，我在小学看了一节学生亲自动手用木头等材料制作照相机的动手实践课；在初中看到了学生专门用来进行实践的多用途活动教室；在高中看到了学生的厨艺课，并亲自品尝了学生做的各种午餐……

美国教育非常重视学生参与社会、服务社会，从而使他们对现实社会有清醒的认识，了解、分析社会问题，并且采取措施来解决社会问题。同时，美国"学生志愿者"也是学生了解和服务社会的一种很好的形式。2011年1月份，海地发生了大地震，美国新镇高中一位副校长根据学生的要求与学生志愿者一起赴海地进行了救援。学生还要定期到社区做义工，进行无偿服务，这样既能融入和了解社会，又培养了良好的道德品质，还锻炼了社会交往能力等。学生只有了解社会，才能适应社会，才能更好地驾驭和改造社会，才能推动社会的不断进步。

因此，要想培养具有个性的学生，我们在素质教育的实施过程中，教学改革的重点就必须转向"研究学生"，把学生当做一个完整的生命体，注重发展学生的个性，鼓励学生的创造精神和参与实践的意识，明确学校的职责在于依据学生的差异促进学生个性的发展，绝不是让学生适应学校的教育。在学习活动中，学生是学习的主体，教师在教学中的一切活动都必须以调动学生的主动性、积极性为出发点，发挥学生的主体作用，为学生创造良好的教育条件和教学环境。只有树立以学生为主体的观念，教育教学民主化才有可能实现，学生的个性才能真正得到发展。

我国的应试教育关注孩子的眼前利益比较多，关注他们的长远利益比较少，这就不利于孩子的全面发展。要注重学生的长远利益，注重对学生进行提出问题、分析问题和解决问题的能力的培养，这对孩子的思维发展是至关重要的。思维能力是人生存能力的核心之一，必须下大力气抓好。否则，我们获得诺贝尔奖将永远是一个梦，钱学森之问将成为我们永远的遗憾！

我 的 个 性 教 育 观

在日常的教学中，教师在注重培养学生全面发展的基础上，应更加重视学生的个性发展。多年来，围绕对学生的个性教育，我进行了一系列研究与探索，初步形成了我的个性教育观。

我的个性教育观的基本理念是："以生为本、以学定教、以教促学、因需施教、因材施教、顺学而导、当堂达标。"

基本内涵是：面向全体学生，以每一个学生的全面发展和个性发展为本；尊重学生的自主意识和个性差异，注重调动学生自主学习的主动性和积极性；强调发掘每一个学生的学习潜能，让每个学生都能成为主动学习的主体，激发其创造精神、发展能力；引导学生主动参与学习体验，自主体验成功的快乐，提升生命的价值，形成健康的个性。

我的个性发展观的主要特点是：

一、注重情趣性

我非常赞同中国教育学会顾明远说的一句话："没有爱就没有教育，没有兴趣就没有学习。"在教育教学中，让"情"和"趣"贯穿学习的全过程，这样学生才能热爱学习、主动学习，对学习有兴趣。情趣性正是体现了"情"与"趣"的完美结合，这也是新课程改革中实现培养学生健全人格和良好个性品质的最佳途径。教师要以爱育爱，注重激发学生的学习兴趣和学习情感，引导学生热爱学习，在学中生乐、乐中得趣、趣中发展。

调动全体学生学习的积极性，引发积极的情感体验，最大限度地挖掘每一个学生的学习潜能。让每个学生在学习过程中，能始终伴随着快乐的情感体验，兴趣浓厚且富有成效地主动学习、自主学习、体验学习、终身学习、个性学习和快乐学习，最终达到孔子所说的"知之者不如好之者，好之者不如乐之者"的理想境界。

二、突出主体性

主体性是指教师在教学过程中，通过让学生参与教学全过程，调动起他们学习的积极性，从而真正树立起学生是学习主体的理念，落实学生的主体地位。主体性是学生形成个性的前提。

作为学习主体的学生，如果在压抑、被动、消极、依赖、强迫的学习活动中学习（因为学习活动本身缺乏"策略性"），就很难获得学习策略，从而阻碍个性发展。而如果学生在主动、自主、体验、创造性的学习活动中学习，则能积极开动脑筋、想办法、找点子，不断获得成就感、理智感、美感等，在获得知识与技能的同时，也获得适合自身个性发展的学习方法、思维方法、学习体验、探究愿望等。因此，教师要树立"以生为本、以学定教、以教促学、因需施教、因材施教"的理念，处理好教师指导与学生自主学习的关系。教师不仅仅是知识的传授者，还是学生学习的组织者、引导者和合作者。在教学中，教师应千方百计地促进学生开展有效、真实、自然、灵活、多样、有发展意义的学习活动，促进学生在有效的主体性学习活动中形成个性的学习方法，提高学习能力，提升人文素养，实现全面发展和个性发展。

主体性作为一种特性，它集中体现为人的自主性、主动性和创造性。要让学生在教学中全方位、全过程和全身心地主动参与，如思维参与、交往参与、对话参与、活动参与、体验参与等。教师只有让学生真正参与教与学的活动过程，才能真正实现课标所强调的落实学生的主体地位，发挥学生的主体性，从而优化课堂教学过程，提高教学质量。

三、体现差异性

体现差异性实际上体现的是人人能成才的理念，凸显的是个性化。有学者认为，"差异教学"是指教师在班集体教学中立足学生的个性差异，满足学生个别学习的需要，以促进每个学生在原有基础上得到充分发展、个性发展的教学。

差异性，实际上强调的就是立足于学生的个性差异，不以同一标准要求所有学生，要满足学生不同的学习风格、兴趣、需求等，要使所有学生得到充分的个性发展。要探讨适合每个学生特点的教学形式、教学内容、教学过程与教学结果，其最终目的就是促进每个学生在原有的基础上都得到最大的发展，从而实现自我教育。

差异是指学生个体之间稳定的个性特点的不同。依据多元智能理论，人有9种不同的智能，每个人的优势智能各不一样。也就是说，差异是客观存在的，不同学生有不同的学习成就感、学习能力倾向、学习方式、兴趣爱好及生活经验等。在霍华德·加德纳的多元智能理论的指导下，我们强调采用不同的教育教学方式以适应智能有差异的不同学生的需要。皮亚杰的个性差异理论，也强调学生原有的学习基础、认知结构、学习的兴趣、态度、学习方式等和教学的相互作用。

在教学中，我主张最大限度地利用学生的不同潜能，实施有差异的教学；要把学生之间的差异看成课程资源，教学中要充分、合理、艺术地利用这一资源，使学生之间的相异构想发生实质性的有效互动、合作对话，这是实现教学增值，也是实现教学面向全体学生、关注差异、形成个性的重要保证。

关注差异就是要通过选择调整受教育时间，在一个既定的教育计划内，根据一定的标准，围绕某些技术或课题对学生施教，然后调整学生的受教年限；调整不同学生的学习目标，如数学课，让某些学生学习"高深的"知识，而对另外一些学生则降低难度或只让他们学一些日常应用性的简单知识；"消除"个别差异，如通过"补差"使学困生能够跟得上和适应"主流"的教学方法；调整教学方法以适应不同学生的需要，照顾学生的个别差异。

只有了解每个学生的个性差异和最近发展区（学生即将达到的发展水平和现有发展水平之间的差异），才能真正了解学生的学情，才能依据学生的个性差异和不同需求找准教学起点，以学定教，顺学而导，学中导教，从而实现学生的差异发展。在这种个性化教学中，每个学生都能得到最大限度的发展，人人都能发挥自己的个性智能优势，最终都能在自己的智能优势方面获得成功。

四、运用启发式教学

要让学生形成健康的个性，必须多运用启发式教学，以及自主、合作和探究的学习方式。

孔子在《论语·述而》中就明确提出："不愤不启，不悱不发，举一隅不以三隅反，则不复也。"古希腊哲学家苏格拉底倡导的"产婆术"的提问、反诘、引申也具有启发的意识。继孔子之后，《学记》提出的"道而弗牵，强而弗抑，开而弗达"的见解更接近启发式的本质。启发式教学就是指教师在教学过程中根据教学任务和学习规律，从学生的实际出发，采用多种方式，以启发学生的思维为核心，以调动学生学习的主动性和积极性为重点，促使学生生动活泼地学习。

教师改善自己的教学状况，绝不是为了自己，而是为了让学生学得更好。教师的教学创新应建立在对学生学习规律的理解之上，基于学生应该习得的、有用的学习策略，并为学生体验运用这样的策略搭建平台。要指导学生养成

"方法"意识，让他们在具体知识的学习中学"方法"，并加强对"方法"运用的练习，反思"方法"运用的效果，持续地使用"方法"。上述对学生学习策略的指导与训练可以归纳为以下基本模式：学生学习策略的现状分析（学习状态与学习方法）——策略定向（打算教给学生什么方法）——激发学生学习动力——呈现或引导学生体验学习策略（"方法"）——学习策略（"方法"）运用——学习策略内化——学习策略迁移。

自主、合作、探究的学习对于学生来说，不仅仅是学到"知识"，更重要的是"学会思考、学会学习"，这对学生具有重要的发展价值。

"好学生是教出来的还是学出来的？"对于这个问题，陶行知早就说过："教学不是老师教、学生学，而是教师教学生学。"可见，教学的关键是学生的学。没有学生学习行为的发生，即体验的发生，再好的教学也无济于事。学习是否有效，可以从三个方面进行分析：

（1）学生是否有积极的思维参与。我一直认为学习应当是真实的智力活动。只有当学生在学习中不断地感悟、体验、推理、分析、综合、猜测、想象时，学生才是在"学习"。

（2）学生是否有积极的情感体验。学习不光是一种主体思维活动，更是一种主体体验活动。当学生在学习中享受发现的快乐、推理的严谨、自我成长的成功时，学习就不再是"负担"。

（3）学生是否习得了有效的学习方法。学生能否在学习中学会阅读、学会思考、学会实验等，是否通过学习活动掌握了类似学习任务的处理办法，是学习是否有效的一个重要标志。

从具体学法到学习策略，意味着我们更全面、更综合地关注了影响学生学习的因素。有关研究理论认为，学习策略的组成公式如下：学习策略＝认知策略＋元认知策略＋资料管理策略。认知策略包括复述策略、组织策略、概念学习策略（同化与顺应）、规则学习策略（归纳与演绎）、问题解决策略（发现与探究），这些策略同学科联系可以形成诸多学科认知策略。如语文的阅读理解策略、复述策略、创作策略、情境运用策略，数学的图示策略、建模策略，英语的任务式学习策略、口语交际策略等。元认知策略包括自我监控策略、自我指导策略、自我评价策略、自我调节策略。资料管理策略包括时间管理策略、环境管理策略、努力管理策略、学业求助策略等。

"知之者不如好之者，好之者不如乐之者。"学生只有"愿意学""主动学"，才能"真正学"，才能"学得好"。教师的职责是"教书育人"，但"教书

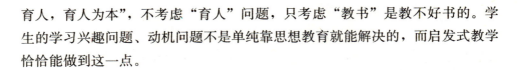

育人，育人为本"，不考虑"育人"问题，只考虑"教书"是教不好书的。学生的学习兴趣问题、动机问题不是单纯靠思想教育就能解决的，而启发式教学恰恰能做到这一点。

五、强调体验性

皮亚杰的发生认识论深刻阐明了活动体验在儿童智慧、思维、认识发生、发展过程中所起的决定性作用。在他看来，人的思维、智慧实际上就是人的外部操作活动内化的结果，没有儿童大量的外部活动，就不会有儿童思维和智慧的发展。皮亚杰的观点说明了学习活动体验的重要意义。

"体验的出发点是情感，主体总是从自己的命运与遭遇，从内心的全部情感积累和先在感受出发去体验和揭示生命的意蕴；而体验的最后归宿点也是情感，体验的结果常常是一种新的、更深刻的把握了生命活动的情感生成。"从教育学角度看，体验是主体内在的历时性的知、情、意、行的亲历、体认与验证。从心理学角度看，"体验主要指人的一种特殊的心理活动"，"在体验中，主体以自己的全部'自我'（已有的经历和心理结构）去感受、理解事物，因发现事物与自我的关联而生成情感反应，并由此产生丰富的联想和深刻的领悟。因此，体验是在对事物的真切感受和深刻理解的基础上对事物产生情感并生成意义的活动"。

体验既是对主体性的唤醒，也是对主体能动性、独特性的培养。语文阅读教学本质上就是一种体验教学。阅读教学的过程，就是学生、教师和文本之间通过体验进行对话的过程，是通过体验进行心灵的沟通和灵魂的问答的过程。在教学中，这种对话只有通过学生的学习体验才能实现。没有学习体验，三者之间就不会有情感的交流和心灵的沟通，就不可能有对话的生成。教师在教学中应当创设多种生动有趣的情境，着力引导学生通过体验去探究、去发现、去感悟、去合作，使学生在教学中全方位、全过程地主动参与学习过程，并在体验过程中形成能力，受到美好情感的熏陶，获得真、善、美的情感体验。

六、彰显独特性

俄国教育家乌申斯基指出："在教育中，一切都应以教育者的个性为基础，因为教育的力量只能从人的个性这个活的力量源泉流出来。只有个性才能影响个性的发展与定型，只有性格才能养成性格。"依据多元智能理论，人有多种智能，而且每个人的强势智能各不相同，这就导致了每个人的个性特点各具差异。在课堂教学中，教师应真正了解每一个学生的个性特长，依据学生的个性特点，因材施教、因需施教，切实发展每个人的个性特长，在发展特长的基础上，最终形成每个人独特的个性倾向性，真正实现学生个性的发展与完善。从这个意义上说，个性的独特性是个性教育的突出特点。

七、体验成功性

创设良好的学习环境，尊重学生的自主意识，激发学生的创造精神，以能力培养为重，让每个学生都能在学习中体验到成功的快乐。

现代教学强调学生的经历、经验和体验，尤其要引导和帮助学生获得成功的积极情感体验，实现认知与情感、逻辑思维与形象思维、知识与能力，以及真、善、美的有机统一，这有利于促进学生良好个性的发展。每个学生都能在学习中发展自己的优势个性，并在此基础上取得一定的成功，进而获得成功的愉悦感，并产生学习兴趣，养成好的学习习惯。

第 二 章

个性化课堂教学研究

本章是对个性化课堂实践的研究与探索，从个性课堂的理论，到个性课堂的实践，都很好地体现了个性化教学的理论，是富有创意的实践研究。"个性化阅读教学案例"和"个性化作文教学案例"两部分内容都是精选的体现个性化教育的典型案例。其中的课堂阅读教学案例都是在全国、省级优质课比赛中获得一等奖的优秀案例；个性作文教学案例也都是在全国或在市级以上地区开过公开课的经典案例。这些案例都能很好地体现个性教学的特点，具有典型性、实践性和可借鉴性。

第一节 认识个性化课堂

个性课堂，课堂教学追求的理想境界

什么是个性课堂？我认为，个性课堂应能真正体现"以人为本"的理念，能充分尊重和发展师生心理、教学风格、学习方式等各方面的个性，能真正从学生的兴趣需求和教师的个性特点出发进行预设与教学。个性课堂不仅能全面体现教师独特的教学风格和个性特点，让教师的个性得到张扬，更能面向全体学生，充分考虑每一个学生的个性差异，发挥每个学生的个性特长，让课堂教学焕发生命的活力，实现每个学生潜能的有效激发，使其在全面发展的基础上，培养完美的个性。它克服了"模式化"的课堂弊端，不拘形式，因课型而异，因课文而异，充分体现出与众不同的个性魅力，具有一般课堂所不具备的独特性、创新性和实效性，是名副其实的优质课堂。

一、个性课堂，是彰显教师个性魅力的智慧课堂

教师的教学个性是学生个性发展的基础。我国伟大的教育家孔子倡导"因材施教"，在诸子百家中个性鲜明，故能培养出个性迥异的七十二贤人。古希腊哲学家苏格拉底的"产婆术"独树一帜，故能培养出个性张扬的哲学巨人柏拉图。特级教师孙双金的情智课堂、杨屹的情趣教学等特色十分鲜明，故能培养出一个个富有活力的学生。因此，只有个性鲜明的教师，才能培养出个性丰满的学生。正如俄国著名教育家乌申斯基所说："在教育中，一切都应以教育者的个性为基础，因为教育的力量只能从人的个性这个活的源泉流出来。只有个性才能影响个性的发展和定型，只有性格才能养成性格。"

而依据多元智能理论，每个教师都拥有自己的智能优势，都拥有自己与众不同的专业特长。合理利用智能优势，不断发展自己的专业特长并有效整合，形成自己独特的教学特色和教学风格，继而形成教师个性，是构建个性课堂的前提。

在课堂上，教师利用自己的个性魅力，把关注点放在学生身上，以学生为本，成为全体学生学习的引领者、指导者和合作者。同时，将课堂教学涂抹上智慧的色彩，将智能优势发挥到极致，从而形成独特的课堂教学艺术。课堂教学艺术化了，也就实现了课堂教学的个性化。教师的个性在教学活动中得到充分张扬，他们用独具特色的组织艺术、适合学生的教学方法、匠心独运的评价策略，引发学生探究、体验的欲望，启迪学生自主求知的智慧，引领学生学会合作、学会学习、学会生存，点亮学生生命的明灯，从而发展和健全学生的个性。

彰显着教师个性魅力的课堂如同一个强大的磁场，牢牢地牵引着全体学生的学习内驱力，并逐渐把他们引向自主学习、终身学习的轨道。教师的教育激情、个性魅力得到充分的展示，就会构建起情趣盎然、富有智慧、充满活力、个性鲜明的智慧型课堂。

二、个性课堂，是凸显差异教学特色的和谐课堂

学生之间存在着差异。从教学的角度看，学生的差异有"成就度差异""学习速度差异""学习能力差异"（学习动机、学习态度、学习方式、认知方式等）"兴趣爱好差异""生活经验差异"，等等。个性课堂能全面关注学生的差异并合理利用学生的差异，以差异促发展。

奥苏伯尔认为："影响学习的唯一重要因素，就是学习者已经知道了什么，要探明这一点并据此进行新的教学。"首先，教师要针对学生的各种差异，找准全体学生的"最近发展区"和"教学的起点"，依据学情以学定教，真正满足具有不同差异的学生的学习需求。

其次，教师在认真考虑全体学生共性的同时，要更加重视学生的个性形成和潜能开发，针对每个学生的个性特点，进行有差异的个性化教学。例如，科学制订出具有差异性、挑战性的个性教学目标，如可以按照差异设计教学目标，对优秀的学生设计的目标可以高一些、难一些，做到上不封顶，对学困生的学习目标可定得浅一些、容易一点，下要保底；采用多种策略激发不同学生的内在学习动机，对不善发言的学生可以引导他们多表达，对不愿学习的学生多激发他们学习的兴趣，对不善倾听的学生可重点培养其倾听的习惯等；设置灵活多样、可供不同学生选择的教学内容和教学环节，让不同层次的学生得到不同程度的发展；引导学生进行自主学习，多给学生自主学习的时间和空间，因为自主学习是发展学生个性的前提。在此基础上，有效利用学生间的"相异

构想"，使他们进行合作探究、互帮互学、取长补短。对不同类型、不同层次、不同性格、不同心理的学生，采取适合其个性的不同的评价标准和评价方法，最终实现不同层次的学生在原有基础上和谐、全面、充分和个性的发展，真正体现因材施教。

任何无视个性的均等和划一化的教育都不能很好地发展学生的个性。只有面向全体、关注学生差异、发挥学生主体性的课堂，才能真正构建起照顾差异、宽容另类、接纳发展、追求个性的和谐课堂。

三、个性课堂，是绽放学生个性之花的创新课堂

联合国教科文组织报告《学会生存》中指出："促进人的个性全面和谐的发展是当代教育发展的趋势。"《基础教育课程改革纲要》明确指出：教育要"使学生在普遍达到基本要求的前提下实现有个性的发展"。我国课程改革的领军人物钟启泉教授认为：素质教育是以人为出发点与归宿的。素质教育区别于应试教育的一个根本点就在于，它尊重并发展每一个儿童的"个性"。应该说，个性教育是当代世界教育发展的趋势，追求人的个性和谐发展已成为当今世界教育的主导价值。素质教育的落脚点是对人的潜能的开发，促进人的素质的全面发展，而个性是人的综合素质的一种体现。可见，让学生形成美好的个性是进行素质教育的最终目的，而课堂教学又是让学生具有完美个性的主渠道。因此，构建和谐、创新的个性课堂有着极为重要的意义。

首先，个性课堂是每一个学生释放个性的"乐园"。学生徜徉于快乐和谐的课堂之中，真正成为课堂学习的主体。他们可以无拘无束地和教师平等对话，与文本自由"交谈"，跟作者交流情感，同编者思维对接，与同学智慧碰撞，也可以自由自在地释放出自己的个性，张扬自己的个性。

其次，个性课堂是每一个学生完善个性的"乐园"。课堂上，每个学生在教师的引导下，都能快快乐乐地参与教学游戏和活动，乐于质疑、敢于批判、发展思维、自主学习、自由训练、合作探究、快乐实践；都能在神思飞扬中真正展现自我、释放本真、实话实说、发展自我；都能在不知不觉中掌握知识、学会学习、学会创新；都能在自主、合作、探究中无拘无束地塑造、完善自己的个性。鲜活、灵动、充满情趣的课堂，使学生在体会上课的快乐的同时不断发掘新的潜能，尽情舒展个体生命的灵性，倾力释放美丽的生命激情，最终自然而然地发展和完善自己的个性。

在个性课堂上，每个学生不仅能绽放出绚丽的个性之花，释放着无限迷人

的生命色彩，还能在教师的引导下不断形成、完善自己的个性，这也是他们形成创新精神的基础。教育家巴班斯基和萨维科夫认为：个性是创新的基础。这种真正释放并不断完善学生个性的课堂，才是培养学生创新精神和实践能力的创新型课堂。

四、个性课堂，是达到高效教学水平的优质课堂

课堂教学可以分为有效教学、无效教学和负效教学，个性课堂追求的是有效教学。而有效教学又可分为高效教学、中效教学、低效教学，个性课堂追求的是高效教学。真正的个性课堂，理应是达到了优质教学水平的高效课堂。

个性课堂，一定是高效的课堂。高效课堂是指教师遵循教育教学的客观规律，以最少的时间、精力和物力投入，取得最佳的教学效果，高效地促进每一个学生最大限度的全面发展，高效地实现知识建构、能力培养、习惯形成、情感交流、智慧培养、人格塑造和个性完善等预期的教学结果。在个性课堂中，教师用个性魅力点燃了学生学习的积极性和主动性，使学生成为学习的主体，真正实现课堂教学过程的最优化，即教师的教和学生的学都达到最佳的效果，师生和谐发展、主动发展、快速发展、快乐发展、成功发展。

个性课堂，一定是优质的课堂。因为个性的课堂面向的是全体学生，关注的是学生的兴趣、能力、生命价值和他们终身的发展和幸福，而非仅仅关注分数。也就是说，这样的课堂不仅发展了学生的眼前利益，更重要的是发展了学生的长远利益，即关注了每一个学生的终身发展和终身教育。而终身教育的根本目的就是发展人的完善人格和独特个性。个性课堂的教学效率和一般课堂的教学效率不可相提并论。个性课堂，不是为应试而应试的课堂，而是有着高效率、关注人的生命价值的真正的优质课堂。

个性课堂是一种课堂教学的理想境界，因为它追求优质，而优质的课堂彰显个性。尽管现在能达到这种境界的课堂还屈指可数，但这是每一个视课堂为生命的教师渴望达到并不懈追求的课堂教学理想，犹如鲜花追求芬芳、明珠企盼发光一样。我相信，当每个课堂都成为真正的个性课堂的时候，将是"名师"辈出之时，也是学生幸福成才之日！

个性课堂的好课标准

认识了个性课堂之后，那么它的好课标准是什么呢？

既然是一堂好课，那它必须具有一般课堂所具备的好课标准，而作为个性课堂，它又必须具有个性化课堂的优势。个性化课堂的好课标准如下。

一、好课的基本要求到位

（1）能体现先进的教育理念。特别是学生的主体地位能得到尊重，学生的参与程度，就广度而言，全体学生都能积极主动地参与，并且参与教学过程的每一个环节之中；就深度而言，学生不是被动应付地学习，而是积极主动、兴趣浓厚地学习，且理解程度和学习质量都得到了最大限度的提升。

（2）教学目标制订得全面、具体、明确、恰当。目标制订符合课标、教材和学生实际，能充分体现出对教材理解的准确、透彻，对重点和难点的把握与处理得当，并能抓住关键，以简驭繁，突出能力。同时，目标达成意识强，贯穿教学过程始终。

（3）教学程序体现主体意识。教师在教学时要面向全体，体现差异，因材施教，全面提高学生的素质；建构知识和训练能力适度，突出重点，抓住关键；给学生创造的机会，让他们主动参与，自主学习，互动对话，体验探究，主动发展；体现知识形成的过程，结论由学生自悟与发现；教师能以学定教、顺学而导、因材施教，能有效利用课程教学资源。可以说，教学过程实现了师生参与的最优化。

（4）教学方法科学得当。教学方法灵活多样，符合教材、学生和教师实际；多种教学方法相互配合、灵活运用，调动学生的学习积极性，使学生的学习过程成为紧张、有趣的生成过程；体现训练意识，少讲精练，以思维训练为重点，落实"双基"；教学信息多项交流，反馈及时，矫正奏效；从实际出发，恰当、适度地运用现代教学手段辅助教学，提高教学实效。

（5）课堂教学目标达成度高，教学效果好。教师的教学民主，师生平等，师生关系融洽，学生会学，学习主动，教学气氛融洽和谐；训练扎实有效，注重培养学生的创新能力；学生在知识、能力、方法、兴趣、习惯、信心、情感等方面都有所得；信息量适度，学生负担合理，省时高效。

（6）教师教学基本功扎实。语言规范简洁，生动形象；教态亲切、自然、端庄、大方；板书工整、美观、言简意赅、层次清楚；现代化教学手段运用熟练；调控课堂的能力强。

二、好课的个性特色要突出

除了以上这些好课的常规要求之外，在新课程理念下，一堂个性突出的好课，还应具有下列几个鲜明的个性特点：

1. 好的语文课堂应是展现学生个性的"表演舞台"

在这个大舞台上，学生能自由自在地进行语文游戏和活动，乐于质疑，敢于批判，互动合作，兴趣盎然。在精彩纷呈的游戏和活动中，每一个学生都能快乐实践、积极思维，并在不知不觉中掌握知识，形成语文能力，自然而然地发展语文素养，然后在语文课堂这个舞台上倾情展示与对话交流。课堂鲜活、灵动、充满情趣，在这个舞台上，每一个学生的个性生命都能呈现无限的精彩。

2. 好的语文课堂应是放飞个性的"儿童乐园"

好的语文课堂是一个利于儿童发展的"儿童乐园"。学生在这个"儿童乐园"里，可以通过自主、合作、探究的学习过程，无拘无束地塑造并张扬自己的个性；可以在神思飞扬中真正展现自我，释放本真，实话实说。师生双方都能在上课的快乐中发掘创新的潜能，舒展个体生命的灵性，让语文课堂溢满生命个体的激情，绽放绚丽的个性之花。

3. 好的语文课堂应是预设与生成相融的个性"对话场"

好的语文课堂应是一个多向对话的"对话场"。在这里，师生平等对话，生生互动交流，预设和生成并存。教学已不再是忠实传递和接受的过程，师生的思想在与文本不断对话中发生碰撞，创造的火花不断迸发，在交往、互动、对话过程中不断生成新信息、新问题和新的学习需求。学生生成与课堂预设有机融合，让每一个学生在课堂上真正获得全方位的满足和发展，使教师的劳动也闪现出创造的光辉，这样师生都能感觉到生命活力的涌动。这种在预设基础上关注生成的课堂教学，才能焕发出生机和活力，这也是新课程语文教学的理想境界。

如何构建个性化的课堂教学模式

在了解了个性课堂的好课标准后，怎样才能形成这样的好课堂呢？构建个性化的课堂教学模式就是基本方法之一。

古今中外，凡是个性课堂都有着成功的独特教学法，成功的教学法又都有富有个性的教学模式。如布鲁纳的"发现教学模式"、赫尔巴特的"五段教学模式"、加德纳的"理解教学模式"、尼尔森的"合作解决问题模式"、乔纳森的"建构主义学习环境模式"，中国邱学华的"尝试教学模式"、蔡林森的"先学后教，当堂训练"教学模式等，这些都是富有个性、独树一帜、成功且颇具影响力的教学模式。

那么，怎样才能构建如此富有个性的高效教学模式呢？

一、先进的教学理念和教育理论是构建个性教学模式的导航仪

教学模式是在一定教学思想或教学理论指导下建立起来的较为稳定的教学活动结构框架和活动程序。它是教学思想、教学原理、教学方法与形式等诸因素的高度概括，是教学理论和实践的综合体，是从整体上思考教学过程的一种工具和方法。

由于教学模式是一定的教学理论或教学思想的反映，是一定理论指导下的教学行为规范，所以有不同的教育理念就会有不同的教学模式。而教学模式又决定着教育行为方式，换言之，有什么样的理念就会产生什么样的教育行为。因此，先进的教学理念和教育理论是引导构建个性、高效教学模式的导航仪。将两所无名学校变成全国知名学校的蔡林森校长，掌握了国内外先进的教育理念和教育理论，深谙"主体性原则""因材施教原则""分层教学原则""循序渐进原则""反馈矫正原则"等先进的教学原则，提出了"没有教不好的学生"的办学理念，并经过反复实践，创造出了能有效落实先进教育理念的"先学后教，当堂训练"这一高效的课堂教学模式。既是首创，也是独创，是富有个性的课堂教学模式。

在蔡林森的教学模式中，"先学后教"落实的是"主体性原则"和"学生是教育的主体"这一现代教育理念。学生"先学"强调学生是学习的主体，是指学生自主学、合作学和探究学。"先学"真正发挥了学生的主体性和能动性，

真正将其主体地位落到了实处。在自学过程中，学生先是初步了解教材，产生疑问，根据疑问进行解答。"后教"转变了教师陈旧的理念，是指教师是学生学习的组织者、引导者和合作者，是指学生学、教师教，落实了学生是主体、教师是主导的理念。温总理在《百年大计 教育为本》一文中，特别强调了教学改革的重要性，强调"启发式"教学，突出讲了四个字"学思知行"。"当堂训练"就是"学思知行"的统一，回归了教学的本质，减轻了学生的负担，这也是提高教学效率最好的方法，符合教学规律和认知规律。

蔡校长依据新的教育理念构建的"先学后教，当堂训练"模式，是对传统教育教学模式的一场革命，改变了教学的目的要求、师生的身份地位、教学的途径和方法等，真正提高了课堂教学效率和教育质量，也符合温总理关于"学校就是要以提高质量为核心，促进学校内涵发展，特别要强化质量观念，搞课改，就是提高质量"的指示精神。

这种富有个性的教学模式，使学生能主动参与学习过程，且学习兴趣浓厚，有效促进了学生对知识技能的理解和掌握，很好地达成了三维教学目标。同时，使师生潜能都得到了最大限度的发展。我想，如果没有新的理念，是难以形成这样富有个性和实效的成功教学模式的。

二、形成实践性强的基本操作程序是构建个性教学模式的核心点

课堂是落实新理念、提高教育质量的主渠道，教学改革和实施素质教育的关键在课堂。而先进、科学的课堂教学模式能使教师摆脱只凭经验和感觉在实践中摸索的状况，在理念与实践之间搭起一座通向高效课堂的桥梁。成功的教学模式，有实践性很强的基本操作程序，便于操作和实践，这也是有效提高课堂教学效率的方法之一，即由"理念"到"教学模式"再到"操作程序"，最终实现"高效课堂"。如杜威提出"以儿童为中心"的以"做中学"为基础的实用主义教学模式，基本程序是"创设情境——确定问题——占有资料——提出假设——检验假设"，操作程序科学、实用而富有实效。

蔡林森提出的"先学后教，当堂训练"教学模式，在他的教学中起着举足轻重的作用。这一模式的形成并不是一蹴而就或一拍脑门就能想出来的，蔡校长共用了20多年的时间，历经了"起步阶段——当堂训练"，"形成阶段——先学后教，当堂训练"，"完善阶段——与新课程改革接轨"三个阶段的研究与实践，逐渐发展成从初中到小学和高中皆适应的"先学后教，当堂训练"的成功教学模式。

　　他所构建的这一模式的基本操作程序共有"板书课题——出示目标——自学指导——先学——后教——当堂训练"六大环节。这六大环节中的每一个环节又都有具体的操作目标、操作要求、操作时间和操作要领等，而且对不同学科的不同学段、相同学段，同一学科的不同学段、相同学段，各种不同的课型的操作程序，都有着十分细致与深入的研究。六大环节的具体操作要领虽相同，但每个大环节的具体操作步骤又不尽相同。像六大环节中的"先学"这一重点环节的操作程序，蔡林森就研究得很细：不同学科先学的步骤、先学哪些内容、先学的操作要领等都有细致的个性化要求，而小学、初中、高中又分别先学什么、怎么学等也都有细化研究，从而形成了简单、便捷的操作程序。实践是检验真理的唯一标准，这一操作程序的形成与发展经历了数年的实践检验，是成功的、有效的。如果每节课都按此模式中的六大环节进行教学，就能有效落实新课改的办学理念，真正体现科学性、针对性和有效性。

　　其实，高效课堂教学模式的核心都是构建以生为本的课堂，都要充分体现学生的主体地位，强调课堂教学的互动探究、重视精讲点拨、重视迁移应用训练、重视教学手段的先进性、重视评价的多元性等。只有真正体现出以学生为主体、教师为主导，这样的课堂教学模式才能达到省时高效的境界。

　　不管是怎样的模式、怎样的操作程序，只要符合学习规律，让学习过程成为学生在一定条件下对客观事物的反映过程和主动建构过程，让学生成为课堂学习的主人，且有着有效的学习策略，省时高效，这样的操作程序就能有效构建个性化的高效课堂，取得理想的教学效果。

学会质疑，是构建个性课堂的前提

一切创造性活动都是从发现问题开始的，问题是创造性活动的源泉，也是学生进行自主学习，特别是发现学习、探究学习的重要因素。学生首先应自主学习，在自主学习的基础上，方能发现问题。学生发现问题了，也就能找到自己的困惑、关注点了，也就说明学生思考、参与、体验了。学生学会质疑，有利于教师了解学生的求知领域，便于找到学生的最近发展区，从而找准教学起点，以学定教，因需施教，顺学而导，这也是形成学生个性学习、构建个性课堂的前提。

现代教学论研究指出，从本质上讲，感知不是学习产生的根本原因，产生学习的根本原因是问题。现代学习方式特别强调问题在学习活动中的重要性，一方面强调通过问题来进行学习，另一方面强调通过学习来生成问题，把学习过程看成发现问题、提出问题、分析问题和解决问题的过程。现代心理学研究指出，学生的学习过程不仅是一个接受知识的过程，也是一个发现问题、分析问题和解决问题的过程。所以说，学会提出问题有利于学生语文能力的发展和个性的形成。爱因斯坦说过："提出一个问题比解决一个问题更重要。"学会提出问题也有利于发展思维，正如亚里士多德所说："思维是从疑问和惊奇开始的。"学会提出问题更有利于学生主动地学会发现、学会思考、学会学习，从而真正发挥学生的主体作用，使其形成个性。

而学生要学会质疑，大致需要经过下列几个步骤。

一、敢疑

敢疑是会疑的前提，怎样才能敢疑呢？

（一）创设和谐氛围，消除恐惧心理

在课堂上，教师应创设民主、和谐、宽松的学习氛围，做学生的好朋友，尊重每一个学生，并和学生平等对话，要把课堂变成师生交往、积极互动、共同发展的学习乐园。学生在这样的学习环境中思维就会活跃，就会消除心理恐惧感，时间长了，自然就能发现问题，并能在积极思考中提出问题了。

（二）多元评价激励，鼓励大胆质疑

即时评价，鼓励质疑。教师要引导学生在平日预习或者课堂学习中，大胆

提出问题，并给予及时评价。一开始，学生可能提不出精彩的问题，所提问题可能只是一些表层词句的疏通性问题。但是，不管问题提得多么简单，甚至多么幼稚可笑，作为教师，千万不能因学生的问题提得不对或没有多大价值而给予否定，而是要千方百计对其敢于质疑的积极态度及时给予肯定和鼓励，通过鼓励使其认识到质疑的重要性和必要性，从而点燃质疑的火花。德国教育家第斯多惠说过："教学艺术的本质不在于传授的本领，而在于唤醒、激励和鼓舞。"孩子在教师及时的激励和鼓舞下，质疑的胆子就会越来越大，质疑的积极性也越来越高。

开展评比活动，多元评价激励。组织开展一些丰富多彩的质疑评比活动，由师生共同进行评价，也能达到促进学生质疑的目的。如设立质疑评比栏，将课堂提问的优胜者及时在表扬栏里升上不同的星级，例如，得三颗星可升为二星级，依此类推。类似这样的评比活动，符合小学生争强好胜的心理特点，又能照顾不同学生的心理需要，容易引发学生踊跃提问的兴趣，形成良好的质疑风气。这样，时间长了学生就会在多元评价的激励中喜欢质疑了。

二、会疑

学生仅仅能提出很多问题是不够的，提不出有价值的问题同样也不能获得理想的学习效果。所以教师还必须在学生敢疑的基础上，引导学生会疑，即让他们掌握质疑的方法，提出有价值的问题，这也是质疑的关键一步。怎么才算会疑了呢？

（一）提供质疑机会，让疑由少到多

教师要为学生提供质疑的机会，让学生由问题不多到一步步地能提出很多问题。

布置质疑作业，提供质疑舞台。为了让学生从提不出问题到提出很多的问题，教师可以让学生在质疑本上专门设立预习的质疑内容，让学生在预习时大胆提出问题，然后老师给予及时批阅。问题提得好的，教师可以标上"五星"，以示鼓励。长期下去，学生就不仅能提出问题，还能渐渐在老师的评价之中领悟出什么样的问题是好问题。

确立质疑时间，搭建展示平台。在学生学会质疑之前，教师可有意识地在讲新课前拿出几分钟的时间，专门让学生在自主阅读的基础上来质疑，给学生以质疑的时间和展示的机会。然后师生给予评比，让学生在比较中领悟所提问题的优劣（会疑之后，此环节可视教学实际情况而定）。

课中投石激浪，引发质疑欲望。在上课的过程中，教师故意想方设法投石激浪，创设提问的最佳时机，引导学生在学习的过程中不断提出不懂的问题。

现在的课堂教学已不再是忠实地传递和接受的过程，随着教学活动的展开，教师、学生的思想和文本不断发生碰撞，师生创造的火花不断迸发。在师生积极互动、共同对话和发展的过程中，教师不断在关键处投石激浪，从而在课堂上生成一些新问题。在学生发现了新问题以后，教师又鼓励学生及时提出来，这有利于发展学生的思维，提高他们认识问题、解决问题的能力。教师甚至可以允许学生打断其上课的思路，提出新生成的问题。如我在指导青年教师参加优质课比赛而执教古诗《晓出静慈寺送林子方》一课时，学完诗意后，我将课题与诗的内容进行对比："题目是写送人的，而古诗写的却是景，此时你有没有什么疑问？"学生纷纷说："文不对题，这不是走题了吗？""题目是写送人，为什么诗里要写景呢？"等等。我引导学生带着问题探究，作者借景抒情的意图学生自然就会理解，诗中"一切景语皆情语"的内涵便得到了很好的揭示，诗情自然得以领悟！

这样，学生就经历了一个从"不敢质疑"到能"大胆质疑"，从"没有问题"再到"不断提出多个问题"的过程，为真正会疑打下了基础。

（二）了解问题类型，明确质疑方向

学生要想真正提出有价值的问题，首先应该了解问题有哪些类型，知道了问题的类型后，就会明确质疑的方向。就疑问的种类来看，不同的人研究的结果是不一样的。

通过对美国教育家布鲁姆及我国吴立岗教授等人关于疑问分类的研究，我们发现，尽管大家所分的具体类别不一样，但概括一下，疑问的类型基本上可以分为两大类：一类为浅层次的疑问，另一类为深层次的疑问。

美国教育家布鲁姆将问题分为了六类：知识性问题、理解性问题、应用性问题、分析性问题、综合性问题、评价性问题。我国吴立岗教授则将问题分成了五类：有关文章表层词句的疏通性问题，有关课文知识拓展的延伸性问题，有关思想内容深层的探究性问题，有关表达形式的鉴赏性问题，有关课文知识不同看法的评价性问题。布鲁姆的分类中，前三类可以概括为浅层次问题，后三类为深层次的问题。吴立岗教授的分类中，前两类可概括为浅层次问题，后三类为深层次的问题。

学生明确了哪些是浅层次的问题，哪些是深层次的问题之后，就为今后提出深层次的问题打下了基础。学生一开始可能只能提出一些浅层次的问题，如

"这个词语怎么理解？"等等。而等到学生会疑了，浅层次的疑问就会逐渐减少，深层次的疑问将逐渐增多。学生如果掌握了问题的类型，教师就可以引导学生逐渐由浅层次的提问过渡到深层次的提问，由问不出有价值的问题到问出有价值的问题上，实现由不会问到会问的转变。

（三）比较质疑类型，学会质疑方法

学会质疑的方法，知道如何提出有价值的问题十分重要。所谓有价值的问题，当然是所提的问题是"深层次"的问题，而且能与理解文本的重点难点关系密切。这样才能围绕所提的问题展开阅读探究，学生才能准确地理解课文，体会思想感情。教师可引导学生课前先提出问题，然后师生一起进行比较、筛选，直至找出与理解文本关系最密切的有价值的问题。如学习《称象》一文时，学生提出了下列一些问题：（1）这是一头怎样的大象？（2）官员们想了哪些办法？（3）曹操的儿子叫什么？（4）曹操的儿子想了什么办法？他的办法就是最好的吗？（5）到底谁的办法好？为什么？……通过比较不难看出，前3个问题比较浅显，只要一读课文就能从文中直接找出答案来，不需要动脑筋。而（4）（5）这两个问题比较有深度，对学生理解课文、培养创新思维等意义较大。学生要回答这两个问题就需要围绕课文进行分析、思考、比较等，有利于深入理解课文，体会出曹冲是个什么样的人，发展思维能力。通过引导学生比较筛选，学生就会领悟到哪些是有价值的问题，然后带着筛选出的有价值的问题学习文本，从而提高学习效率，实现教学目标，发展创新思维，培养创新精神，最终提高语文素养。

就质疑点来看，可以从下列"点"上提出有价值的问题：

1. 从课题上质疑

题目是文章的眼睛。如果学生能从题目上提出有价值的问题，就有利于更好地理解课文，达到以疑促读的目的。如一看到《飞夺泸定桥》这个题目，学生马上可以提出："泸定桥是座什么样的桥？""为什么要'夺'泸定桥？""为什么要'飞夺'泸定桥？""夺下了没有？"等等。学生带着这样的疑问就能很投入地理解课文内容，然后再由此体会红军的革命精神，课文的重难点便会迎刃而解了。

对于类似以事件或以中心命题的文章，学生都可以从课题上提出疑问，从而引发思考，学会读书。

2. 在重点处质疑

文章的重点处是指文章的重点内容或揭示中心的重点句、段等，这些重点

内容对学生理解全文起着举足轻重的作用。在重点处提问，往往可以起到牵一发而动全身的效果。如果提问恰如其分，学生由此上挂下联，前后联系，就能收到事半功倍的学习效果。如《跳水》一文中，爸爸从船舱里出来让孩子跳水的那一段是理解船长的重点段，一位老师启发学生在这一段中提出了问题："爸爸太狠心了，他用枪瞄准孩子射击，吓唬孩子，他为什么要用这样的办法来对待孩子，难道用其他的方法不能救孩子吗？"一石激起千层浪，这一来自学生的问题引起了学生的兴趣。教师适时引导学生带着这一问题对文本展开探究、讨论和想象。最后，学生在阅读中前后联系，上挂下联，并通过对其他救人方法的想象比较，更好地体会出了爸爸的这个方法是最巧妙最合适最有效的，从而准确体会出了船长果断、智慧超群的优秀品质。

当然，也可以引导学生在能揭示中心的关键词句中质疑。

3. 在文章空白处质疑

所谓"空白"，是指在教材中，对某些内容故意不写而留有"空白"，或写得简略以制造"空白"。根据伊瑟尔的"空白"理论，文本给读者留下的不确定的"空白"，就是等待读者用想象去"补充"，读者补充的过程就是发掘意义的过程，是以自己的经验再创造的过程。如果教师能引导学生敏锐地捕捉文本的"空白"点，并对此进行质疑，则有利于发展学生的想象力。如《草原》一文，作者详细描写了迎接远客、联欢等场面，而对饭后的小伙子们表演套马、摔跤，姑娘们表演民族舞蹈等则一笔带过。教师可在略写处引导学生质疑怎么套马、摔跤和跳舞的，引导学生想象、讨论、交流，就能使学生更好地了解蒙古族人民的热情好客、风俗人情等，也能更好地激发他们在课外拓展阅读的兴趣。

4. 在内容变化处质疑

一篇文章中有不少变化之处。所谓变化处，是指作者的情感变化处、内容对比处、看似矛盾之处、语言上的反复之处，以及事件的发展变化处等。如果引导学生学会在这些变化处质疑，则有利于学生摸清事情的前因后果，激发学生阅读探究的兴趣，促使学生更好地进行阅读实践，从而深入地理解课文，体会作者的思想感情，全面提高语文素养。

此外，还可以在难点处质疑、在牵一发而动全身的关键处质疑，等等。

三、乐疑

引导学生在会疑的基础上产生乐趣，养成习惯，即乐疑，这是质疑的重要一环。正所谓"知之者不如好之者，好之者不如乐之者"。会疑并不是最终目的，关键是学生能经常质疑，不仅能在课堂上质疑，还能由课内延伸到课外，在生活中质疑，逐渐养成质疑问难的习惯。

学生敢疑了，如果再掌握了质疑的方法，就能在学习新知识时或生活中不断提出有价值的问题。这为他们在以后的学习生活中主动探究问题、解决问题、学习新知等，创造了良好条件，也为他们发展思维能力、发挥创造力提供了可能。这样，也就有利于培养学生的创新意识和创新思维能力，有利于发展他们的语文素养，从而使他们体会到成功的乐趣。更为重要的是，学生学会质疑之后，教师就能因势利导、循疑导学，促进学生健全、完美个性的形成。

发挥主体作用，是构建个性课堂的关键

课堂教学是提高教学质量、培养学生个性的主渠道。要真正构建富有个性的课堂，必须充分发挥学生的主体作用，落实学生的主体地位，使其全身心地参与到教学活动之中，最大限度地发掘自己的学习潜能，张扬个性，从而实现教学过程的最优化，提高课堂教学实效，促进学生健全完善个性的形成。

一、精心设疑，让学生在主动参与中优化教学过程

"问题是启动人们认识活动的启动器和动力源，是从未知到已知的过渡形式、转换器、桥梁和中介，没有问题就没有人类的创造。"问题是探究活动的起点，是学生思维活动的开始。从某种意义上说，学习的过程应该是一个从发现问题到解决问题的过程。让学生带着问题读书，参与学习活动，这是引导学生参与教学过程的一个不错的方法。在课堂教学中，教师首先要引导学生主动发现问题、提出问题，但是有时学生提出的问题却不能很好地抓住文章重点和难点，也涉及不到训练重点，在这种情况下，教师必须先提出问题来，可见教师的精心设疑是教学过程中不可或缺的。当然，如果教师设计的问题不能引起学生的学习兴趣，学生同样不能很好地参与到教学活动中，教师的教学也就不能很好地发挥学生的主体作用。

精心设计学生最想探究的问题，引起学生学习的兴趣和探究的欲望，是让学生参与到教学活动中必不可少的一项内容。"施教之功，贵在引导。"教师通过精心设计深入文本的问题，引导学生对文本产生浓厚的学习兴趣，并认真地阅读文本，直至解决问题，理解课文，学会方法，这样才能让学生真正参与并全身心地体验教学全过程，从而充分发挥其应有的主体作用，实现教学过程的最优化。

设计的问题要有层次，深入浅出，符合学情。既要有简单的判断式、叙述式的问题，又要有复杂的论辩式、扩散式的问题。因为学生积极的思维活动常常是由对事物的好奇心引起的，当他们对未知事物感兴趣时，便会产生求知欲望，然后就会积极主动地开动脑筋去解决问题。如学习《詹天佑》一文的"开凿隧道"这一浅显易懂的段落时，如果我们设计这样的问题：

（1）按常规"一端开凿法"，其工期工效怎样？

（2）"中部凿井法"比"两端开凿法"又有什么改进？这两种方法互换行不行？为什么？

两个问题由易到难，具有很大的思考价值，很容易引起学生的学习兴趣，激起学生思维的火花。通过阅读、比较、思考、交流，詹天佑脚踏实地、敢于实践和善于创新的精神自然就会被学生体会出来。

可见，精心设计有价值的问题，是引发学生学习主动性、发挥学生主体性的重要方法。当然，设疑的方法有很多，教师可以在文章的矛盾处设疑，可以在文章的省略处设疑，可以在难点处设疑等，通过设疑让学生主动地参与到教学中来，从而落实学生的主体地位，优化教学过程。

二、丰富感觉，在调动学生积极性中优化教学过程

感觉就是人脑对直接作用于感觉器官的事物的个别属性的反映。感觉内容越丰富，大脑就会做出越多的反应，从而也就会激发学生的学习兴趣，调动学生的学习积极性。

要丰富学生的感观，就应尝试运用科学的教学手段，像多媒体、电子白板、投影仪等。这些教学手段所富有的直观性、生动性、趣味性，容易引起学生的无意注意，从而调动其学习积极性。如上《鸟的天堂》一课时，如不放录像的话，学生单从对语言文字的理解，很难完全理解作者为什么会把一棵榕树称为"鸟的天堂"，头脑中也不会准确形成榕树那遮天盖地、密不透风的壮观景象。如果在学生理解了课文的第一部分写树大、茂盛的语言文字之后，再适时让其看一看录像，以丰富其表象，为其增加感觉材料，学生就会真正为榕树之大而感到震惊，从而对大榕树产生喜爱和赞美之情。此时再让学生进行有感情地朗读，学生就会情趣盎然、激动不已。教师再适时点拨、指导，那么，作者为什么把榕树称之为"鸟的天堂"这一重难点问题便会迎刃而解。接下来再学习第二部分"鸟的天堂"里的鸟多时，学生便会兴趣盎然。

据心理学家研究，人通过视觉获取的知识占83%，通过听觉获取的知识占10%，其他仅占7%。可见运用录像、表演、幻灯等教学手段，增强知识的直观性、趣味性，对于让学生更好地获取知识，充分发挥学习的主动性和积极性，更好地优化课堂教学过程，将收到事半功倍的效果。

三、自主学习，在培养学生自主学习能力中优化教学过程

教是为了不教。要达到这一目的，教师首先应教给学生学习的方法，让他

们独立地学习课文，读懂文章，并逐渐使他们养成独立阅读文章的习惯，提高学习的自觉性和主动性，从而形成自主学习能力。

如教师上课时先让学生自主读课文，然后提出不懂的问题，教师再按课文内容顺序梳理出重点问题，以学定教。然后让学生带着他们不懂的问题自主学习，学完后分小组合作解决问题并交流。对于实在无法解决的问题，教师给予适时的点拨指导。久而久之，学生便通过自主学习掌握了学习的方法，以后便能自己主动地提出问题，独立解决问题，进而学懂课文了。因此，如果教师坚持不懈地引导学生领悟学习的方法，就会使其逐步掌握，并养成独立阅读的习惯，从而提高学习的自觉性，形成自主学习能力。这种自主学习的能力，迁移到其他的文章阅读之中，就能真正发挥学生的主动性和主体性，这对于提高教学效率是至关重要的。

四、合作探究，在学生主动学习中优化教学过程

主动学习是指通过创设各种外部环境，诱发学生的内在学习需要，使其产生积极、主动、持久的学习动力，并维持到学习全过程的一种学习状态。主动学习是相对于"被动学习""机械学习""他主学习"而言的。

学习方式是人们在学习时所具有或偏爱的方式，即学习者在完成学习任务时所表现出来的具有个人特色的活动方式。"自主、探究、合作"是新课程提倡的学习方式的三个基本特征。学生的学习方式可能是"自主、探究、合作"中的一个、两个，甚至是三者的总和。新课程倡导的自主、合作、探究的学习方式，强调了学习和发展的主体是学生。也就是说，自主、探究、合作的学习，能充分落实学生的主体地位，发挥学生的主体性，真正让学生参与到学习过程中，学会学习，从而提高学习效率，培养良好的合作品质和学习习惯。

教师在课堂上采用小组合作交流的学习方式时，要考虑以下几点：第一是分组应该合理，各层次学生搭配，以便互相帮助。第二是合作讨论时应该有足够的时间，不能为了讨论而讨论。第三是合作应该以个人的自主学习为前提。如果问题提出时，小组中的弱势个体尚未理清头绪，大家就开始仓促合作，优势个体就会占据主导地位，弱势个体就失去了话语权、展示权，他们在交流中就处于被动地位、倾听地位，成就感也就与他们无缘。这样的小组合作交流就流于形式了。为了有效地保证学生个人有自主学习和独立思考的机会，也为了真正发挥合作交流的作用，合作应该建立在学生个人充分自主学习的基础上。第四是应该更多地提倡课后的合作交流。课堂时间毕竟是有限的，而且每个学

生、每个小组的情况都不一样，要想在课上保证每个小组成员之间的充分交流几乎是不可能的。许多小组讨论看起来很热烈，实际上却没有什么内容。当然，小组合作学习方式并不是适用于任何课堂，这需要教师加以调研，确认哪些课可以用，而哪些课最好少用。我们应该对课堂中的合作交流采取更加审慎的态度，在保证个人思考空间的同时，切实发挥合作交流有利的一面，同时更多地鼓励学生课后进行合作交流。

众所周知，外因只有通过内因才能起作用，教师教得再好，如果学生无动于衷，也收不到好的学习效果。正如巴班斯基所说："只有教和学这两个过程在相互联系中都发挥其应有的作用，完整的教学过程才能收到理想的教学效果。"如果学生对学习无兴趣，教师就不能有效发挥他们的主体性，就只能靠布置一些机械重复的作业来完成教学任务，从而给学生造成沉重的课业负担，也收不到好的教学效果。

要想提高教学效率，发展学生个性，减轻学生的课业负担，教师就必须在发挥主导作用的同时，真正落实学生的主体地位，真正让每一个学生"动"起来，积极参与到学习活动中，这样才能更好地优化教学过程，从而有效地提高教学效率。

怎样设计个性化结课

多年来，老师们在课的导入设计上颇费心思，也研究出了许多行之有效的导课方法，这是十分必要的。正如人们所说："良好的开端是成功的一半。"但对课堂教学而言，仅有好的开头是不够的，还需要有好的结尾。富有个性的精彩结课，是一节好课的重要组成部分，会给一堂好课锦上添花。

一堂好课的开课、主体、结课应该像"凤头、猪肚、豹尾"一样。也就是说，语文教学的艺术不仅要求导入设计精彩美妙、先声夺人、引人入胜；中间部分也要内容丰富、重点突出、高潮迭起；结课环节更应画龙点睛、升华情感、余味无穷。结课是教学过程的结束阶段，学生可以通过它对教学内容进行梳理、概括，并与后面的教学建立某种联系。它可以让学生充分把握学习的重点，巩固所学知识，提高思维能力。它能概括教学内容，强化教学难点，并总结规律，使学生对学习内容获得明确、清晰的认识，还可以开拓学生视野，激发学生思维，引发他们对有关内容的联想和思考，使其所学的知识更系统、更富有条理，并能实现知识的有效建构、能力和方法的有效迁移等。那么，怎样才能设计出一个富有个性的结课呢？

一、设计前后呼应的结课

结课与导课（开课）的内容相呼应，能使整个教学过程前后连贯、首尾呼应，使一节课成为一个完美的整体。下面以我指导青年教师获得山东省优质课评比一等奖的《普罗米修斯》（人教版四年级下册）一课为例，谈谈如何设计前后呼应的结课。

在学习这一课时，教师在导入新课之后处理生字词时，先引导学生会读一般的生字新词。之后，再将本课中的众神名称列出来，如阿波罗——太阳神、宙斯——众神领袖、赫拉克勒斯——大力神等，并指导学生在会读的基础上用线将名字和众神名称连接起来（排列神的名字时打乱顺序），最后只剩普罗米修斯没有神名，教师借此激发学生的求知欲："那普罗米修斯到底是什么神呢？我相信，学完课文大家一定会找到一个准确的答案。"

学生自主学习完课文之后，在教师的引导下理解了文本，体会出了普罗米修斯的美好品质。此时，老师提出："同学们，普罗米修斯到底应该叫什么神呢?"学生思维活跃,纷纷发言,有的说:"应该叫送火神,因为他给人们盗来了天火。"有的说:"应该叫爱神,他带来了自己对人类的爱。"也有的说:"应该叫勇敢神,他为了人类不怕一切困难和折磨。"还有的说:"他应该叫无私奉献神,因为它为人类奉献了火,自己却忍受了巨大的痛苦。"等等。学生畅所欲言,通过起名总结了普罗米修斯的特点,教师也没有停下,而是接着说:"你们谈得都很有道理,那么他到底是什么神呢? 除了盗火,他还为人类做了什么呢? 其实,在《希腊神话》中普罗米修斯有真实的名字,请同学们回去之后用心读一读。"至此,这节课就完美地划下了句号。

这样的结课设计,首先激发了学生的学习兴趣,吸引了学生的注意力,引领学生自觉主动地深入探究课文,真正发挥了学生的主体作用。更有意义的是,这样的设计既让学生通过总结深刻理解了文章中心,完善和升华了文章主题,同时又激发了学生课外探究阅读的欲望,达到了"带着问题学习,带着问题离开"的理想教学境界。

二、设计富有悬念的结课

教学是一个不断设疑、释疑、再设疑的过程,而问题是一切思维的开始。有了问题,思维才有方向;有了问题,思维才有动力;有了问题,思维才有创新。

为了设疑激趣,引导学生不断思维,教师可在课堂结束时紧扣主题设计一些必要的悬念,为后面的课程学习埋下伏笔。也就是说,教师要利用教学内容的连续性和学生的好奇心,在一节课结束时针对下一节课的教学内容提出一些富有启发性的问题,造成悬念,以激发学生的求知欲望,引发学生的学习期待,起到"欲知后事如何,且听下回分解"的效果。利用悬念结课的方法,一般用于上下两节课之间的设置比较合适,但内容必须有密切的联系,这样学生才有一种期待感,急切期待着下节课的来临,为上好下节课埋下伏笔。

如我在指导学生学习《将相和》一文时,因为课文太长,就分为两课时完成。第一课时学生重点学习了引起将相不和的"完璧归赵""渑池会战"两个小故事。临下课时,我提出了这样的问题:"蔺相如职位比廉颇高了,导致了将相不和,后来他们因为什么又和好了呢? 你们想知道吗? 下节课我们再一起研究。"这样的结课不但预示了下节课的教学重点,诱发了学生深入学习的欲望,而且过渡自然,使前后两节课衔接巧妙,更为可喜的是吸引学生把注意力集中指向了后边要讲的内容。

三、设计总结升华的结课

课结束时进行总结升华，是最常见的一种结课方法。教师在课堂教学结束前用较短的时间，运用简明、扼要、富有条理的语言，提纲挈领地把整节课的主要内容、知识结构、学习方法等作一个概括和总结，让学生有个系统、完整的印象，加深他们对所学内容和学法的理解和感悟，培养其综合概括的能力，同时也便于学生加深记忆。

例如，我指导的一位青年教师参加市优质课比赛获得一等奖第一名，她执教的是古诗《晓出静慈寺送林子方》。教师先引导学生学习诗意，同时在教学中渗透学习诗歌的方法，使学生既能进入诗的意境，又能体会出诗的情感，领悟到为什么"题目写的是早上送林子方的事，诗写的却是景"的深刻内涵。教师在结课时，先由学生对所学内容进行归纳总结，再引导学生提炼出学习诗歌的方法：第一步，知诗人，解诗题；第二步，释字词，明诗意；第三步，想意境，悟诗情；第四步，会朗读，能成诵。最后教师对这种学习方法给予了肯定，并引导学生学习其他古诗。这样的结课既有助于加深学生对所学古诗内容的记忆，对所学知识和方法进行系统化、清晰化，又帮助学生顺利进行了学习方法的迁移。

四、设计拓展延伸的结课

好的课堂不仅是学生主体参与体验的乐园，也是教师教学智慧充分展现的场所。教师的教学智慧当然也包含教师的语言智慧、语言艺术等。倘若教师在结课时能运用触动学生情思之弦的艺术语言，激起学生心中强烈的情感波澜，点燃学生课后探究的亢奋激情，结课一定会收到振奋人心的效果，也更具无穷魅力。

一位青年教师在执教《少年闰土》时，是这样设计结课的："同学们，'我'和闰土在少年时结下了如此深厚的友谊，离别时彼此难舍难分。30年之后，他们又相见了。那时他们两人又怎样了呢？"教师引导学生先大胆想象，培养学生的想象能力和思维表达能力。在学生大胆想象的基础上，教师进行"引诱"式地总结："大家想象的都很丰富，但事实却不像大家想象的这样。30年以后，闰土见了'我'就喊'老爷'，这是怎么回事呢？大家想知道吗？请同学们课后阅读鲁迅的小说《故乡》，那时就会明白了。"这样设计结课，既加深了学生对课文的理解，锻炼了学生的语言表达能力，培养了他们的想象力，陶冶了他们的情感，又将学生引入了课外的阅读领域，引发了学生进行拓展阅读的兴趣，体现了学习与生活的有效结合，同时给人一种"言有尽而意无穷"的感觉。这样的结课设计更有吸引力和感染力。

心理学的研究表明，小学生注意力的最佳状态一般只能保持 25 分钟左右。最后结课的几分钟，往往是学生注意力相对分散、精神比较疲乏的时刻。教师如果采取灵活多样的结课方式，就可以吸引学生的注意力，在短时间内使学生的大脑快速运动，使其对所学的知识进行思考、整理、记忆，达到事半功倍的效果。依据教学的客观规律，课堂教学应是几个相互联系的环节组成的完整的统一体。结课作为其中一个不可缺少的环节，应充分发挥其特有的地位与作用。因此，教师在设计结课时，必须使结课为实现一定的教学目标服务。在这个目标下，教师结课时既要加强前后知识的联系，保证教学结构的完整性，又要适当地照应开头，使整堂课前后连贯，帮助学生将零散的知识和技能串联起来形成完整的知识结构和技能体系。

结课有法，但无定法。教师要根据每节课的教学内容、教学目标、重难点等灵活设计结课，因人而异、因文而异、因境而异、因时而异。

我相信，教师在结课时只要做到既形式新颖、新鲜有趣，又立足课堂、着眼生活，同时面向全体，关注学生的持续发展、终身发展，就能达到一种课虽终、趣不尽，言已尽、意无穷，文已完、情不断的最佳结课境界，使结课在整个课堂教学中起到一种"画龙点睛"的作用，从而全面提高课堂教学效果。反之，如果结课千篇一律、毫无变化的话，学生就会兴味索然，从而大大降低课堂的教学效果。

怎样设计个性化的有效作业

何为有效作业？学生对所设计的作业感兴趣并能自觉完成，能用最少的作业内容、练习时间，最大限度地发展语文素养，从而大大提高练习的实效性。有效作业，不仅是对教师课堂教学效果的反馈，也是对学生掌握所学内容程度的检验和校外生活的延伸，更是学生形成语文素养的一个新的生长点。

而个性化的有效作业，是指作业设计在设计有效的基础上，富有针对性，适合不同层次孩子的学习需要，能满足不同孩子的个性需求，利于不同孩子的个性形成。这不仅是学生巩固知识、形成技能、培养创新精神与实践能力、发展语文素养不可或缺的一环，也是培养学生良好学习习惯，促进学生个性发展的一条有效途径。那么，在新课程理念下应依据什么才能设计出有效的个性化作业呢？

一、明确有效作业的特征

明确有效作业的特征是设计出有效作业的前提。从英、美等国家教科书对作业类型的编写要求来看，有效作业主要有以下几种类型：一是接受知识的；二是要求比较的；三是要求思考的；四是言语实践的；五是认识生活的。综合英、美等发达国家对作业的要求，以及我们多年来对作业特征与实践的研究与探索，有效作业应该具有以下十个主要特征：

情境性：设计的作业具有贴近学生生活的情境，能激发小学生写作业的浓厚兴趣，唤起他们对学习与探究的欲望，做到想写、愿写、乐写。

巩固性：根据艾宾浩斯的遗忘曲线，遗忘具有先快后慢的规律，有效作业要利于学生及时巩固、吸收所学的知识，并将其内化成自己的知识。

思维性：有效作业要具有思维的特性，能引发学生深入思考，便于发展学生思维能力，提升思维的品质。

典型性：有效作业要具有代表性，是不同类型的好题目的代表。内容少而精，具有典型性。

合作性：有效作业要有大家一起合作的作业内容，学生通过合作探究才能完成。教师要引导学生在合作探究中发展思维，形成技能，培养合作能力。

迁移性：有效作业能使学生将所学到的方法与具备的能力运用到实践中，

进而掌握学习方法，形成学习技能，实现方法与能力的有效迁移。

系统性：有效作业的设计能从整套、整册教材、每一单元教材和每一篇文章进行整体考虑。教师依据教材特点进行系列化的设计，形成作业的系统训练序列。

生活性：有效作业的内容能与学生的生活紧密联系。作业练习内容与学生生活结合在一起，既能使学生训练能力、巩固知识，又能使其认识生活、了解生活、服务生活。作业要成为生活中必不可少的一部分。

综合性：语文知识的运用是综合的。如果学生孤立地去掌握各项知识是很难形成语文综合能力的。因此，作业内容的设计要整合各种知识，从而提高学生语文学习的效率。

二、个性化的有效作业设计

随意、盲目的作业设计很难收到理想的作业效果，只有富有个性化的有效作业设计才能在提高学生学习质量的同时减轻学生的课业负担。那么，怎样才能设计出有效的作业呢？以下几点建议供大家参考：

（一）依据"教学目标"设计

教学目标既是教学的出发点又是教学的归宿，它支配着教学的全过程，规定着教和学的方向。在设计作业时，教师应紧紧围绕教学目标，精心设计出能落实教学目标的达标型作业。

课前备课，要先确定好准确、恰当的教学目标；课中教学，各环节设计要围绕教学目标展开，确保教学目标的落实，并及时反思目标的达成效果，做到心中有数；课后作业，一是要围绕课前的教学目标进行适度、适量的设计，二是要依据教学目标达成的情况，对达成度不高的目标要精心设计作业来达成。如教学《西门豹治邺》一文时，其中的一个教学目标应是"联系上下文理解重点句子，体会句子含义"。为了检测该目标的达成情况，教师在课后紧紧围绕这一目标，设计了达标作业："自选课外阅读书中的一篇写人的文章读一读，画出一两个打动你的句子，说说打动你的原因"。教师通过设计与批阅这一达标型作业，既可以巩固学生在课堂上领悟到的理解句子含义的方法，又可以很好地了解学生对"理解句子含义"这一方法的掌握情况。通过学生作业正确率的高低，教师可以检验、分析、判断、反馈学生对教学目标的达成情况。如果错误率很高，教师就应认真分析原因，查漏补缺，直至达成该教学目标为止。同时教师还可以依据学生的作业情况检测本堂课教学效果的优劣，反思教学中的得与失。

这样设计的作业才具有针对性和实效性。如果教师进行作业设计时随心所欲，无目的、无计划，对学生的知识掌握、能力训练等都不会有好的效果。

（二）依据"重点难点"设计

每节课都应有学生学习的重点和难点，而学习的重点或难点，恰恰是课堂教学需要着力突破的。学生只有掌握了重点，突破了难点，才能更好地掌握一节课要学习的主要内容，并建构知识、提高能力，从而提高学习实效。围绕重点和难点设计的作业，既可以巩固学生要重点掌握的内容，又可以检验教师在解决重、难点时的教学策略运用情况。

设计能帮助学生掌握重点、突破难点的富有针对性的专题型作业，以此来检验学生对重难点内容掌握的情况。如学习《诚实与信任》一文时，我们设计的训练重点是"学习概括本文的主要内容"，且训练了抓重点词概括、抓关键句概括、段意串联概括等多种概括方法。课后，我们设计了这样一个"专题型"作业：阅读下列一组写鸟的文章，郑振铎的《海燕》、高尔基的《海燕》、冰心的《一只小鸟》、老舍的《小麻雀》，要求学生"读完后用最简单的语言与同学或家人分享文章的主要内容，要用课堂上学到的四种不同的概括方法来概括，概括之后谈谈几位作家在'写鸟'这一主题上选材的异同"。

这样的作业练习设计，具有针对性，对学生掌握课堂教学知识能起到巩固、提高的作用，也便于引导学生进行拓展阅读、大量阅读、专题阅读。同时，在概括内容的基础上，教师要引导学生了解作家的写作内容、选材角度、写作方法等诸方面的异同，从而使其扩大阅读量，启迪写作智慧，进行写作积累，唤醒写作欲望，为读写结合打下良好的基础。

（三）依据"作业类型"设计

心理学研究发现，儿童的意志力薄弱、持久力差、有意注意的时间比较短。一旦作业太多、内容单调、难度过大，学生就容易对作业产生厌烦心理，致使自觉作业的情绪降低、情感淡化，形成沉重的课业负担。新课改理念要求教师在布置作业时，要积极指导学生充分运用多种感官，全方位、多角度地感知和认识事物，鼓励学生以丰富多彩的形式展现其学习、思考的结果，充分发挥学生的个性，使学生的思维潜力得到充分的挖掘，由此使其获得可持续发展的学习能力。

在设计作业时，我们要依据儿童的心理特点，设计内容和形式丰富多样的"超市自选型"作业，帮助学生从不同角度来掌握学习内容，提高作业的实效性。如学完了《师恩难忘》以后，我设计了下列作业：

必做题：抄写本课的生字词 2 遍；练习有感情地朗读。（接受知识型作业）

选做题（自主选择两题来做）：

（1）读一读：《我最好的老师》（大卫·欧文）等写老师的文章。（阅读积累型作业）

（2）讲一讲：将这篇文章的内容讲给其他人听。（内容表述与言语表达练习）

（3）写一写：模仿本文的写法，观察或采访生活中对自己影响最大的一个人写一写（写一个片段）。（读写结合、方法迁移练习）

（4）找一找：收集一些赞颂老师的名言，累积在摘抄本上，并尝试自己创作一句。（动手实践、积累运用训练）

以上作业的设计，从"听、说、读、写"几个方面设计了多种题材的作业内容，并围绕以上几个内容让学生通过书面（抄写）、朗读、采访等多种形式来完成，实现了作业内容和形式的多样化。这样就比较符合学生接受新事物的心理特点，容易激发学生学习的兴趣，并使学生克服写作业时的单调乏味。

（四）依据"学生差异"设计

心理学研究表明："当学生对某一学习内容的练习活动产生浓厚的兴趣时，就会积极地思考，大胆地探索，从而优化自己的认知活动，促进学习。"教师在教学中要了解和掌握每一个学生的个性特点、学习情况和学习能力等各方面的差异，并据此分类、分层布置具有差异性的作业。即设计的作业要具有差异性和层次性，做到深浅并存、难易兼有、简繁同在，既关注学生的学情和个性差异，又满足不同层次、不同差异学生的自主学习需求，体现作业的个性化。

1. 在作业内容的设计上体现差异性

设计面向全体学生的必做题、面向学困生的提高题、面向中等水平以上学生的发展题，以及大家可以根据自身需要自由选择的选做题等。

2. 在作业数量的设计上体现差异性

要对不同层次的学生设计不同的作业量，学困生写作业慢，为其布置的作业可以少而精，少一点拔高题，多一点基础题，使其能在原有基础上得到提高，从而品尝到成功的喜悦，提高自信心；优秀生写作业快，那些机械重复的基础题可少布置一些，给这类学生最大的自由，为他们适当布置一些有难度的、能够培养创新精神和实践能力的拔高题。

这种依据差异、分层次的作业设计，既让不同层次的学生对基本知识的掌握得到巩固，还可以为不同学生提供自主发展的空间，让每个学生在适合自己的作业中得到发展，取得成功，获得轻松、愉快、满足的快乐心理体验。

（五）依据"学生生活"设计

新课程标准强调教学要回归学生的现实生活，回归到日常生活与非日常生活、物质生活与精神生活有机统一的世界。顾黄初先生在《语文教学要贴近生活》一文中强调"语文教学的改革，关键在贴近生活，这是'根'"。我们在设计作业时也应贴近学生生活，这样更容易引起学生的学习兴趣与情感共鸣。为了更好地体现课改的新理念，生活化作业设计应着力体现情趣性、实用性和创造性，让语文学习与生活融为一体，使学生能在生活中学语文、用语文。

教师布置作业时要尽量联系学生的生活，联系社会的热点和重点问题，如"北京奥运、汶川地震、金融危机、'嫦娥一号'奔月、十一届全运会、钱学森去世"等。通过引导学生观察、动手、动脑、自主探究与他们生活相关的这些社会问题，提高学生对生活的关注度，培养学生生活的幸福感，从而提高作业的实效性。

例如，学习《东方明珠》时，我们设计了这样的课外作业：

（1）查阅性作业。在学《东方明珠》之前，布置学生上网或到图书馆查阅有关香港的资料，为其深刻理解课文作铺垫，同时也培养他们收集、整理、运用信息的能力。

（2）专题性作业。即围绕一个专题开展一系列探究活动，完成系列调查报告。在学完东方明珠之后，围绕"青岛明珠""青岛名胜"等专题，组织学生实地考察，抓住一个方面写出探究报告，开班会进行交流。

（3）听记性作业。收听收看广播、电视新闻节目，记录自己最关注的香港的重要新闻等。

（4）实用性作业。了解家乡某种产品的性能、用途，学写产品说明书、广告语等。

（5）创造性作业。以课本内容为素材，让学生以小导游的身份结合自己的考察资料介绍一下自己的家乡。

设计这样贴近学生生活的作业，学生就会在实际生活中产生对作业的兴趣，在完成作业的同时也能让个性得到很好的发展。另外，作业题材的生活化还能培养学生关心社会、热爱生活、善于思考、乐于探究、学思结合的品质，利于提高作业的实效性。为此，我们要在学生已有的知识和经验的基础上，设计一些与学生实际生活紧密相关的作业。当然，作业题材的生活化，需要教师花更多的时间和精力去观察、收集和设计。

（六）依据学生"心理规律"设计

由于小学生的心理特征，他们对传统意义上的知识型作业没有什么兴趣，而对情境性、实践性的作业比较感兴趣。情境性、实践性等作业要求教师将那些传统意义上的作业加以改造，使其具有一定的主题性、情趣性。教师在愉悦合理的情境中引导学生运用丰富多彩的形式学习和思考，使他们多角度、全方位地感知知识，获取知识。改变文本作业的单一形式，将听、说、读、写与探究、游戏、绘画、调查、参观、访问、展览、猜谜语、找朋友等灵活多样的形式融为一体，体现出作业的情趣性和实践性。如可以让学生在"自主参与作业设计"中感受乐趣，让学生在"自主选择练习"中体验乐趣，让学生在"多元探索作业"中品味乐趣，让学生在"立体作业评价"中享受乐趣，让学生在轻松娱乐中巩固知识、提高能力、增加智慧。

精心设计个性化的作业，可以把学生从过多、过滥的作业中解脱出来。有研究表明，"学生的学业成绩与教师布置的作业所用时间的相关曲线基本呈倒'U'形，没有作业时间与作业时间太多，学业成绩都不太好。"我们要从学生实际出发布置作业，通过布置科学合理的个性化作业，让学生的作业以情趣训练、成功体验、探索创新、自主选择为主，做到情趣性与实效性结合、巩固性与创新性结合、思维性与实践性结合、系统性与生活性结合、全面性与个性化结合，让学生的知识在作业巩固中得以升华，技能在作业训练中得以掌握，思维在作业实践中得以发展，乐趣在生活作业中得以发现，个性在作业分层差异训练中得以形成。教师要在教学中注重研究学生心理，遵循规律、因势利导，这样才能提高作业设计的质量，减轻学生的课业负担，提高教学质量，从而深入推进素质教育，办好让人民满意的教育！

第二节　个性化阅读

在自主学习过程中实现个性化阅读

自主学习是个性化阅读的前提和基础。如果没有学生的自主学习，就不可能真正有学生的个性化学习。新课程标准强调："学生是语文学习的主人。语文教学应激发学生的学习兴趣，注重培养学生自主学习的意识和习惯，为学生创设良好的自主学习情境……"那么，什么样的学习才算是自主学习？如何引导学生进行自主学习？又怎样引导学生在自主学习过程中实现个性化阅读呢？

一、对自主学习的理解

（一）什么是自主学习

什么是自主学习？由于国内外专家的理论立场和研究视角不同，他们对自主学习含义的界定也不尽相同。我国庞维国等专家主张从横向和纵向两个角度来界定自主学习。从横向的角度来说，是从学习的各个方面或维度来综合界定自主学习。他认为，如果学生本人对学习的各个方面都能自觉地作出选择和控制，其学习就是充分自主的。具体来说，如果学生的学习动机是自我驱动的，学习内容是自我选择的，学习策略是自我调节的，学习时间是自我计划和管理的，学生能主动营造有利于学习的物质和社会性条件，并能对学习结果作出自我判断和评价，那么这样的学习就是充分自主的。反之，如果学生在上述各学习方面完全依赖于他人指导或控制，其学习就是不自主的。从纵向的角度来说，是从学习的整个过程来阐释自主学习的实质。如果学生在学习活动之前能确定学习目标，制订学习计划，做好具体的学习准备，在学习活动中能对学习进展、学习方法作出自我监控、自我反馈和自我调节，在学习后能对学习结果进行自我检查、自我总结、自我评价和自我补救，那么其学习就是自主的。如果学生在整个学习过程中完全依赖教师或他人的指导和调控，其学习就是不自主的。

通过对中国庞维国博士、美国齐莫曼教授等多位国内外知名自主学习研究专家的理论进行研究，结合小学生的年龄特点及教师们的实践探索，我认为，从纵向的角度来界定小学生的自主学习更合适，更符合小学生的实际情况。小学生的"自主学习"应是与他主学习相对应的一种学习方式，如果小学生能在教师的参与、引导下，初步制订出简单的学习目标或提出学习要求，然后运用基本的语文学习方法相对主动地自觉学习，对学习中发现的问题有自己的解决策略，能确定自己的看法，提出自己的观点，能自觉地评价和反思学习结果，能相对自主地调控学习活动，这样的学习就算是自主的。

（二）自主学习的特征

综合奥德曼、宾特里奇、巴里斯及庞维国等自主学习研究专家的观点，不难看出，自主学习具有以下几个特征：

1. 具有主体能动性

自主学习有别于各种形式的他主学习，它是指学生能积极、主动、自觉地从事自己的学习活动，而不是在外界的各种压力下被动地学习。这种自觉从事学习活动、自我调控学习的最基本的要求是主体能动性。

2. 具有相对独立性

自主学习是把学习建立在人的独立性的一面上，而他主学习是把学习建立在人的依赖性的一面上。这里的独立性是相对于依赖性而言的，是一种相对独立性。所谓"相对独立"，是指小学生在学习的整个过程中，要尽可能地减少对教师或他人的依赖，尽可能由自己作出选择和控制，相对独立地开展各种学习活动。但由于小学生的年龄特点、认知水平和阅历等原因，要彻底摆脱老师的指导，完全独立学习是不现实的。小学生的绝对的自主学习是没有的，他们的自主学习其实是在教师引导下的一种相对自主的学习。教师的必要引导是不可或缺的，只不过要把指导的程度降到最低，要"导"在最关键处。因为，教育的真义就是"价值引导"与"自主构建"的统一。所以，我们在看小学生的学习时，不能简单地将其分成哪是自主的或哪是不自主的，而是应该从实际出发，分清其学习在哪些方面是自主的，在哪些方面是不自主的，或者说他们学习的自主程度有多大。

3. 具有实效性

由于自主学习的出发点和目的是尽量协调好个体学习系统中的各种因素，使它们发挥出最佳效果，因此自主学习在某种意义上讲就是采取各种调控措施使个体的学习达到最优化的过程。一般来说，学生学习的自主程度越高，学习的过程也就越优化，学习效果也就越好。

二、在自主学习实践中实现个性化阅读

美国教育家布鲁纳说过："学习的最好方式是让学生独立地发现应有的结论。"自主学习就是让学生独立发现应有结论的最好方式。那么，怎样引导学生进行自主学习，并通过自主学习有效实现个性化阅读呢？

（一）范例引领，学会自主

"范例教学"是西德瓦·根舍因首创的，其后又有许多教育家对其进行了深入探讨，是 20 世纪影响较大的教学流派之一，其思想与方法，对于培养学生获取新知识的能力，引导学生学会自主，仍具有重要的指导意义。

小学生的知识水平、认知能力、原有经验等都还不够丰富，这就需要教师进行一定的范例引领。在学生事先接触学习材料的前提下，教师示范或出示有指导性的范例，引导学生在学习中领悟和发现新的学习方法，然后使其将领悟的方法迁移到自主学习的过程中。如果教师能在课堂上给学生提供一些学习的范例，然后引导学生利用从范例中掌握的方法去学习新的内容，久而久之，学生就会运用学到的方法积极主动地学习，最终达到自主学习的目的。如低年级的识字教学，教师就可以运用一定的范例引导，让学生在识字中领悟、总结出识字方法，然后学生就能在学习中运用这些方法自主识字了。中高年级有一些段落结构相同的课文，如《小镇的早晨》中 2、3、4 这三个自然段，都是先总写小镇有什么特点，然后再具体写出这个特点。在学习这样的段落时，教师就可以指导学生学习第 2 自然段，然后引导学生总结出学习方法，并让他们将这种方法迁移到对第 3、4 自然段的学习中去。这样，学生在范例的引导下，通过对学习方法的迁移，就能学会自主学习。

不仅学习段落是这样，学习整篇课文、其他知识也是如此。每一类课文都有自己的规律。教师引导学生针对每类课文的特征进行范例式学习，使其掌握一种学习方法，然后便可逐步放手让学生自主学习了。叶圣陶先生说："课文无非是个例子。"语文学习的目的不在于教会学生一篇篇的课文，而在于通过一定数量的课例学习，使学生能够获得学习方法，形成迁移能力，并最终达到"自能读书不待老师讲"的水平，即学会自主学习。学生在自主学习过程中，才能逐渐摸索出并形成适合自己的个性阅读方法和学习方法。

范例引领的一般步骤为：确定目标，激发兴趣；精选范例，领悟方法；方法迁移，自主学习；自我评价，个性形成。

（二）精选模式，实现自主

我们知道，影响学生自主学习的因素有内部因素和外部因素。教学模式是影响学生自主学习的外部因素之一。选择恰当的教学模式能很好地引导学生自主学习，形成学习个性。

以意义建构为取向的教学模式，就是让学生真正实现自主学习的模式之一。这样的教学模式追求的是学生对知识的深入理解和主动建构。建构主义者认为，知识不是通过教师的讲授得到的，而是学习者在一定的社会文化背景下，借助他人的帮助，利用必要的学习资料，通过意义建构得到的。也就是说，成功的学习并非取决于教师的讲授，而是取决于学习者的自主或协作探究。

以意义建构为取向的教学模式的开发者强调教学应包括以下两个主要环节：情境创设、自主学习、讨论交流、自我评价等。常用的下列几个模式最有利于学生进行自主学习：

1. 以问题为基础的教学模式

以问题为基础的教学主要是一种以学生为中心的教学方法。"学起于思，思源于疑。"提出问题，然后带着问题读书，并去解决问题，就能很好地体现自主学习。其主要的教学环节是：（1）创设情境。教师运用多媒体或语言描述等多种方法激发学生的学习动机，提出问题，引发学生思考。（2）确定问题。结合课文的重点难点，选出有价值的问题，作为学习的中心内容。（3）自主学习。让学生带着问题自主学习解决问题。先给学生自主学习的时间，向学生提供解决该问题的有关线索，然后由学生自主提出解决问题的策略。在学生自主学习时，教师要注意发展学生自主学习的能力，包括确定学习内容的能力，获取相关信息的能力，利用、评价有关信息与资料的能力等。（4）合作学习。根据需要，学生以同桌、小组或全班的形式进行讨论、交流，通过不同观点的碰撞、补充等加深对当前问题的理解，最终达到更准确、更全面地解决问题的目的。（5）效果评价。学生对问题解决的结果、解决的策略、学习的主动性等作出自我评价。

2. 探究性学习模式

这种模式与以问题为基础的教学模式很相似。不同之处在于它更多的是需要学生自己去发现问题，去解决没有解决的问题。提倡这种模式的研究者认为，科学家用来发现问题、解决问题的策略是可以传授给学生的，学生一旦有了这些策略，也就能形成主动探究的习惯和解决问题的能力。只要问题少而精，容量与思考价值大，就能引发学生踊跃、深入地探究。

对问题的设计可以从一个立足点出发，或将其分解成几个重要方面，或将其分层次地步步展开，有序列地依次解决问题，从而达成总的目标。这样，学生就会在探究中学会自主学习。如学习《画里少了什么》一文时，教师先引导学生自主读书，然后在此基础上引导学生提出问题。有的学生提出："画里到底少了什么？"带着这一问题自主读书，学生就能很好地理解文章表面的意思——画里缺少的是一些不为人重视的小鱼等。此时，教师适当点拨，学生再独立深究课文，就能更深刻地体会出表面上少的是小鱼，实际少的是一种合作精神和勇于奉献的精神等。在教师恰如其分的引导下，学生由浅入深地理解了课文，体会出了课文所表达的思想感情，受到了思想教育。

经过这样反复的学习，学生就会先提出问题，然后再去探究问题，最后解决问题。按照这一思路在探究中学习，也是自主学习的必由之路。

其模式为：独立发现问题——提出解决问题的策略——自主学习大量与问题有关的信息——确定结果、交流研究结果——自我反思评价。

（三）活动体验，体现自主

当代心理学的多项研究表明，活动与人的心理发展有着密不可分的关系。皮亚杰的发生认识论深刻阐明了"活动"在儿童智慧，思维，认识发生、发展过程中所起的决定性作用。皮亚杰认为，人对客体的认识是从人对客体的活动开始的，思维、认识发展的过程就是在实践活动中主体对客体的认识不断建构的过程。在皮亚杰看来，人的思维、智慧实际上就是人的外部操作活动内化的结果，没有儿童大量的实践活动，就不会有儿童思维和智慧的发展。语文学习中蕴涵着诸多活动的因素，不论是字词教学还是阅读教学，都有很多可操作的内容。精心设计学生参与的活动内容，有助于学生独立地理解语言文字，培养他们的语文实践能力和自主学习能力。

精心设计课本剧、当小导游、辩论赛、实话实说、记者采访等丰富多彩的活动能有效地引导学生自主学习。有位教师在引导学生学习《五彩池》时，设计了"我当小导游"的活动，让学生以小导游的身份向游客介绍五彩池的景色。老师问："要当好小导游，让游客满意，我们应该怎么做？"学生争先恐后地回答："读懂课文，了解五彩池的特点……"然后，教师放手让学生四人组成小组合作学习、理解课文，教师相机在关键处给予必要和恰当的引导。在教师的引导下，学生把握了五彩池的特点，并把它记在心里。这样，学生就在活动中发现了学习的兴趣。最后，学生以小导游的身份介绍五彩池。大多数同学还加上了自己的语言，对原文内容进行了再创造。这种教学方式。既培养了学生的口头表达能力，又使学生在声情并茂的介绍中受到了情感熏陶，得到了思想启迪，享受了审美乐趣。

　　整个学习过程，以当小导游这个活动为凭借，学生很好地进行了自主学习，既掌握了课文内容，又发展了自主学习能力、思维能力、表达能力等。

　　教师利用语文教材中的活动因素，先创设情境，诱发学生自主学习的兴趣，然后再引导学生自觉主动地理解课文内容，提高自主学习的水平。通过这样的活动设计，学生就能更好地体悟语言文字，也使自己的学习变得妙趣横生，还活化了思维，拓展了想象。这种自主学习活动，为学生创设了多种多样的角色转换机会，使阅读成为多角色活动，营造出了民主的课堂气氛，唤醒了学生的主体精神，激活了语文教学，培养了学生自主学习的能力。

　　总之，引导学生进行自主学习，使学生有了明确的学习目标和积极的学习态度，他们就能够在教师的启发指导下，用适合自己的方法，独立感知教材、理解教材，并根据自己的个性需要，把学科课程的内容变成自己的精神财富，进而运用于实践。同时，学生还能在自主学习活动中充分发挥自身潜能，主动地去接受教育的影响，这有利于他们培养自主学习的意识和能力，形成独特的个性，从而全面提高语文素养。

小学生的个性化阅读与教师的价值引导

根据阅读认知理论，阅读不是一个被动、机械地吸收课文信息的过程，而是阅读主体根据文本中的语言，在自己原有的信息中找到与该文本言语具有相似性的信息模块，然后与之进行相似匹配、激活，从而顺利识别文本中的信息。由于阅读主体大脑中贮存的相似模块各不相同，因而即使是阅读同一文本，也会形成各自不同的相似选择与相似匹配，进而产生见仁见智的个性化解读。霍拉勃在《接受美学与接受理论》一书中说："既定作品的具体化形态由于读者不同便会不同。甚至同一读者的这次阅读与下次阅读也不同。"

阅读是读者个性化的行为，阅读的过程是富有创造性的过程。个性化阅读的第一要义是自主阅读，没有读者的自主，个性化阅读就无从谈起。同时，自主阅读是创造性阅读的前提，而只有富有创造性的阅读，才是真正意义上的个性化阅读。既然阅读是学生的个性化行为，那么个性化阅读与老师的引导之间究竟是怎样的关系呢？

一、教师琐碎的分析不利于小学生的个性化阅读

传统的阅读教学，主要以教师为中心，围绕应试教育进行。教师是知识的传授者，学生是接受知识的客体。教师照着教学参考书，把书中对课文的解读传授给学生。参考书就像圣经一样禁锢着教师的思想和对文本的再创造，教师不敢越雷池半步，学生只能像容器一样被动地接受教师按照参考书进行的灌输。教师用琐碎的分析代替了学生的阅读体验，学生怎能对文本产生独特的理解，又怎能形成个性化的阅读感悟呢？

传统的阅读教学中，一样的阅读方法，相同的阅读过程，一致的阅读结果，甚至连考试的答案也采用唯一的标准。这样，学生的阅读个性得不到张扬，能动性被扼杀了。这种传统的阅读教学模式为"介绍背景——分段概括段意——教师分析讲解——揭示中心思想、写作特点——练习"，或者是"介绍背景——指名读课文——教师提问，学生回答——教师总结——布置作业"。很明显，这样的阅读教学模式不仅不会引发学生的个性化阅读，还会因为教师琐碎的分析而占去学生大量自主阅读的时间，不利于学生对文本的自主理解和感悟。

接受美学理论家认为，文本结构中存在着大量的空白、省略和模糊之处，甚至每一个句子中都有未写出来的地方，因此文本就像一张布满空洞的渔网。读者把文本作为自己的想象对象，在读文本的过程中，把自己的经验和想象的东西添加到文本中去，使原本只是抽象符号的文本变得更加具体。文字描写中空白、省略、模糊和模棱两可之处，在读者的想象和联想活动中，被填补、补充，进而清晰化和明确化了。可见，要想让学生更好地进行个性化阅读，就必须引导学生与文本进行直接对话。学生与文本的对话过程是一个复杂的心理过程，学生会将自己的生活经验图式和文本所反映的生活经验图式进行同构，这种同构反映出儿童独特的感悟、体验和理解，具有鲜明的个性特征。这一对话过程是读者与作者之间灵魂的相约、心灵的谈话，具有很强的个性化色彩，这就决定了"阅读是学生的个性化行为，不应以教师的分析代替学生的阅读实践，应让学生在积极主动的思维和情感活动中加深理解和体验，有所感悟和思考"。只有当读者把自己的生活体验投入作品中，与作品进行有效对话时，才能对作品进行"具体化"理解。只有当读者用各种感官去品味、体验文本时，其独特的心理感受、情感意志、生活体验、想象理解才能得到很好的激发。只有这样，作品形象在读者脑海中才会呈现出丰富、立体、多维的特点。个性化阅读才能真正体现出自主性、创造性和体验性等基本特点。

二、排斥教师的引导无益于小学生的个性化阅读

当新课程提出个性化阅读的要求时，有些教师的课堂教学又走入了另一个误区——排斥教师的引导。

首先，从阅读认识理论来看，读者是作品艺术价值和思想意义的实现者，也是文学作品意义的创造者。新课标也强调，"阅读是学生的个性化行为"，这就言简意赅地揭示了阅读活动的本质。有人认为，既然阅读是学生的个性化行为，阅读过程是读者与作者对话的过程，读者才是作品的创造者，那么，教师就不应参与学生的阅读实践，而应让学生进行自主阅读，直接与文本进行对话。也就是说，在阅读的过程中，学生可以凭自己的喜好，想怎么读就怎么读，喜欢读什么就读什么，愿意怎样理解就怎样理解，认为只有这样才能充分体现出学生阅读的个性化，才能使学生形成独特的个性化理解和体验。在这些人看来，似乎只有这样做，才能符合新课标所倡导的"应珍视学生独特的理解和体验"。由于有着上述想法，这些老师在阅读教学中就形成了特定的教学过程。以下是一位老师上《一双手》（北师大版四年级下册）的教学过程：

第一，请同学们自由读课文。读完后说说你都读懂了什么，有不懂的问题提出来。（学生自主阅读，提出问题）

第二，你都读懂了什么内容？有哪些不懂的问题请提出来。（教师未作任何评价和引导）请同学们带着不懂的问题再次读课文，自主解决发现的问题。

第三，请同学们在小组内交流自己所解决的问题。

第四，全班交流解决的问题。

第五，教师小结，总结学生的交流情况，对学生的各种理解都给予肯定。

在这一阅读教学过程中，教师没有对学生进行任何引导，扮演的也只是学生学习的组织者的角色。在整个阅读教学过程中，学生的主体地位确实得到了落实，体现了主体的需要，也产生了对文本的多元解读。但是，这样完全放手让学生阅读，是否就能很好地实现学生的个性化阅读呢？我们知道，阅读过程是一个非常复杂的心理过程，读者在与文本对话的过程中需要经历由感性到理性的过程。上面的阅读教学过程，虽然体现了学生的个性特点，但学生由于受心智水平、认知能力、已有经验的限制，再加上缺失了教师必要的价值引导，对文本的个性化理解或者说是多元解读，还仅仅停留在比较肤浅的感性层面上。根据罗布森兰提出的交感理论，由于背景知识、认知发展阶段的语文能力、学习态度和价值观不同，加上学习环境、社会文化环境、文本特点等方面的原因，有时学生的阅读难以触及文章深层的含义或作品的灵魂。在上述的阅读教学过程中，当读完《一双手》一文之后，有的学生认为这是一双坚硬的手，有的学生认为这是一双丑陋的手，也有的学生认为这是一双粗糙的手，还有的学生认为这是一双很大的手，等等。同学们对张迎善的这双手的理解是丰富多彩的，的确实现了对文本的多元解读。但这些理解还只停留在对文本符号的感性认识上，没有达到对这双手的意义的深层理解并进行创造性的解读，也就升华不到理性认识的高度上。大部分学生都没有透过对这双手的坚硬、粗糙、丑陋等表面的认识，深刻体会出这是一双无私奉献的手、一双保护环境的手、一双伟大的手，等等。触及不到文章的内涵，就很难把握文章的主旨，最终也难以挖掘出作者深藏在语言文字背后的"明写手，实赞人"的情感。

现代心理学家指出，每个学生都是一个世界，都有属于他自己的丰富的感觉世界和多彩的经验世界，都可以对某个问题形成不同的假设和推论，但这些假设和推论又往往不可避免地片面。所以，排斥教师的价值引导，会导致学生的个性化阅读除了像上述例子中所表现出的对内容理解的肤浅之外，有时还可能出现片面的或不准确的理解，甚至会背离文本的价值取向和人文内涵等。

其次，从教学过程来看，新课标在教学建议中指出，要充分发挥师生双方在教学中的主动性和创造性，"教育的真义就是价值引导与自主建构的统一"。只有教师和学生双方都发挥出应有的作用时，阅读教学才能收到理想的效果。就这一点来看，排斥教师的引导同样无益于学生的个性化阅读。

三、教师的价值引导是小学生个性化阅读的助推器

阅读过程应是读者（学生）与文本对话的过程。而新课标中对"阅读教学过程"的论述是："阅读教学过程是教师、学生、文本之间对话的过程。"应该说，"阅读教学过程"和"阅读过程"并不是一回事。二者之间的区别在于，"阅读教学过程"除了有学生与文本直接对话之外，在学生与文本之间又多出了教师。在这里，教师不是控制信息、传递信息的权威，而是学生阅读过程中的组织者和引导者。从建构主义理论来看，建构主义也提倡在教师指导下的、以学生为中心的学习，也就是说，既强调学习者的认知主体作用，又不忽视教师的指导作用，教师是意义建构的帮助者和促进者，而不是知识的传授者与灌输者。

依据阅读教学理论和建构主义理论，我认为小学生个性化阅读的一般教学模式应为：

模式一：创设情境——自主阅读，产生问题——反复阅读，解决不了，教师价值引导——再次自主阅读，解决问题——教师点拨，读懂文本，掌握阅读方法。

模式二：创设情境——自主阅读，产生问题——反复阅读，生生合作，解决部分简单问题——教师价值引导，解决所有问题——读懂文本，掌握阅读方法。

模式三：学生自主阅读——理解文本，产生独特的感悟和体验——产生问题——深入阅读——自主解决问题——形成独特的阅读方法。

模式三是一种最为理想的个性化阅读模式，主要是学生具备了一定的阅读能力，有了自己独有的阅读方法以后所形成的理想的自主阅读模式。当然，此模式对小学生来说只是一个理想的模式，现实中是不太可能实现的。

从阅读认知理论和阅读教学过程来看，否认教师的价值引导是不利于小学生的个性化阅读的。至少在小学阶段，我们认为学生的个性化阅读是离不开教师的价值引导的。所以，以上几个教学模式中，前两个应为小学阶段常用的个性化阅读的教学模式。从前两个教学模式中，我们可以看到，教师价值引导的

前提是学生的自主阅读，即当教师创设了情境引导学生进行自主阅读以后，学生或多或少地会产生这样或那样的问题，这时，教师再次组织学生阅读文本，进行探究。之后，教师再组织学生合作交流，如果学生还读不明白或理解不深刻的话，教师再适时地给予适当的引导、点拨，使学生对文本的感性认识升华到理性认识，同时修正学生片面或不正确的理解和感悟，直至学生形成个性化的理解和感悟并学会必要的阅读方法为止。这样就能达到叶圣陶先生提出的"教是为了不教"的阅读目的。

在以上的教学模式中，教师既是学生学习的组织者，又是引导者。因为阅读过程是学生与文本对话的复杂的心理过程，在阅读过程中，学生运用自己的生活经验图式和文本所反映的生活经验图式进行同构，这种同构反映出儿童独特的感悟、体验和理解。当学生的生活经验图式不能与文本中所反映的生活经验图式进行同构时，教师就必须给予正确的价值引导，以促进学生个性化阅读的进程。

怎样引导学生进行个性化阅读实践

新课程标准指出："阅读是学生的个性化行为，不应以教师的分析来代替学生的阅读实践。应让学生在主动积极的思维和情感活动中，加深理解和体验，有所感悟和思考，受到情感熏陶，获得思想启迪，享受审美乐趣。"因此，个性化阅读教学强调学生的自我体验、自我感受和自我发展，同时也要求教师适时引导和适度引领。虽然每个学生的生活积淀、文化底蕴、审美情趣各有不同，但教师引导学生品的始终是文本内涵。这就要求教师要成为学生与文本对话过程中的支持者、引领者和合作者，促使学生跳出文本，去体验生活，品味人生，形成个性化的感悟、个性化的理解、个性化的朗读、个性化的体验和个性化的发展……换言之，培养学生的个性化阅读能力，既可以培养学生独特的个性感受、独特的个性审美能力和独特的个性品位，还可以有效促进学生的个性发展。

如在学习《爬山虎的脚》一课时，其学习重点也是难点部分——写爬山虎的脚这一部分（3～5自然段），有两位老师的教学设计截然不同，究竟哪一种更有利于学生的个性化阅读呢？我们先看一下两位老师的设计。

第一位教师的设计是：

师：请同学们默读课文3～5自然段，思考这一部分写了什么。

（生默读课文）

师：同学们已经读完了课文，想不想看一看？

生：想！

师：咱们看多媒体课件——录像。看完录像说一说你发现了什么。（录像主要展示爬山虎的脚长在什么位置，它是怎样一步步往上爬的）

（生认真看录像）

师：（看到爬山虎的脚长在什么地方时）请大家仔细观察。

师：谁能说说你发现了什么？

生：我发现爬山虎的脚长在茎上长叶柄地方的反面。

师：（看到爬山虎的脚是怎样往上爬时）请大家注意，你又发现了什么？

生：我发现爬山虎先出来的一只脚巴住墙，后边的脚出来后又向上巴住墙，就这样一脚一脚往上爬。

师：看来，同学们都明白了，一起读一读好吗？

（生读）

另一位教师的设计是：

师：请大家默读3～5自然段，思考：读了这一部分你明白了什么？

（生默读后回答）

生：我明白了这一部分主要写爬山虎的脚有什么特点，以及它是怎样一步一步往上爬的。

师：你真会读书。爬山虎的脚有什么特点？它是怎样一步步往上爬的？其他同学也读出来了吗？咱们再仔细地读一读这一部分，读完以后在纸上画一画爬山虎的脚，然后小组用动作演示一下它是怎样爬的好吗？

（生认真默读，然后画出来，画完后进行演示）

（小组交流是怎样画的或是怎样演示的，说说各自画的或演示的根据是什么。同学们画的爬山虎的脚的形状、位置、颜色等不太一样，不少同学还画错了，有的小组在交流时找到了问题，也有的小组找不出来）

（全班交流）

师：刚才我看了一下，各小组同学画的脚的形状、长的位置等不太一样，想不想同大家交流一下你那样画的理由？（老师在实物投影仪上出示学生的画）看着同学画的，请同学们再认真地读一读课文，说说你的理解。

（生再默读课文，从课文中找根据，交流）

生：第一幅图把爬山虎的脚画在了茎上长叶柄的地方了。第二幅图把脚画在了茎上长叶柄的地方下面了。这两幅画得都不对。脚应画在茎上长叶柄地方的反面。

生：还有，我认为脚的吸盘也没画出来，脚的顶部应是圆的。

生：我认为三幅图中脚的颜色画得不准确，书上说脚的颜色是嫩红的。

生：还有，应是六七根细丝，这几幅画有的画成三四根，有的画成十几根了，有的画的脚粗了，应该是细丝。

……

（生展开讨论，最后从课文中找到了准确答案）

师：（小结）看来大家只要认真反复地读书，就能把书读明白。

（小组交流完之后，全班观看录像，进一步验证其答案的准确性，并有感情地朗读，体会爬山虎脚的特点及作者用词的准确精妙）

一、运用课件与阅读实践

形象直观的多媒体作为一种现代化的教学手段，运用好了，不仅可以提供丰富的感性材料，弥补学生感知经验的不足，还能激发学生的学习兴趣，激起学生的情感波澜，更好地促进学生的阅读实践，提高教学效率，收到事半功倍的效果。反之，则会事与愿违。

第一位教师在学生初读课文后运用课件"演示法"来指导学生理解课文，即让学生通过看课件，弄明白爬山虎的脚长的位置及脚往上爬的过程。教师运用直观形象的录像，让学生通过观察，对课文内容一目了然。看完课件后，学生轻轻松松地理解了课文的重点和难点，最后再进行有感情地朗读。有的教师认为，第一位教师的设计好，因为第一位教师只是简单一演示，然后学生通过仔细观察，不用反复阅读课文，课文中的问题便迎刃而解了。

乍一看，通过课件演示这一手段，学生不需要花太多的力气，就轻而易举地解决了重点，突破了难点，理解了课文。课件演示既吸引了学生的注意力，节省了时间，又帮助学生理解了课文，可谓一举多得。但结合新课标分析，不难发现，这一设计不符合新课标的要求。我们前边曾提到，新课标强调课堂上"不应以教师的分析来代替学生的个性化阅读实践"，而是"让学生在积极主动的思维和情感活动中，加深理解和体验"。第一位老师没有让学生在主动积极的思维和情感活动中通过阅读实践来加深对课文的理解，而是让学生通过看课件代替了阅读实践。教师因为仅停留在引导学生"学会"的陈旧理念上，忽视了学生的阅读实践，忽视了对学生语言文字的训练，违背了让学生在自主学习中加深对文本的理解、学会学习的课标要求。众所周知，语言文字是情感的载体，学生只有深刻地理解了语言文字，才能更好地理解课文内容，体会课文的思想感情。叶圣陶也说过："语言文字训练，最要紧的是训练语感。多读作品，多训练语感，必将渐能驾驭文字。"而第一位老师这种游离于语言文字之外的做法，以视觉形象代替了学生对文本的理解与感悟，以"观"代"品"，是不会收到好的阅读效果的。这样，学生就难以对文章有深刻的、独特的、个性化的阅读体验，其阅读能力、思维能力、想象能力等都很难得到提高。

所以，如何准确运用课件促进学生的阅读实践，很值得我们研究和思考。

二、设计活动与阅读实践

第二位老师的设计，让学生经历了一个阅读实践的过程，突出了学生的阅读体验，实现了由"学会"到"会学"的观念转变，效果显著！另外，多媒体运用得恰当，效果很好！

我们看到，很多老师在自己的课上都设计了许多活动，那么，设计活动与阅读实践有什么关系呢？第二位老师先引导学生默读课文，在学生有个性化理解的基础上，让他们再画出来。学生要想画正确就需要读准确，要想读准确就需要有一个阅读实践的过程。学生画的过程，也是对课文内容熟悉、理解和内化的过程。皮亚杰认为："人对客体的认识是从人对客体的活动开始的，思维、认识的发展过程就是在实践活动中主体对客体的认识不断建构的过程。人的思维、智慧实际上就是人的外部操作活动内化的结果，没有儿童的外部活动，就不会有儿童思维和智慧的发展。"第二位老师在学生读完课文后，再通过"画一画""演一演"的活动，促使学生进一步阅读。学生在反复阅读的基础上，通过读、画、演等一系列过程，也就会很好地体会到语言文字的精妙及作者用词的准确、生动，内心也会生发一种愉悦感。同时，这种活动还发展了学生的创新思维能力和想象能力，进一步加深了学生对课文内容的理解。最后，在学生理解的基础上，教师再引导学生有感情地朗读，效果就非常好。

通过这一设计，学生经历了一个阅读实践的过程。通过"画一画"的活动，学生加深了对语言文字的理解，在活动和阅读实践中独立读懂了课文。这样坚持下去，学生就能在活动中激发阅读的兴趣，就能在理解语言文字的过程中自主读懂课文，学会读书，学会自主学习，发展语文综合素养，而不是仅仅停留在"学会"的层面上。同时，这样做还很好地体现了课程的综合性。

因此，精心进行教学设计，是促进学生个性化阅读实践的基础。

在"一点三线"探究阅读中实现个性化阅读

新课程标准规定，学生9年的课外阅读总量应在400万字以上，小学生课外阅读量要达到150万字左右。应该说这个数目是很大的。那么，如何实现这个阅读目标并更好地体现学生的个性化阅读呢？

我认为，除了引导学生有意识地自主阅读一些适合他们阅读的课外读物，如科普读物、历史书籍、童话、名人传记等之外，最好的方法就是引导学生尝试运用"一点三线"式的探究阅读法，进行大量的自主阅读。这样就能很好地调动学生读书的兴趣，挖掘学生的心智，培养其自主读书的习惯和自学能力。

"一点三线"式探究阅读法，就是以课文为自主学习的"中心点"，学生所有的自主阅读内容都围绕课文这个"中心点"展开，并按"作者线""课文疑难线""文体线"三条主线进行自主探究阅读的一种阅读方法。

怎样运用"一点三线"式的阅读方法引导学生进行探究阅读呢？

一、抓"作者线"进行探究阅读

小学课本上的课文大都是名家名篇。在预习时，抓住作者这一条线，利用工具书或网络等，查阅大量与作者有关的资料进行课外阅读，有利于学生在自主阅读中了解作者及其写作风格，有利于将文章读深读透。抓"作者线"时要自主阅读哪些内容呢？

一是可以收集、阅读有关作者生平的文章，了解作者的成长历程、写作风格等；二是可以阅读有关作者的成才小故事，或作者的一些趣事，全面了解作者；三是可以查阅作者的优秀作品，找适合小学生阅读的内容进行阅读；四是可以查阅作者写作的时代背景等。学生查出与作者有关的资料后，再对文章进行认真阅读，或自主阅读，或互相交换资料阅读，或在阅读课上小组集体合作阅读等，通过阅读全面了解作者，了解文章写作的背景。

这一条线，需要学生尤其要重点阅读与该文有关的作者生平、写作背景等资料，了解了这些材料，就能更深入地理解课文内容。通过探究阅读，学生了解了课文中所没有的内容，就能为理解课文作铺垫，从而降低理解的难度，增加理解的深度和广度。同时，这种阅读方式的另一个重要作用就是使课外阅读有"本"可依。如学习《草原》一课时，我们可以引导学生查阅作者老舍的有关资料，了解他的生平、优秀作品、作品风格、写作背景，等等。学生可以查阅《百科全书》等工具书，也可以上网查找。这方面的资料很多，学生在学会收集"信息"的同时，还要学会处理这些"信息"，要能从"矿石中筛选出金子"，即能去粗取精，得到浓缩的阅读精华，然后有步骤地阅读这些精华。如可先了解本文的写作背景，当时老舍是干什么的？他为什么要来访问？等等。再了解他的生平、成长中的一些小事，最后可以集中阅读他的一些优秀作品（最少要读几篇或几本），了解他的作品的一些风格。这样，仅就这一条线下来，学生就能阅读大量的文字，获取大量的知识，同时还提高了收集、处理信息的能力。

抓"作者线"进行课外自主阅读时，大部分与课文内容关系密切的材料可让学生在课前预习时阅读，有些作品亦可放在课后阅读。

二、抓"课文疑难线"进行探究阅读

学生在预习时，先自主阅读课文，然后从课文内容中找出一些自己不懂的问题。这些问题会因为每个人的学习基础不同、个性不同，而有所不同。这些不同的问题可以是词语，可以是句子，还可以是一段话，既可以是有关内容方面的，又可以是有关形式方面的。然后上网查阅、探究有关的资料等，直至解决问题为止。所查阅的资料，可以是图片资料，也可以是文字资料，还可以是录像资料，等等。

学习《草原》一课时，学生在预习课文中就会提出很多问题。例如，（1）老舍写的是哪个地方的草原？这里的草原有什么特点？与其他地方的草原有什么不同？与这个草原有关的周边情况或环境是什么样的？（2）文中提到了"水墨画"，那么"水墨画"是什么样的？它有什么特点？（3）内蒙古草原的风土人情（包括吃的、穿的、喝的、住的，待人接物、套马、摔跤等）有哪些特点？（4）蒙古族人民和汉族人民有哪些不一样的地方？等等。

针对以上这些问题，学生查阅资料进行自主阅读后，就会了解有关蒙古的很多情况，这样就能在自主探究阅读的同时更好地理解课文内容，解决文章的重点和难点问题。更重要的是，这样做学生就能实现由课内阅读向课外阅读的拓展，扩大知识面，体现阅读教学的开放性。

三、抓"文体线"进行探究阅读

这一步主要放在课后进行。其实施的主要依据是所学课文的文体，如小

说、散文、说明文等,教师要引导学生阅读大量相同文体的文章,在读的过程中加深对文体特点的了解。如《草原》是一篇散文,学完后,让学生在理解课文内容和文章的表达方法之后,再引导学生回去查阅、探究散文的特点,以期阅读更多的散文。当然,学生进行课外阅读时,可以主要阅读老舍的散文,也可以在此基础上扩展阅读其他作家的散文,如朱自清、冰心的散文等,由课内阅读延伸到课外阅读,这样就会进一步了解和掌握散文的特点,积累语言。另外,学生还可以在读了某篇文章之后,找到文章所属的原著继续阅读,如读了教材中节选的《鲁宾孙漂流记》后,继续阅读原著等。

这种"一点三线"式的探究阅读法,不用担心学生的阅读量不够,更不用担心学生的自主阅读面狭窄。因为学生所学教材中的课文类型多种多样,有童话,有科学小品,有散文,有小说,有寓言,等等。同时,这种"一点三线"式的阅读方法对学生语文综合素养的提高有极其重要的意义:(1)能学会收集和处理信息;(2)能了解很多名家,还能读大量的名作;(3)能很好地学会自主探究阅读法,提高阅读的兴趣和能力,在自主阅读中形成自己独特的阅读方法;(4)能扩大知识面,了解历史、军事、科技等多方面的知识;(5)能在阅读时受到思想的熏陶和感染;(6)能较好地实现大阅读量的目标。当然,最重要的还是学生能通过探究阅读,逐渐形成自己的阅读方法,形成自己的学习方法和个性。

在学科整合中实现个性化阅读

新课程标准提出："应拓宽语文学习和运用的领域，注重跨学科的学习和现代科技手段的运用，使学生在不同内容和方法的交叉、渗透和整合中开阔视野，提高学习效率，初步获得现代社会所需要的语文实践能力。"如果我们能认真地研读文本，选好与其他学科的整合点，就能让语文学科与其他学科进行有效整合。例如，我们可以利用美术的直观形象、音乐的熏陶感染功能、数学的数字计算功能、网络收集信息的功能等，来丰富学生的语文素养。通过学科之间的合理整合，加强学科之间的横向联系，激发学生的学习兴趣，促进学生的阅读实践和认识的整体发展，使其形成把握和解决问题的广阔视野与方法，从而实现个性化阅读。

一、与数学学科整合，实现个性化阅读

语文就像一部"百科全书"，其内容丰富而复杂，涉及了生活世界的方方面面，其中不乏数学方面的元素。如果教师在语文课堂上能准确、恰当地捕捉这些数学元素，充分发挥其应有的作用，就能充分调动学生的学习积极性，促进他们的阅读实践，从而提高课堂学习效率。

（一）利用"数字"理解和感悟文本

理解课文内容的方法有很多，如一边读一边想、抓住重点句子的前后联系、从阅读的内容展开去想等。此外，利用课文中的数字来理解课文内容，也不失为一种有效的阅读方法。我们知道，语文教材中有许多课文含有数字，而有些关键数字对理解文章内容、体会作者的思想感情往往起着举足轻重的作用。如果学生在阅读时能捕捉这些数字，并借助它们来理解课文，进行感悟，同样也会收到理想的阅读效果。例如，《鲸》（人教版）这篇课文的第 1 自然段就有不少数字，像最大的鲸有"十六万公斤"重，最小的也有"两千公斤"。一头"四万公斤"重的鲸，有"十七米"长，一条舌头有"十几头"大肥猪那么重，"四个人"围着桌子坐在它的嘴里看书还显得很宽敞。这一自然段充分利用数字来揭示鲸的重和大。

所以，如果学生能找出这些数字，抓住这些数字与"大肥猪""看书的人"等具体可感的事物，就能很快感觉到鲸的外形特点，体会出鲸的身体之重、之

长，从而轻松理解这段话的意思。

（二）通过"计算"加深理解和感悟

新课程标准指出："语文是实践性很强的课程，应着重培养学生的语文实践能力，而培养这种能力的主要途径也应是语文实践。"如果我们在利用主要途径的同时，再通过一些"次要途径"，如进行数学小计算，来培养学生的语文实践能力的话，也能很好地促进学生的语文实践，收到良好的教学效果。

加德纳在他的多元智能理论中提出了这样的见解："如果你要教重要的东西，那就绝不仅有一种方法来教。多元智能作为一个存货清单，可能很有用途。"每个人都不同程度地拥有相对独立的几种智力，而且每种智力都有其独特的认知发展过程和符号系统。如果能利用学生的"数学——逻辑智力"优势，来促进学生的阅读实践的话，则可以使其进行智力互补，加深对文本的理解和感悟。例如，一位老师在指导学生学习《一双手》（北师大版）一文时，就巧妙地利用了数学计算的方法，收到了很好的教学效果。当学生在了解了手的"难看、坚硬、粗糙、大"等外表特点以后，为了让学生弄明白这双手为什么会是这样的，该老师利用课文中数字较多的特点，引导学生进行了一个能促进理解和体验的小计算。"栽一棵树手得往土里插三四次，要栽一千多棵，手要往土里插多少次？（$4 \times 1000 = 4000$ 次）一年呢？（$365 \times 4000 = 1460000$ 次）栽 26 万棵，要插多少次？（$4 \times 260000 = 1040000$ 次）……"算完这道题，看着惊人的数字，学生就会轻而易举地感悟到张迎善的那双手为什么会那么坚硬、粗糙，为什么不像正常人的手了。学生就能很快体悟到这是一双勤劳的手、一双甘于奉献的手，等等。学生从对这双手的表面认识，发展到了对这双手的深层理解和感悟，更好地促进了阅读实践，受到了美好情感的熏陶，也升华了对人物精神的感悟，对书中主人公产生了赞美、敬佩之情。

如果学生在这儿不进行有效的计算，单靠读这些数字，是很难理解这一部分内容并激发情感的。在进行了一个小计算后，教师再引导学生带着对张迎善的敬佩之情读一读，学生的理解就会很深刻，就会自然地受到美好情感的熏陶和感染！

在必要的地方，结合课文的实际情况，花短暂的时间，运用小小的计算，学生就会有更直观、更形象、更清晰的认识，就会受到心灵的震撼！这样的计算不仅不会影响学生对文本的理解，反而能更好地加深学生对那双手的感悟，从而促进学生对张迎善这个人的情感感悟。这种以计算辅助教学的方法在很好地发展学生语文素养的同时，也发展了学生的数学智能，可谓一举两得。

二、与美术学科有效整合，实现个性化阅读

语文与美术都是以形象思维为主，二者之间存在着千丝万缕的联系。语文课本中有不少课文配有插图，也有的课文是根据图画来成文的。所以，如果教师能抓住这些联系，利用二者之间的关系，在课堂中将语文与美术进行有效整合，同样能丰富学生的感知，实现学生的个性化阅读。

（一）运用绘画理解词语

理解词语的方法有多种，如联系上下文、结合已有生活经验、查阅工具书等。其实，我们还可以利用绘画理解文中词语。例如，在学习《林海》（人教版12册）一文时，教师提出："'云横秦岭'是什么意思？请同学们画出来。"（学生画一些很高的山，在山的中间飘浮着许多云）通过绘画，学生就理解了这个词的意思。"云横在秦岭的中间，可以看出秦岭之高"，绘画甚至比用语言描述更加直观、形象，也更易理解，给人留下的印象更深，其效果是不言而喻的。

（二）运用绘画突破重难点

课文中有不少重点和难点，这些重点和难点如果只简单地让学生通过阅读来理解，势必会让学生感到单调、枯燥、乏味。这时如果充分利用学生的绘画智能，让学生画一画，画完之后再让学生结合课文评一评，以画促读，以评促读，这样既能引发学生的阅读兴趣，也能通过生生之间的对话，使课堂变得鲜活灵动，收到意想不到的效果。

例如，一位老师在指导学生学习《爬山虎的脚》（人教版和苏教版）一文中爬山虎的脚这一部分时，是这样设计的：

师：先请同学们读一读写爬山虎的脚的内容，读完以后再请同学们把爬山虎的脚简单地画一画。

（生自主读书，读完后画出爬山虎的脚）

师：同学们都已经画完了，那到底画得怎样呢？下面请小组内的同学结合课文的描写，相互评一评。

（生小组内互评）

师：下面请一个小组的同学选出一幅最好的，一幅不太理想的，全班交流一下。（老师把学生选出的两幅画用实物投影仪放出来）

学生结合语言文字，对照着图画，分别从脚长的位置（茎上长叶柄的地方的反面）、脚的多少（六七根细丝）、颜色（嫩红的）等多个方面进行评述，直到在互评中理解了内容为止。

学生对这样的设计很感兴趣，在不知不觉中就读懂了语言文字，理解了内容，品悟了语言，进行了语言文字的训练，课堂气氛十分活跃。可以说，学生在评的过程中，加深了对内容的个性化理解。

三、与音乐学科整合，实现个性化阅读

音乐是一门诉诸人的听觉、启动人的联想和想象的艺术。它是一种抒情功能极强的艺术形式。它的魅力主要在于"主情性"，比起其他艺术形式来，音乐无疑更贴近人的心灵，也最能直接表现和激发情感。音乐的刺激使这些由情感伴随的学习认识过程不断反复，也就促进了主体智力的飞速提高。特别是那些"无法用语言文字表现"的情感、意象，通过音乐往往可以达到神奇的境界。因此，在课堂上，假如教师能根据教学的需要，适当播放一段音乐，通过乐曲旋律的变化以及节奏的抑扬顿挫，用直感的方式使人获得比其他艺术形式更为直接、更为丰富、更为生动的感受，对激发学生的情感就能起到推波助澜的作用。

当音乐作用于人的听觉，使人产生感性的直接体验时，必然会唤起听者的情感共鸣。因此，音乐更容易把学生带到特定的情境之中。在语文教学中，如果教师把音乐与文学结合起来，使选取的音乐与教材语言具有一致性或相似性，尤其是二者在整个曲调、节奏、意境上以及情节的发展上和谐、协调，当它们相互渗透、相互补充、相互强化并共同作用于学生的听觉和视觉时，就会获得意想不到的效果，从而达到以音乐渲染特定情境的目的。如学习《十里长街送总理》时，在学生理解了内容之后，教师引导学生朗读，但因为这篇课文所处的时代离学生已经很久远了，学生很难读出感情来。那么，如何让学生在朗读时与作者的情感产生共鸣，真正领悟到这篇课文的主旨呢？这时，如果教师在课堂上适时播放一段哀乐，学生们就会受到深深的感染，仿佛置身于当时的那种环境里，用低沉、缓慢、严肃的语调读完课文。这种通过音乐创设情境的方式，能引起学生情感上的共鸣，使学生在音乐的渲染中读出感情来，从而受到情感的熏陶感染。

四、与信息技术整合，实现个性化阅读

新课程标准指出：语文课程应植根于现实，面向世界，面向未来。教师应拓宽语文学习和运用的领域，注重跨学科的学习和现代化科技手段的运用，使

学生在不同内容和方法的相互交叉、渗透和整合中开阔视野，提高学习效率，初步获得现代社会所需要的语文实践能力。

（一）与信息技术整合，解决重点，突破难点

依据学生的认识规律，制作相应的多媒体课件，把网络引进课堂，进行有意义的尝试和探究。教师通过有效利用网络资源，使信息技术和语文教学融为一体，能充分发挥学生的主体作用，很好地提高学习效率，解决重点，突破难点，构建高效课堂。

1. 利用网络，自主收集、处理信息，了解背景，突破难点

新课程标准明确指出，要引导学生运用网络等信息渠道，尝试进行探究性阅读，初步了解查找、运用资料的基本方法，必须大力推进信息技术在教学过程中的普遍应用，促进信息技术与学科课程的整合，逐步实现教学内容的呈现方式、学生的学习方式、教师的教学方式和师生互动方式的变革，充分发挥信息技术的优势，为学生的学习和发展提供丰富多彩的教学环境和有力的学习工具。如《三顾茅庐》一课的教学，如果学生没有读过《三国演义》这本书，教师又不利用网络等信息技术手段给学生进行介绍，只是让学生孤零零地理解"刘备为什么一定要请诸葛亮出山"这一教学难点是比较困难的，甚至会费时低效。如果教师充分利用网络，就能很好地让学生自主解决这一难点。我指导的青年教师倪倩倩在参加全国信息技术与语文学科整合课比赛时获奖的这节课就是这样设计的。她针对学生对课题的质疑，如"为什么要三顾茅庐，前两次是怎样的?"等问题，引导学生运用网络收集信息，并用两三句话概括原因。学生运用百度等网站现场搜索关键词，找到了相关的材料，了解了刘备三顾茅庐的历史背景以及前两次拜访的经过。这样使信息技术和语文教学融为一体，充分发挥了学生的主体性，提高了学习效率，解决了本课的教学难点，为学生感受刘备的诚心诚意、礼贤下士等特点作了铺垫，真正使网络成为面向全体学生学习语文的一个重要手段，实现了语文与信息技术的整合。

2. 利用信息技术手段，解决重点，深入文本

我国古代大教育家荀子早已提出："不闻不若闻之，闻之不若见之。"由此可见，闻、见是教学的基础。借助信息技术能将抽象的知识具体化、难懂的内容形象化，实现情境教学，从而让学生在学习中始终保持兴奋、愉悦、渴求上进的心理状态。这对学生主体性的发挥、创新意识和探索精神的培养有着事半功倍之效。再如倪老师在执教《三顾茅庐》一课时，教学的重点是让学生通过刘备的语言、动作，体会出他诚心诚意邀请诸葛亮出山的品质。为了解决这个教学重点，她在教学过程中利用多媒体补充《弟子规》等资料，引导学生借助这些资料，深入理解文本，体会刘备的诚心诚意。她又利用网络视频录像，让学生了解他们见面后诸葛亮说了些什么，使学生的注意力很快被吸引，并激发了学生的学习兴趣。在本课中，她还制作了一个学习网站，网站中包括"开心阅读""字词闯关""品味感悟""故事园"和"兴趣园"五个栏目。利用电子白板，显示以上五个板块，学生理解的句子和词都可以直接在电子白板上标出，以增强教学的直观性和灵活性，有效解决了教学重难点的问题。

多媒体手段的应用，能够提高学生的学习兴趣，有利于学生的个性化阅读，真正落实了学生在课堂教学中的主体地位。同时，教师又用直观形象的教学手段渗透多种阅读策略，如揣摩人物的心理、表演体验、词语比较、联系上下文、结合典故等，既授人以鱼，又授人以渔，收到了省时高效的效果。

（二）利用网络，拓展阅读，迁移运用，体现大语文观

在上述课例教学中，学生学到了多个学习策略，如揣摩人物心理、表演体验、词语比较、联系上下文等。教师可引导学生运用学到的策略进行拓展阅读。如将作业设计为："刘备除了具备文中提到的诚心诚意等特点之外，还有什么特点？诸葛亮为刘备的大业又做了什么？"引导学生拓展阅读《三国演义》，了解相关内容，全面把握刘备的特点。同时，引导学生通过拓展阅读自制网站中的"故事园"和"草船借箭"等内容，了解诸葛亮的特点，从而引发学生的阅读兴趣。

信息技术为语文教学提供了良好的学习工具和方法，将信息技术与语文课整合，丰富了学生语文学习的情境，使得语文教学变得生动活泼、多姿多彩。语文与信息技术的整合，能够不断拓宽和加深课堂学习的内涵和外延，有助于突破教学的重点和难点，有利于学生的自主学习，还能引领学生的学习从课内延伸到课外，充分地开发语文资源，增大教学的信息量，使学生充分感受到学习的快乐，更感受到由自己努力获取的成功体验。

当然，语文教学与信息技术的整合优化要立足于语文课程，对多媒体的运用要恰当、适度。语文课堂上教师引导学生在阅读文本的基础上揣摩、体味、联想、想象，进而对文本信息进行概括、筛选、整理、迁移，这应该是语文学习的主要方式。多媒体不能代替阅读主体对文本的阅读实践，如果教师一味地以图像直觉取代语言形象，取代学生的阅读实践，势必会淡化语言训练，弱化学生对语言的感知能力，因而背离语文教学，让语文教学失去了语文味。

　　另外，语文教学还可以与科学、品德与社会等多个学科进行整合。当然，在语文与其他学科整合的过程中，一定要有度，不要为整合而整合，要在适当的地方、恰当的时机进行整合。在整合的过程中，不能忽视语文学科本身的特点。所有的整合，都应是为了促进学生的阅读实践服务，都是为了更好地落实学生的主体地位，提高学生学习的兴趣，激发学生学习的欲望，提高学习的效率，发展学生的学科素养和学生个性，否则整合就会失去其应有的价值。

个性化阅读教学案例

《给予树》教学设计、教学实录、个性评析

 教学设计

[设计理念]

突出体验式教学，注重引导学生在读中进行体验，在角色转换中进行"移情体验"，从而在体验中感悟。运用多种有效策略引导学生深入文本，体会金吉娅的美好品质，从而使其受到美好情感的熏陶和感染，实现阅读的个性化。

[教学目标]

1. 学习本课生字，会认 10 个，会写 12 个；理解"沉默不语"等词语的意思。积累语言，练习表达。

2. 运用联系上下文的方法理解重点词句，运用此法理解课文内容，提高阅读能力，学会阅读方法。

3. 读课文，能在教师的指导下体会思想感情，感受金吉娅的善良、仁爱和体贴等美好品质，受到美好情感的熏陶和感染。

[教学过程]

第一课时

一、揭题导入，检查预习

（一）板书课题，指读。关注多音字和生字。

（二）打开书找到认字表，同桌之间互相检查，有读不准的字就互相帮一帮。

（三）教师检查生字读音。重点检查和指导下列几个字：

"援"——"援"还可以怎么组词？课文中还提到了"援助中心"，你了解援助中心吗？（根据学生的回答，板画"给予树"）

"糖"——这个字不太好写，怎么能写好这个字？谁来当小老师提醒大家？（左窄右宽，横多，距离要相等）教师示范，学生自己练习。

设计评析：本环节重在扫清字词障碍，重点关注难读的字词，引导学生读

准读好。如教师对"援"字的处理十分巧妙，由组词引出"援助中心"，自然而然地对该词进行了处理，在学生理解了该词以后，为理解课文扫清了障碍。

在指导学生写字时，不是平均用力，教师抓住一个难写的"糖"字，进行了重点指导。引导学生通过关注它的字形、比例、间架结构等，对横多的字的书写进行了重点提示。在学习其他字词时，注意引导学生互相帮助、互相提醒。在这一环节，教师真正做到了从学情出发，面向全体学生，并通过学生互相提示这一环节，发挥了学生的主体性，落实了学生的主体地位。

二、整体感知，自读质疑

（一）谁愿意读课文？读准字音，读通句子，听的同学首先听听他们读得对不对，然后找一找，故事里都写到了谁？谁给你的印象最深？

学生找出多个人物，特别注意找出印象最深的几个人物。

（二）金吉娅做了什么事给你留下这么深的印象？

小结：大家看，在圣诞节前夕，金吉娅送给自己家人的是便宜的棒棒糖，却送给陌生小女孩一个洋娃娃。同学们，面对金吉娅的做法，你有什么疑问吗？

设计评析：一是在检查学生准确读准字词的基础上，看他们是否准确地理解了内容。二是让学生从整体上感知课文内容，了解文章写的主要人物，并从整体上对人物有初步的感知，符合阅读教学从整体到部分再到整体的规律。三是引导学生提出疑问。富勒认为："不问一个为什么，什么也学不到。"爱因斯坦也说："提出一个问题比解决一个问题更重要。"此处重在引导学生思考、质疑，因为问题才是思维的开始。提出不懂的问题，有利于学生带着问题深入读书、思考，也便于教师以学定教、顺学而导。

三、精读品赏，解疑悟情

（一）精读第3自然段

1. 让我们走进课文，走进金吉娅的内心世界。先来看看买了礼物后走在回家路上的金吉娅吧，谁来读读第3自然段，其他同学画出描写金吉娅的句子。

2. 指名读画出的句子。

3. 理解关键词句，知道什么是"沉默不语"吗？自己表演表演。（学生表演）

师：那我明白了，文中的金吉娅沉默不语，就是什么也不说，什么也不想，我理解得对吧？（预设：学生一定是否定的）

4. 那沉默不语的金吉娅究竟在想些什么呢？来，同学们，自由读读 1~3 自然段，想一想。

（1）透过"沉默不语"，我们体会到了金吉娅的内心，带着你的体会，谁再来读读这句话？

（2）如果和哥哥姐姐的兴高采烈对比着读，就更能读出金吉娅沉默不语时的心情。谁愿意读一读？

（3）哥哥姐姐兴高采烈会是什么样呀？那金吉娅沉默不语呢？一边想象，一边读，谁再试试？

5. 教师小结。

设计评析：本环节的设计流程是：找出词语——通过表演，理解词语——透过词语想象人物内心——体会人物情感——对比朗读，读出情感。

本环节的最大亮点是：运用有效的学习策略，如动作表演、比较、透过词语想象内心、联系上下文、感情朗读等，引导学生理解了"沉默不语"一词。同时，教师引导学生深入文本，很好地体会出了金吉娅的美好品质，实现了新课标所提出的"理解词语，体会词语在表情达意方面的作用"的阅读目标。

（二）精读第 4 自然段

1. 我们抓住"沉默不语"一词，联系上文，体会到了金吉娅的内心，感到她是那样体贴家人，爱着家人，可是她却只买了棒棒糖给家人，而给陌生小女孩的则是洋娃娃。读到这儿，你有什么疑问吗？

学生质疑。（预测："为什么给小女孩买的是洋娃娃，而给家人买的却是棒棒糖？"）

请大家默读第 4 自然段，看看能不能解答这个问题，可以画出相关的句子。

2. 大家发表了自己的见解，我注意到刚才有同学说到了这句话，我把金吉娅的这句话打出来，看着屏幕，谁再来读一读？和书上写得一样吗？怎么不一样？不加这三个字也很通顺，不行吗？

3. 圣诞节，多么让孩子们盼望的节日呀！因为那一刻他们会收到许多礼物，孩子们唱啊、跳啊，沉浸在快乐和幸福中。可是这个小女孩呢？她什么都没有。你想，她没有什么？

多么可怜的小女孩呀，圣诞节前夜她什么都没有，同学们，现在你就是金吉娅，你走进圣诞节的商场，看到了那棵挂满心愿的给予树，小女孩的心愿卡吸引了你。来，金吉娅，摘下这张卡片，小女孩写什么了？

4. 创设情境，进行角色体验。

小女孩一直盼望一个洋娃娃呀！白天，小女孩一个人独处的时候，她一直盼望；晚上，面对着漆黑的屋子，小女孩还在盼望，甚至在梦中她还想着洋娃娃呀。看着小女孩的卡片，金吉娅，你的心里在想些什么？

多么善良的孩子呀！带着你的体会，再来读读这段话。

师：此时，金吉娅为什么只给家人买棒棒糖，却要给小女孩买洋娃娃，我们全明白了。同学们，金吉娅送给小女孩的仅仅是洋娃娃吗？

设计评析：此环节重点抓住了"什么都没有"这几个字，出示两个句子，一个带有"什么都"，另一个不带，进行比较。在比较中先引导学生深入体会小女孩的贫穷、可怜等，接着运用体验式教学策略，引导学生进行角色换位体验：让学生扮演金吉娅，深入体验人物的内心活动，入境动情。通过引导学生深入文本，切身体验，体会出金吉娅是一个善良、体贴、可爱的孩子。同时，使学生在切身体验中受到了美好情感的熏陶，在角色体验中与作者产生了共鸣，进行了心灵的对话，读出了小女孩的美好品质。

四、拓展延伸，升华情感

（一）圣诞的乐章奏响了，给予树上，有着一个小女孩的梦想；给予树下，另一个小女孩——金吉娅帮她实现了这个梦想。如果我就是妈妈，我担心过，生气过，可是现在，我高兴极了，紧紧地拥抱着金吉娅。同学们，如果你也是金吉娅的家人，你会是怎样的心情？

是啊，作为妈妈的我，我会……（范读最后一段）

作为哥哥、姐姐的你……（指读最后一段）

还有我们，我们每一个人，都感动着。一起读！

让我们记住金吉娅，记住金吉娅给予我们的这一切。一起来背诵，背不过的可以看着屏幕读。

（二）同学们，8 岁的金吉娅如此善良、仁爱和体贴，她深深地感动着我们。我们能够想象到小女孩得到洋娃娃时幸福的笑脸，那一刻她会对金吉娅说些什么呢？（生交流）

作业：课后请同学们写一写。

板书设计：

给予树（简笔画）　金吉娅 ⎰ 棒棒糖（图）　　善良　仁爱
　　　　　　　　　　　　　　　　同情　体贴
　　　　　　　　　　 ⎱ 洋娃娃（图）　……

一、课前游戏

师：小朋友们喜欢做游戏吗？那咱们来做一个看图猜节日的游戏好吗？比一比谁猜得又快又准。（教师出示节日图片，让学生猜）

生：中秋节。

生：元宵节。

生：端午节。

生：春节。

师：喜欢过春节吗？为什么？

生：可以收压岁钱。

生：全家团圆，放鞭炮。

师：多么快乐的节日啊！咱们中国人可重视春节啦！这个节日你能猜出来吗（手指节日图片）？

生：圣诞节。

师：你对圣诞节有哪些了解？

生：圣诞老人会送礼物。

生：是狂欢的节日，人们彻夜不眠，围着圣诞树唱歌、跳舞。

师：对于西方人而言，圣诞节就相当于我们的春节，人们要互送礼物，表达祝福。

师：徐老师发现了，一提起过节，你们都很开心。今天我们要学习的课文就是关于圣诞节送礼物的故事，希望也能给你带来快乐。咱们上课吧。

二、揭题导入，检查预习

师：请同学们抬起头，先看老师写课题。（板书）

师：谁会读？

（生读）

师：真不简单，不仅读准了多音字"给"，也读准了生字"予"。谁再来读？全班一起读。

（生齐读课题）

师：课前大家已经预习了，生字你们一定会读了，打开书找到认字表读读生字，同桌之间互相检查，有读不准的就互相提个醒。

（生互查）

师：我来考考你们。

（生读，师相机正音）

师："援"还可以怎么组词？

生：支援、援助、救援、声援……

师：你们很注意积累呀。课文中还提到了援助中心，你了解援助中心吗？

生：是专门帮助有困难的人的慈善机构。

师：大家查找了资料，预习得多充分呀！

生：圣诞节的时候，援助中心在商场里设置给予树，挂上一些人的心愿，希望大家帮他们实现愿望。

师：这位同学说的这棵挂着愿望卡片的树就是"给予树"。（板画）

师：再来看最后这个词"棒棒糖"。

师：我们就来写写这个"糖"字。怎么能写好？谁来当小老师提醒大家？

生：左窄右宽。

生：米变成偏旁时捺就得变成点。

师：（板书）再看右边，横真不少，也有规律，横多距离要相等。好，拿出笔来，你也试着写一写。要注意写字姿势。

（生写"糖"字）

师：我发现咱们班的孩子学得就是快，一下子就掌握了规律，字写得不仅正确，而且美观。

三、整体感知，自读质疑

师：生字大家掌握得不错，谁愿意读课文？

师：（指名）你们要读准字音，读通句子，听的同学首先听听他们读得对不对，然后找一找，故事里都写到了谁？谁给你的印象最深？

师：他们读正确了吗？

（生读）

师：听得真仔细！熟能生巧，多读几遍就能读好。那谁来说说文章都讲到了谁？

生：妈妈、金吉娅、小女孩、兄弟姐妹。

师：谁给你的印象最深？

生：金吉娅。

（板书）

师：那她做了什么事给你们的印象最深呢？

生：金吉娅给陌生小女孩买了洋娃娃，却给自己的家人买了棒棒糖。

（贴图）

师：大家看，在圣诞节前夕，金吉娅送给自己家人棒棒糖，却送给陌生小女孩一个洋娃娃。同学们，面对金吉娅的做法，你有什么疑问吗？

生：金吉娅为什么只给家人买了棒棒糖，却要给小女孩买洋娃娃呢？

四、精读品赏，解疑悟情

师：对啊，金吉娅为什么要这样做呢？让我们走进课文，走进金吉娅的内心世界。先来看看买了礼物后走在回家路上的金吉娅吧，谁来读读第3自然段？其他同学画出描写金吉娅的句子。

（生读）

师：你画了什么句子？

生：只有8岁的小女儿金吉娅沉默不语。

师：金吉娅现在什么样啊？

生：沉默不语。

师：知道什么是沉默不语吗？自己表演表演。

（生表演）

师：对，一句话也不说。那我明白了，文中的金吉娅沉默不语，就是什么也不说，什么也不想，我理解得对吧？

生：是什么也没说，可并不是什么也没想。

师：那沉默不语的金吉娅究竟在想些什么呢？自由读1～3自然段，想一想。

生：妈妈让我们每人至少买四份像样的礼物，可我只买了棒棒糖，多不好意思！

师：同学们，这位同学真会读书，他联系了文中具体的句子，体会到了金吉娅没完成妈妈任务时的难过心情。金吉娅的心里还会想什么？

生：妈妈好不容易攒了钱，我却给小女孩买了礼物，我怕妈妈生气。

师：她的心里始终想着妈妈，很在乎妈妈的感受。

生：应该给家人送上最诚挚的祝福，可我只买了棒棒糖，怎么面对大家呢？

师：那是对家人、对妈妈的愧疚呀。多么体贴的孩子呀！透过沉默不语，我们体会到了金吉娅的内心，带着你的体会，谁再来读读这句话？

（生读）

师：如果和哥哥姐姐的兴高采烈对比着读，就更能读出金吉娅沉默不语时的心情。自己先试着读一读。谁愿意读？

（生读）

师：哥哥姐姐兴高采烈，那会是什么样呀？那金吉娅沉默不语呢？来，一边想象，一边来读，谁再试试？

（生读）

师：我们透过沉默不语这个词，联系上文，体会到了金吉娅的内心，感到她是那样体贴家人，（板书）可是她却只买了棒棒糖给家人，而给陌生小女孩的则是洋娃娃，这究竟是为什么呢？你看，同学们刚刚提出的问题确实值得思考，多有价值呀！请大家默读第4自然段，看看能不能解答这个问题。可以画出相关的句子。

（生自读，画句子）

师：金吉娅为什么要给小女孩买洋娃娃？你画了哪些句子？

生：她一直盼望圣诞老人送给她一个穿着裙子的洋娃娃。

生：可是妈妈，我们有这么多人，已经能得到许多礼物了，而那个小女孩却什么都没有。

师：大家发表了自己的见解，我注意到刚才有同学说到了这句话："可是妈妈，我们有这么多人，已经能得到许多礼物了，而那个小女孩却什么都没有。"我把金吉娅的这句话打出来，看着屏幕，谁再来读一读？

（生读）

师：和书上写得一样吗？怎么不一样？不加"什么都"这三个字不行吗？也很通顺呀。

生：什么都没有就是一丁点儿也没有，任何礼物也没有，程度更深。

师：圣诞节，多么让孩子们盼望的节日呀，因为那一刻他们会收到许多礼物，孩子们唱啊、跳啊，沉浸在快乐和幸福中。可是这个小女孩呢？她什么都没有。你想，她没有什么？

生：没有洋娃娃。

生：没有礼物。

生：没有关心。

生：没有圣诞节的快乐。

师：在金吉娅心里，小女孩多么可怜呀，谁再来读读这句话？

（生读）

师：多么可怜的小女孩呀！圣诞节前夜她什么都没有。同学们，现在你就是金吉娅，你走进圣诞节的商场，看到了那棵挂满心愿的给予树，小女孩的心愿卡吸引了你。金吉娅，摘下这张卡片，小女孩写什么了？

（生读卡片）

师：小女孩一直盼望一个洋娃娃呀！白天，小女孩一个人独处的时候，她一直盼望；晚上，面对着漆黑的屋子，小女孩还在盼望，甚至在梦中还想着洋娃娃呀。看着小女孩的卡片，金吉娅，你的心里在想些什么？

生：小女孩好可怜呀，她什么也没有。

生：小女孩太想得到洋娃娃了，我想帮助她，让她如愿以偿。

师：可是金吉娅，这是妈妈辛辛苦苦攒的钱，她希望你和哥哥姐姐来分享礼物呀，你确定要帮一个不认识的小女孩吗？你想清楚了吗？

生：小女孩什么也没有，她更需要礼物，更需要我的帮助。

师：多么善良的孩子呀，带着你的体会，再来读读这段话。

（生读）

师：此时，金吉娅为什么只给家人买棒棒糖，却要给小女孩买洋娃娃，我们全明白了。金吉娅送给小女孩的仅仅是洋娃娃吗？

生：还送给了她快乐。

生：送给了她温暖。

生：送给了她爱心。

生：送给了她爱。

师：多么善良的孩子呀！我们感受到了她的仁爱，以及她对小女孩的同情和体贴。（板书）

五、拓展延伸，升华情感

师：听，圣诞的乐章奏响了！给予树上，有着一个小女孩的梦想；给予树下，另一个小女孩——金吉娅帮她实现了这个梦想。如果我就是妈妈，我担心过，生气过，可是现在，我高兴极了，紧紧地拥抱着金吉娅。孩子们，如果你也是金吉娅的家人，你会是怎样的心情？

生：我很欣慰，紧紧地拥抱着金吉娅。

生：我很自豪，紧紧地拥抱着金吉娅。

生：我很感动，紧紧地拥抱着金吉娅。

师：是啊，作为妈妈的我，会紧紧地拥抱着金吉娅。这个圣诞节，她不仅

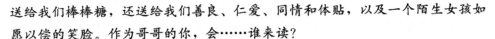

送给我们棒棒糖，还送给我们善良、仁爱、同情和体贴，以及一个陌生女孩如愿以偿的笑脸。作为哥哥的你，会……谁来读？

（生读）

师：作为姐姐的你，会……谁还想读？

（生读）

师：还有我们，我们每一个人，都感动着。一起读！

（生读）

师：让我们记住金吉娅，记住金吉娅给予我们的这些。一起来背诵，背不过的可以看着屏幕读。

（生读）

师：同学们，8岁的金吉娅如此的善良、仁爱和体贴，她深深地感动着我们。我们能够想象到小女孩得到洋娃娃时幸福的笑脸，那一刻她会对金吉娅说些什么呢？

生：谢谢你的洋娃娃！

生：谢谢你送给我的爱！

师：小女孩感受到了！

生：谢谢你……（一时语塞，不知怎么说了）

师：（机智）小女孩愿望实现了，激动得说不出话。课后请同学们替小女孩写一写这段话。下课！

这节课很好地突出了"主体性、发展性、学科性、情趣性"的新课改理念，运用了"自读感悟——导学体验——品赏悟情——迁移运用"的阅读教学模式。教学环节的设计科学简约、层层推进、步步深入，学生学习积极性高，参与面广，教学效果突出。此课主要有下列几个突出特点：

一、"围绕一个中心"——体现"主体性"

新课标强调，语文教学要注重培养学生的语文素养，落实学生的主体地位。本节课的设计围绕"发展学生的语文素养"这一中心展开，所有环节都充分体现了以学生的发展为本。在教学中，教师注重让学生自主学习字词，自主质疑，个性化地理解，真正落实了学生的主体地位。

二、"抓住三个关键点" —— 突出 "个性化"

本节课依据学情，以人物为切入点，直奔重点段，抓住一个关键词 "沉默不语"，一个重点句 "可是……什么都没有"，使学生深刻体会到了金吉娅的美好品质。教师对教材大胆取舍，从中选取了能体现金吉娅美好品质的三个关键点，引导学生联系上下文，通过教师、学生与文本之间的有效对话，使学生在理解、感悟和体验的过程中，发展了语文素养。

第一个关键点：抓重点内容——巧设质疑点，引导学生在探究中发展思维，实现个性化阅读。训练思维是教学中的重要内容。教师抓住了金吉娅给家人和陌生小女孩所送礼物的强烈反差，引发学生质疑并思考。学生提出了 "为什么要给陌生的小女孩送洋娃娃？"，这也是触摸人物心灵的关键问题。这样的设计，有针对性地培养了三年级学生的质疑能力。学生带着自己提出的有价值的问题进行探究，思维有了方向也就更加活跃，思考也会更加深入，理解也自然就更加深刻、富有个性了。

第二个关键点：抓重点词 "沉默不语" ——精选训练点，在训练中促进学生的发展，实现个性化阅读。第二学段对词语的训练是言语训练的一个重要内容。在学习本文时，教师抓住重点词语 "沉默不语"，精心进行词语理解训练，引导学生理解了词语，学习了理解词语的方法，还透过神情想象了人物内心，体会了情感。换言之，教师从词入手，由浅入深地引导学生读出了文字背后的东西，落实了新课标中提到的 "能联系上下文，理解词句的意思，体会课文中关键词句在表情达意方面的作用" 的要求。最后，运用有效策略，引导学生进行个性化的朗读，实现了三个维度的整体推进。

第三个关键点：抓重点句 "可是……什么都没有" ——挖掘动情点，让学生在体验中受到熏陶，实现个性化阅读。体验是主体在对事物的真切感受的基础上对事物产生情感并生成意义的活动。教师通过抓住第 4 自然段中的一个重点句这一动情点，调动学生的各种感官，让学生动口、动脑、动心，凭借诵读、联想、想象，直观直觉、入情入境地对作品的内容和形式进行切身感受、仔细体味、反复揣摩，走进作品的生命。教师通过创设情境，引导学生从重点句入手，理解了金吉娅要送陌生小女孩洋娃娃的原因，触摸到了她善良的心灵。学生在移情体验中做到了入境动情，受到了情感熏陶。从课堂教学的效果看，学生都被金吉娅的善良打动了，从而提升了对自我生命价值的认识。

三、"落实一个统一"——突出"学科性"

"落实一个统一"主要是指"工具性和人文性的统一"。这是语文学科的基本特点，也是当前小学语文研究的重点话题。教师在教学中做到了让学生理解语言和体会情感的有机结合，既不是孤零零地训练语言，也不是脱离语言去凭空进行情感教育，而是真正让三个维度整体推进。这样，学生既学习了知识，又发展了能力，还培养了态度、情感和价值观，从而真正将工具性和人文性的统一落到了实处，突出了学科性。

四、"贯穿一个情趣"——凸显"情趣性"

语文教学本身就是充满情、趣、美、理的。在这堂课上，教师运用了情趣教学思想，有意识地营造了有情有趣的教学氛围，如课前的游戏激趣、课中的创境激情、课后的写话释情等。学生在整个学习过程中始终情趣盎然、充满自信，不知不觉地享受了学习语文的快乐，在趣与情的完美结合中，自然而然地发展了语文素养。

（设计：徐慧颖等；执教：徐慧颖；指导：李家栋、张兴堂、商德远等；评析：商德远）

《自然之道》教学设计与实录、对话教师、课堂观察

[教材分析]

人教版四年级下册第三单元以"大自然的启示"为专题，而《自然之道》是本单元的第一篇主体课文。课文讲述了我们到加拉巴哥岛旅游，看到一只头探出巢穴的幼龟被嘲鸫啄咬时，不顾向导劝阻，让其把幼龟抱向了大海。后来，成群的幼龟得到外面安全的错误信息鱼贯而出，结果成了食肉鸟的美餐，令我们非常后悔。文章通过以上事例告诉我们，了解和尊重自然规律的重要性，如果违背自然规律，往往事与愿违，好心反而容易干坏事，也告诉我们要敬畏自然，感受自然的神奇，与自然和谐相处。

学习本课，要以学定教，顺学而导，以疑促读，在读中感悟，在探究、体验中受到启迪。

[教学目标]

1. 学生能够认识本课 7 个生字，会写 14 个，会写课文中的词语，把握文章主要内容，并能够得到启迪。正确、流利、有感情地朗读课文。

2. 学会理解词语、运用词语的方法，体会词语在表情达意方面的作用；能运用质疑探究、前后联系和情感体验等多种方法理解内容。

3. 学完本课，学生能体会文章表达的思想感情，从中受到做事要了解和遵循自然规律的教育；了解大自然的神奇，产生探究大自然的兴趣。

[教学准备]

1. 学生准备：根据四年级的预习要求，能够自读课文，并试着结合生活实际，联系上下文或查字典解决不理解的词语，然后想一想每一自然段讲了什么，并收集有关信息。

2. 教师准备：多媒体课件及相关材料。

[教学过程]

课前交流：

简介青岛及青岛的"海底世界"，营造轻松愉悦的氛围，让学生感受海底的神秘、大自然的奇妙，以及可爱的海洋动物。

一、录像导入，引发兴趣

老师活动：（谈话导入）刚才我们一起游览了青岛的海底世界，今天我们一起到南太平洋的一个龟岛去看看，让我们一起走进《自然之道》。（学生齐读课题）

（一）了解题目意思，初识"自然之道"

这里的"道"是什么意思？"自然之道"呢？学生理解，教师点拨。

（二）检查课前预习情况，依据学情，重点指导

1. 学生听写词语。教师依据学情，纠正学生出现的错误，着力指导难写之字。

2. 学生能发现各组词语的特点并分类，教师评价。

设计评析：学生初识"自然之道"，从题目字面上了解什么是"自然之道"，此处对"道"的理解仅仅是对题目的浅层次理解。检查预习，了解学情，针对学情进行重点指导，以学定教；扫清字词障碍，为理解内容做准备；发现词语特点并分类，进行词语积累的归类训练，同时也为概括主要内容做准备，激发学生的学习兴趣。

二、整体感知，自主质疑

1. 整体感知课文内容。学生自由读课文，读准字音，读通句子，想一想文中发生了什么事。教师巡视指导。

2. 概括文章主要内容。学生自主概括——教师进行方法引导——学生学会概括（学会一种概括方法）。

3. 自主质疑。学生结合预习，对课文内容质疑，教师筛选出重点问题，深入探究。

设计评析：整体感知课文，对文章内容进行归纳。通过对概括方法的引导与提炼，学生学会用简短的几句话说清主要内容，掌握概括内容的一种方法。之后，抓住文章中的主要矛盾冲突，引发质疑，找出质疑点，一点突破。这样的设计旨在找准教学的起点，真正做到以学定教、顺学而导、以疑促读、探究体验、深入感悟。

三、深入文本，体验感悟

本部分紧紧围绕有价值的问题，结合四年级学生的实际，一步步进行深入探究。

（一）学习3、4自然段，研究"救"的原因，体会救幼龟的"好心"等内容。

1. 抓住有关词句，理解我们和向导救幼龟的原因。

学生能抓住重点词句，读出我们救幼龟的原因。

抓住重点词"探"和"若无其事"等进行理解。让学生结合词语，读懂向导口中"自然之道"的含义，并进行有感情的朗读，在读中理解、感悟和体验。

有感情地朗读第3、4自然段。

2. 教师小结：总结内容，归纳方法。

设计评析：充分预设学生的质疑点，借助语言文字，抓住关键词语，对学生进行语言文字训练，使其学会借助词典、联系上下文等方法深入理解词语并体会词语在表情达意方面的重要作用，突出第二学段的特点；指导学生在理解词句的基础上，有感情地朗读，体会作者情感。

（二）学习5~8自然段，研究"害"的惨烈，突出救后的"伤害"，体会愚不可及等。

1. 教师创设情境，让学生默读课文5~8自然段，画出有关句子，体会龟受到的伤害及人们的愚不可及。

2. 结合有关重点句子理解、体会、想象、表达。教师指导学生配乐朗读，使其在读中感悟。引导学生想象当时的情景，进行写话练习，通过"语言表达"丰富原文画面，以写促悟。

3. 引导学生有感情地朗读，触动学生情弦。

设计评析：本环节着重突出以读促悟，读中悟情；以写促悟，写中生情。学生在个性化阅读中理解内容，受到了震撼，触动了心灵，提高了朗读能力。利用写话练习，实现写中动情，感受"害"的惨烈场面，提高运用词语的表达能力，也为深入探究原因、领悟道理作好铺垫。

（三）探究"救"了一只，却"害"了更多只的多重原因，反复揣摩，触动"心灵"。为什么这样一片好心救了一只幼龟，却害了更多的幼龟呢？

1. 探究原因。引导学生关注全文，学生在文章关键处反复揣摩，由浅入深地悟出"救一只，害更多"的多重原因，体会到人们的愚不可及，领悟道理。

2. 引导学生抓住"悲叹"等词，分角色体验朗读。到底是为何而悲、为何而叹？体会愚蠢，得到启迪。

（四）教师小结：正如大家所言，人类在自然面前是渺小的，所以要多了解自然，尊重自然，敬畏自然，才能不违背自然规律。否则，不了解、不尊重自然，违背自然规律，往往事与愿违，"好心"也容易办"坏事"。

设计评析：抓住重点词句深层探究自然之道，引发思考。引导学生在表达交流中，解决疑问，悟出"我们"愚蠢的多重原因及受到的启示，在入境体验与情理交融中，感悟"自然之道"的真正含义，触动心灵，受到启示。

四、拓展延伸，布置作业

作业超市：

（一）推荐阅读：刚才我们解决了大家的疑问，你还有哪些感兴趣的内容？推荐阅读内容。

（二）探究写作：观察生活中的动物、植物等，看有什么新发现。把自己的新发现写下来。

设计评析：课前准备，由家乡青岛引出海底世界的神秘迷人，激发了学生的探究兴趣；课中探究，带领学生深入了解了幼龟入海的自然之道，悟出了人们愚不可及的多重原因，得到人生的启迪；课后拓展，再引导学生进入大自然，进行新的发现和探究。整个设计，从单元和专题的整体考虑进行了全面规划和构思，注重了与学生生活的联系，体现了大语文观，注重了探究、体验，实现了学生对方法的学习和迁移运用，发展了学生的语文素养，体现了语文学科的特点。

 课堂实录

一、检查预习，学会字词

师：今天，我们来学习一篇与大自然有关的课文，我们大家一起把课题写下来。

师：大家预习了课文，文中词语是不是掌握了？谁想读前两行？

生：真诚……巢穴。

师：最后一个字没读准。（师出示"穴"的读音）老师注上拼音，再读一次好吗？

（该生读，全班齐读）

师：后两行谁想读呀？

生：……愚不可及。

师："都读准了。"愚不可及"的意思，你们知道吗？

生：表示很愚蠢。

师：有点接近了，字典里"及"是"比得上"的意思。谁再说说"愚不可

及"的意思?

生:愚蠢得谁都比不上。

师:看,查字典知道关键字的意思,就能准确理解词语了!

师:课文里还有个地名很不好读,请你读读。

生:加拉巴哥岛。(没读好)

师:还真不好读呢!它是南太平洋中的一个"龟岛",(师出示地图)谁再读?

(生读)

师:全班一起读。这些词语你们都会写了吗?老师从里面挑两个最难写的来听写,"愚蠢",注意写字姿势。(生写)

师:(实物投影出示学生听写的字)这位同学都写对了,你能告诉大家要把"愚"字写正确,关键笔画是什么呀?

生:关键笔画是中间的"一条长竖"。

师:(在关键处描红)看,就是这一长竖,然后再写"提、点"。记住了吗?

师:预习的时候,不仅要读准字音,还要观察字形,试着写一写,这样预习就更有效了!

师:同是上下结构的两个字,怎样才能写漂亮呢?我们从生字表里找一找,谁先来说"愚"字?

生:下边的心字要大一点,要把上面的"禺"托住。

师:真会观察。那"蠢"字呢?

生:上面"春"字的撇捺要写长些,把下面的两个"虫"字罩住。

师:你观察得真仔细。对,春字的撇捺要舒展。看我写(示范写):写愚字时,要注意"中间一长竖,心字要托住";写蠢字时,"春字撇捺要舒展,两只虫子藏下面"。试着再写一遍,看能不能写漂亮。

(生练写,教师展示学生前后两次书写的字)

师:看,观察好了字形,掌握了方法,就比刚才写得漂亮多了。

二、整体感知,自主质疑

师:字词没问题了,请大家自由读课文,思考:课文都写了哪些人物、动物?发生了什么事?在不明白的地方做出标记。

(生自由读)

师:课文都写了哪些人物、动物?

生：写了作者、七个同伴、向导、幼龟和食肉鸟。

师：找得非常准确。他们之间发生了什么事？请用简单的话说一说！

生：首先，游客和向导来到了太平洋的加拉巴哥岛旅游，想观察一下幼龟是怎样离巢进入大海的，然后他们看到了食肉鸟在把幼龟往沙滩上拉，就跟向导说，你得想想办法啊！最后，他们让向导把这只幼龟抱入大海，结果却做了一件愚不可及的事！

师：他基本上把内容说清楚了，但语言可以再简练些！看，（边说边板书能揭示主要内容的词语）我们和向导在加拉巴哥岛看到食肉鸟在啄一只幼龟，我们劝向导救了它，结果却害了更多的幼龟，大家很后悔。像这样，谁再说一说？

（生说）

师：这次说得清楚、简练了。像这样，先找出课文都写了谁，再看看他们之间发生的事，然后用几句简单的话就把文章的主要内容说清楚了！这是概括主要内容的一个好方法。

师：了解了文章的内容，你有没有读不明白的地方？

生：我们很急，为什么向导却若无其事地说自然之道就是这样？

师：你想知道原因是吗？还有吗？

生：文中说太平洋绿龟长大后在150公斤左右，幼龟体重不到它的百分之一，我想知道幼龟体重到底是多少？

师：看来，你对动物感兴趣。就让我们一起带着问题走进课文吧！

三、细读文本，探究体验

师：刚才有同学问，我们很急，向导却若无其事，我们和向导的态度为什么会截然不同？我们究竟看到了怎样的情景？请两位同学读读3、4自然段！

生：正当幼龟踌躇不前时……企图把它拉到沙滩上去。

师：是啊，幼龟这样危险，难怪我们会着急，谁再读读？

（生读）

师：嘲鸫很凶猛，连狗和人都敢啄，它正在啄一只小幼龟的头，多危急啊！谁再读？

（生读）

师：我听出了你的焦急，看到此情此景，游客们当然非常担心了，一起来读！

（齐读）

师：我们这么着急，向导却若无其事。"若无其事"什么意思？

生："若无其事"就是什么事也没有。

师："若"的意思没解释出来。

生：好像什么事也没有。

师：这就理解准确了，再读读这句话，想想向导为什么这么说，说不定你就能读懂他若无其事的原因了。

生：因为向导知道鸟啄龟是自然之道，他不想破坏自然界的规律。

师：是啊，食肉鸟啄幼龟，这是自然规律，向导心里有数，所以若无其事。谁想读读？

师：刚才我们在理解"若无其事"的时候，不仅借助了词典，还联系了上下文，读明白了意思，同时又解决了大家的疑问。我们分角色读读第 4 自然段吧。

（生读）

师：同学们，看到幼龟这么危险，游客和向导却有着不同的态度，那咱们也去看看当时的情景，自己读读第 3 自然段。游客看到了危险，你看到了什么？

生：我看到幼龟欲出又止，好像在侦察外面是否安全。

师：也就是危险，是吧？小幼龟欲出又止，还有这样的侦察本领啊？谁还想说？

生：我还看到了这只小龟在侦察外面是否安全！

师：恩，你是从哪个词看出来的？

生：侦察。

师：抓住关键词谈出了自己的看法。同学们，有没有关注到"探"这个字，"探"是什么意思？

生：伸出。

师：为什么不用伸出啊？

生："探"在这里是不让别人看见它，能看出它很小心、谨慎。伸出，就看不出小心、谨慎的意思了。

生："探"的时候欲出又止，能看出小幼龟很机警，有保护自己的生存方法。

师：让我们一起来看看这只机警的小幼龟吧。（师出示动画）

生：我觉得小幼龟是故意把头探出去看看外面是不是很安全。

师：嗯，这可是它的生存本领啊！谁能读出它的机警、小心和谨慎？

（生读）

师：听了你的朗读，我仿佛看到小龟把头探到了外面。谁再来读读？

（生读）

师：刚才我们抓住了一个"探"字，在和其他词语的比较中，看出这只小龟很会保护自己，多么神奇！可是游客们不知道，还劝向导救了它，导致了文中这样令人震惊的结果。

师：请同学们默读5～8自然段，究竟是怎样的情景，让大家极为震惊？画出相关语句。

（生默读课文）

师：同学们都读得非常认真！（出示一幅没有很多龟和鸟的图画）看，这就是南太平洋加拉巴哥岛海滩。在读了课文后，你觉得这幅图上还应该有些什么？结合你画的句子谈谈。

生：应该有许多的食肉鸟。

师：是啊，许多的食肉鸟让我们极为震惊。还应该有什么？

生：有许多幼龟。

师：从哪个词看出有很多幼龟。

生：鱼贯而出、成群的。

师：还有哪些词语也写出了幼龟很多啊？

生：成百上千、结对而出、争先恐后……

师：同学们，看！（出示带有很多幼龟的画面）这么多的幼龟，争先恐后地爬向大海，争着、抢着爬向大海的幼龟会想些什么呢？

生：大家快离开巢穴奔向大海吧！

生：我们终于可以看到美丽的海底世界了！

……

师：多么美好的愿望啊！一个"争先恐后"就给了我们想象的空间，幼龟是怀着美好的愿望奔向大海的，然而等待它们的却是许多的食肉鸟。接下来又是怎样的场景呢？拿出笔把自己想象的写下来，最好能用上你积累的四字词语。

（生练写）

师：谁来说说你自己写的？

生：可怜的幼龟不知所措，在无遮无拦的沙滩上无处可躲，它们在食肉鸟的追杀下，梦想就这样破灭了。

师：是啊，一个"不知所措"，让我们看到了小幼龟们是那样的无助！

生：食肉鸟立刻扑过来，小幼龟们立刻四处逃散，却无处可逃，只能眼睁睁地被食肉鸟啄食。

师：多么惨烈的一幕啊，可是同学们，这一幕原本是不该发生的，现在却是这样，谁来读读？

（生读最后一段）

师：幼龟的美好愿望，就因为我们全都破灭了呀！谁再来读一读？

（生读）

师：幼龟入海原本有它们自己的办法，可现在，看着沙滩上血迹斑斑的幼龟残体，回想我们的做法，如果你就是游客，想说些什么？

生：我们刚才做了那么蠢的事，很愧疚。

师：后悔不已啊！

生：我们再也不会做干扰自然界的事了！因为自然界有自己的规律，我们不应该再破坏这些规律了！

师：是啊，我们要尊重自然！

生：早知道幼龟会这样惨，当初就不应该不听向导的话！我们对幼龟的了解太少了！

师：自责啊！作为向导，你想说什么呢？

生：我不应该救那只幼龟，不应该听游客的。应该坚持自己的想法！

师：对，正如你们所说的，大自然原本是那样的神奇，每种动物都有它们自己的生存规律，这就是自然之道！我们应该遵循规律，了解自然，尊重自然，才不会好心办坏事，这也是自然之道要告诉我们的。

四、拓展延伸，迁移运用

师：刚才同学们还提出了对自然感兴趣的问题，课后可以进行拓展性学习。（出示作业）

首先，读关于自然的课外书，探索大自然的奥秘！其次，读课文，摘抄好词佳句，体会用词的准确。可以运用我们今天在这节课上学到的理解"探"和"若无其事"的方法。最后，带着对自然现象、动物感兴趣的问题，到大自然中去探索、去发现。

师：老师也送给大家一本书，刚才对大自然现象感兴趣的是谁啊？这本书就放在你这里吧，课后你带着大家再去探索自然的奥秘吧！

揭秘课堂设计的艺术密码

一、精心设计训练点

商德远（以下简称商）：全国小语会会长崔峦老师指出，阅读教学要明确语文课程性质，坚守语文教学本真，体现"一个中心""两个基本点"。"一个中心"即以语言训练为中心，特别是要加强对语言的运用。"两个基本点"即培养学生的语文能力（听、说、读、写、书），提高学生的人文素养。教师要对自身的教学观念、方法、策略进行改革创新，实现阅读教学的"美丽的转身"。在引导学生学习本文时，在语言训练方面你是怎样进行整体构思的？

苏婷（以下简称苏）：我想"直奔重点，深入文本；探究体验，触动情弦"。重点是进行词语理解、表达和学习方法两个方面的训练。

在引导学生理解文本时，我让学生在质疑的基础上，读第3、4自然段，抓住"探出"和"若无其事"等词语，很好地引导了学生感悟幼龟的生存之道、入海之道，感受了大自然的神奇。由于此处的"探出"和"若无其事"两个词使用恰当、准确，能较好地表情达意，这样就可以在此处着力训练学生理解词语的能力。

在处理第5至8自然段时，我创设了一个学生极感兴趣的"给错误画面找错"的阅读情境，引导学生入境动情，感悟幼龟被啄食的惨烈；进行想象训练和练笔表达训练，引导学生进行情感体验，受到启迪，并在理解感悟、探究体验的过程中，进行了学习方法的训练。

商：能否具体谈谈，你在设计了训练点后是怎样进行语言训练的？

苏：第一，依据学段目标扎实进行语言训练。依据新课标对第二学段的阅读目标要求，要重点理解、体会词语在表情达意方面的作用。本节课我依据课文词语较多的特点，确定了以词语训练为主线的语言训练目标，按照"读写词语——理解词语——运用词语"的训练思路，扎实地进行了语言训练。如在第一个检查预习的环节，我首先引导学生会读、会写本课的生字新词，特别是重点指导学生会写"愚蠢"两个难写的字，直到写好；其次是理解词语，从检查预习时查字典，到阅读过程中理解"探出、若无其事"等词时，引导学生联系上下文，体会出这些词语在表情达意方面的作用；最后，引导学生运用积累的四字词语进行想象表达。词语训练这一主线非常清楚，特别是对音、形、义的把握较好。

第二，进行学会学习的有效指导训练。阅读教学要指导学生由"学会知识"向"学会学习"转变。指导学生学会学习是本节课要落实的又一个训练点。如写字方法的指导——我采用了"观察、比较、示范、练写"四步指导法；概括主要内容的方法的指导——采用了"找、联想"的方法，即找出文章描写的人物和事物，再依据他们之间的联系，将他们之间的事连起来说清楚；理解词语的方法——采用了"查字典、联系上下文、想象"等方法，对理解词语方法的指导是本节课的重点；理解文章内容的方法——采用了"理解感悟、探究体验"等方法；朗读的方法——采用的是"创境引导朗读，理解后朗读，想象朗读"等方法，有效训练了学生学会学习的方法，让学生"在阅读中学会阅读"，提高了学习能力。

商：对，阅读教学就是要由"教教材"变为"用教材教"，由"教课文"变成用课文学语言、用语言。这就要由分析课文内容的教学转变为以策略为导向的教学，注重对学生读法、写法、学法的指导，以提升学生的阅读理解能力、运用语言的能力以及学习能力。

二、巧妙设计体验点

商：教学此文应重在引导学生领悟自然之道，继而受到启迪，得到情感熏陶。在教学这样的文章时，如果设计不好，学生就会感到枯燥乏味，没有兴趣，游离于文本之外，也就使得文本难以触动学生心灵，引发情感共鸣。你在引导学生学习 5 至 8 自然段时，创设情境，引导想象，是如何考虑的？

苏：我在开始试讲 5 至 8 自然段时，总找不到有效的教学策略，没能引导学生深入文本，并在情感体验中与作者产生情感的共鸣，只是一味地分析、理解，结果学生在学习这一部分时总是感觉枯燥乏味，课堂教学效果很不理想。后来，我创设了一个"给画面找错误"的情境，就引发了学生自主阅读的强烈欲望，课堂教学效果就很好。

我在引导学生学习这一部分时，首先在设计上着力突出了一个"巧"字，重在激发学生的阅读兴趣，引发学生的情感体验。如我运用画面创设了一个情境，出示了一个与课文描述不一样的错误画面：画面上只出现一两只龟，没有鸟。然后用语言描述："看，这就是南太平洋加拉巴哥岛海滩，读了课文后，你觉得这幅画上还应该有些什么？请再用心读读课文，结合文章内容补充画面。"用画面引发学生探究阅读的欲望，学生就兴趣盎然，全身心地投入阅读之中，并在阅读中结合具体的语句自主发现：还应有很多龟、很多鸟。学生自主阅读文本了，真正经历了一次阅读实践，情感真正参与了，效果就不一样了。

其次，我在设计上还力求突出一个"新"字，创设情境，使之成为学生体验课文内容、感情的平台和心理基础，实现"情与理的交融"。在学习本部分时，如果只重悟"理"，就容易忽视对学生情感的熏陶感染；如果只重"情"，则容易忽视学生对"理"的感悟。我在引导学生找出图上还应有什么之后，让他们想象："接下来又是怎样的场景呢？拿出笔把想象的内容写下来，最好能用上你积累的四字词语。"通过引导学生想象补充幼龟被食肉鸟啄食的惨烈场面，让学生进入情境中，进行情感体验，从而受到熏陶，并进行表达训练，同时在阅读、想象的实践过程中领悟文中之理，体验理中之情，实现情理交融。

商：根据接受美学理论，文本结构中存在着大量的空白、省略和模糊之处，甚至每一个句子中都有未写出来的地方，因此文本就像一张布满空洞的渔网。苏老师引导学生在将文本对象化的过程中，把想象的东西加入文本之中，使原本只是概括的句子变得具体化了，既培养了学生的想象能力，又训练了他们的表达能力，特别是让学生在想象过程中、在情感体验中悟理，在悟理中动情，让情与理交融在一起，富有创意。

但是，运用这种设计，如果处理不适当，就容易使文章的基调出现偏差，这毕竟不是以表达情感为主的文章，而是侧重明理的，侧重领悟大自然带给我们的启示，是特别需要注意的。

阅读教学有自己的"自然之道"，教师也必须尊重阅读教学的"自然之道"——就是阅读教学的规律。在此前提下，教师只有不断创新才能收到良好的教学效果。看来，吃准学段目标、课时目标，采用有效的教学策略落实目标，在扎扎实实的语言训练和情感体验中，才能引导学生学会学习，达到预期的教学效果，构建高效课堂。

课堂观察

构建"语言训练与情感体验双飞"的语文课堂

语文课程的性质，即工具性与人文性的统一。而要获得语言这一工具，必须进行"语言训练"，其训练落实和生成的背后就是语文的"工具性"，即学生掌握和使用语言的能力。"体验",在新课标中是个高频词,更是新的理念。课标中的"体验",尽管吸收了哲学、心理学、美学等有关"体验"的研究成果,但它只能是课程论视野里的"体验"。语文教学中的体验,是学生在学习语文的过程中与认知发展如影随形的情感体验,带有强烈的情感色彩,是对生命价值与意义的感性把握。情感体验的背后浸润的是"人文性"。只有语言训练而忽视情感体验的阅读教学是枯燥的、单调的、没有生命力的;而只有情感体验没有语言品味的阅读教学,则会使阅读课失去语文味。故语文课应让语言训练与情感体验比翼双飞。

纵观《自然之道》的教学,教师能充分考虑学生的个性差异,面向全体学生,找准教学起点,以学定教,特别体现了让"语言训练与体验感悟"比翼双飞的要求,彰显了语文课堂的独特魅力,实现了学生自我潜能的有效激发,让课堂教学焕发出了生命活力。

一、依据目标,对学生进行科学的语言训练

笔者听过千余节课,包括近几届全国阅读教学大赛课,绝大多数的课学段特点凸显不够。崔峦老师指出,阅读课"要吃准目标,要把课上成语文课,上成所教那个年段的阅读课,上成所教那种类型的阅读课。做到年段目标准确、鲜明,不缺位,不越位"。四年级下册的《自然之道》属第二学段,第二学段对阅读教学的要求是:"能联系上下文,理解词句的意思,体会课文中关键词句在表达情意方面的作用。能借助字典、词典和生活积累,理解生词的意义","能初步把握文章的主要内容,体会文章表达的思想感情"。本节课就围绕上述目标,较好地落实了语言训练。

首先,在训练学生"初步把握文章的主要内容"这一目标时,教师先引导学生找出课文写了哪几个主要人物、动物,再根据他们之间的关系,引导学生概括他们之间发生的事。整个概括过程运用了"找、联概括法",符合该文的特点,既让学生初步把握了课文大意,提高了学生把握课文主要内容的能力,又使学生学会了初步把握主要内容的方法。

其次,在训练"理解词句意思,体会课文中关键词句在表达情意方面的作用"时颇有特色:

(1)关注了词语音、形、义的训练。如在检查预习部分,教师重点纠正了易读错的词"巢穴"的读音,指导了难写字"愚蠢"的字形,引导学生理解了"愚不可及"的词意。

（2）特别突出了"对词句的理解和在表情达意方面的作用"。如在理解"探出"一词时，教师先引导学生关注"探"字，并联系上下文理解其意。当学生理解了这个词的意思之后，教师接着引导学生将"探"与"伸"进行比较，让学生在比较中透过"探"字感悟出小幼龟的机警、小心和谨慎，有保护自己的生存方法，进而感受大自然的神奇。然后，教师又出示小幼龟探头探脑的动画，进一步将小幼龟的动作行为具象化，增强了学生的直观感受。最后，再引导学生读出小幼龟的机警、小心和谨慎。一个"探"字，让学生读出了背后的内容，体会了大自然神奇无比、富有魅力的一面，正所谓"一字未宜忽，语语悟其神"。

另外，透过"争先恐后"这一词想象小幼龟的内心世界，运用积累的四字词语想象小幼龟的悲惨等，很好地训练了学生运用词语的能力，体现了"以语言训练为中心"的理念。

（3）训练了学生学习词语的方法，渗透了"理解词语"的多个方法。例如，联系上下文、理解关键字、查字典、比较等。对词语的训练符合学段要求，层次清楚，方法恰当，实现了理解词语与发展思维的联系、词语训练与言语表达之间的联系、词语训练与学会学习的联系。

人对语言的使用主要有两个方面，一是理解，二是表达。语言技能的形成必须经过科学训练。刘勰说："情者，文之经；辞者，理之纬。经正而后纬成，理定而后辞畅。"语言文字是表情达意的载体。因此，教学中教师必须从语言训练入手，披文入情，缘情悟理；必须从精妙词句着眼，反复品读，细心揣摩，方能悟得文之真意以及作品的生命价值和文化真谛。科学的语言训练，提高的不仅仅是学生的语言运用能力，而且对一个人的文化素养、思维品质都会起到积极的促进作用。

如果一节课，教师只是进行琐碎的分析，学生无所事事，这就不是训练。叶圣陶先生认为："学生须能读书，须能作文，故特设语文课以训练之。最终目的为：自能读书，不待老师讲；自能作文，不待老师改。老师之训练必做到此两点，乃为教学之成功。"语文课，就是为了使学生获得"自主阅读和自主写作"的能力，这种能力不是自然形成的，而只能是训练的结果。

二、体验感悟，触动学生情弦

新课标强调，"应让学生在积极主动的思维和情感活动中，加深理解和体验，有所感悟和思考，要珍视学生独特的感受、体验和理解。"

"体"是"亲身","验"是察验。体验是主体在对事物真切感受的基础上对事物产生情感并生成意义的活动。由于体验情感的丰富性以及意义生成性，体验可以引领读者去"会晤"作者的内心，生成积极的情感，激活生命的活力，放飞美丽的心灵……如果没有"体验"，课堂教学不仅是片面的，而且是有害的，这样的课堂教学即使能有效地传授知识，也常常会以牺牲学生的生活悟性和生命灵性为代价。

语文学科蕴藏着丰富而深广的人文情感，体验教学在语文学科中更容易找到触媒和接点。在阅读课文时，教师如果能引导学生进行心灵和情感的体验，找到学生与课文情感相联系的接点，让学生接受课文美好情感的浸染，就能使学生在阅读实践和课堂对话中，提升富有良知的、充溢着真情的善性。

1. 触摸作品生命，亲历体验

教师要让学生直接接触阅读材料，通过课堂对话和阅读实践，激活学生的生活经验，调动学生的多种感官，让学生动眼、动口、动手、动脑。如苏老师在执教《自然之道》时，先引导学生读3、4自然段，亲历向导与游客对待"被啄小幼龟"的两种不同态度——游客的焦急和向导的若无其事，入情入境地对两种不同态度进行切身感受，并细细品味、深入揣摩，亲历阅读实践，走进作品的世界，感悟出其中的原因，升华情感。在入境体验中，学生感知了语言材料，陶冶了情感，开启了智能，也在"对原因的感悟和感情朗读"中，领悟了游客对幼龟入海这一自然之道的无知，亲历了一次情感的变化。

2. 演绎作品画面，想象体验

作为文本，其结构的不确定性和空白点为学生提供了丰富的想象和创新空间。在阅读教学过程中，教师要引导学生把言语对象经过想象再造，逐一转换为新的形象，让学生"破译"作者的言语编码，入境动情，步步还原作者的意图，做到心领神会。学生还可以通过创造性的补充和想象对文本进行理解，如果教师能够循文思质，因文释道，引导想象，从而演绎丰富的画面，文本的视界也将随之开阔和丰富起来。学生通过想象就能对语言材料重新进行整合、创造、表达，在细心揣摩中体验文本隐含的意脉和情脉，并感受语言的优美。如教师在指导学生学习5至8自然段时，运用画面创设了一个"让学生发现图上还应该有些什么"的情境，出示了一个与课文描述不一样的画面，激发学生的兴趣。当学生自主读书，从文中找到写鸟多和龟多的句子画出来并进行体验感悟之后，教师接着创境："接下来又是怎样的场景呢？拿出笔把你的想象写下来，最好能用上你积累的四字词语。"原文中写食肉鸟吃幼龟时很简单，只是一两句话概括了一下，这样不容易触动学生的心灵，学生通过想象，就将课文中概括写"食肉鸟啄幼龟"的内容具象化了，这样就能轻松体验到幼龟受到的巨大伤害，从而意识到了解、尊重自然规律的重要性。学生在想象中跟随作者亲历了一次"因为游客无知，不懂幼龟入海的自然之道而导致幼龟受到伤害"的情感体验，真正走进了文本，与作者进行了"心灵的交谈"，体验了文本所蕴涵的丰富的精神世界，得到了理性的启迪和情感的陶冶。同时也得到了对想象能力、词语表达能力等多个方面的训练。

3. 拷问读者灵魂，移情体验

文本在多数情况下呈现在学生面前的是一幕幕引人入胜的生活场景，一个个栩栩如生的人物形象，一段段生动有趣的精彩故事，一幅幅情景交融的美好意境……而场景、形象、故事、意境等，并非通过教师的琐碎分析来实现，而需要学生去体验感受。意蕴需要感悟去获取，情脉需要体验去把握，这就是新课程标准所说的"受到情感熏陶，获得思想启迪，享受审美乐趣"。本节课的最后，苏老师创设了情境，引导学生进行移情体验："幼龟入海原本有它们自己的办法，可现在，看着沙滩上血迹斑斑的幼龟残体，回想我们的做法，如果你就是游客，想说些什么？""作为向导，你又想说些什么呢？"让学生再次进入情境中，站在游客和向导的角度移情体验，从中进行灵魂的考量，进行想象和表达的训练。在此体验过程中，学生转换角色，设身处地，移情体验，与文章中的人物实现情感交融，与"游客和向导"同喜怒、共悔恨。借助角色转换的移情效应，缩短了学生与对象的距离，使学生走进了人物的内心世界，经历了精神升华的过程，增强了情感体验，与作者产生了情感共鸣。同时，学生也积累了语文经验，学习了表达方法，掌握了阅读规律。

三、和谐统一，训练与体验比翼双飞

离开体验感悟的训练是枯燥乏味的训练，离开对语言品味的体验则是毫无意义的空中楼阁。训练和体验作为阅读教学的两翼，不能割裂，在训练中要伴随着体验，在体验中又必须有训练相随，将二者和谐地统一起来，让其比翼双飞，方能凸显"语文味"。

（执教：苏婷；指导：李家栋、张兴堂、商德远等；评析：商德远）

《普罗米修斯》教学设计、课例打磨、个性评析

 教学设计

[设计理念]

本设计力求体现大语文观。教师在引导学生学习语文的过程中，要注重与生活相联系，由课内向课外延伸，真正落实大语文观。

新课程标准在第二学段的阅读目标中要求学生："能初步感受作品中生动的形象和优美的语言，关心作品中人物的命运和喜怒哀乐，与他人交流自己的喜怒哀乐。"在学习本文时，力求通过抓住语言和行动描写，运用有效的策略，使学生个性化地体会出人物的品质，并适时对学生进行语言文字训练，在训练中加深学生的理解和体验，同时在多种形式的朗读中促进学生对普罗米修斯品质的深刻感悟。

[教材简析]

《普罗米修斯》是义务教育课程标准实验教科书人教版四年级下册语文第八组的一篇神话故事。本文写的是普罗米修斯为了解除人类没有火种的困苦，不惜触犯天规，勇敢地盗取天火，从而给人类带来光明和智慧，并宁愿忍受着痛苦，与宙斯进行不屈不挠的斗争，赞扬了普罗米修斯的勇敢、坚强不屈和无私奉献的精神。

选编这篇课文的目的，一是使学生对外国神话故事有所了解，知道普罗米修斯是古希腊神话中的一位神，是英雄的化身，具有为人类谋利益而不畏强权、勇于牺牲的精神；二是使学生进一步学习把每部分内容连起来以归纳课文主要内容的方法；三是激发学生读神话故事的兴趣。

[教学目标]

1. 会认 7 个生字，会写 14 个生字。能正确读写"火焰、惩罚、双膝、啄食、肝脏"等词语。能理解课文内容，正确、流利、有感情地朗读课文。

2. 学习概括课文主要内容的方法，抓住有关语句揣摩人物心情，体会情感。

3. 引导学生体会普罗米修斯勇敢、坚强不屈和无私奉献的伟大精神，受到美好情感的熏陶和感染。

[教学重难点]

感悟普罗米修斯不屈不挠的斗争精神，从有关语段的描写中体会人物的心

情和品质。

[课前准备]

1. 课前布置学生阅读有关希腊神话，使学生对普罗米修斯以及人间为什么没有火的原因有所了解。

2. 课件。

[教学过程]

一、激趣导入，走进神话

我们都知道，在中国古代神话传说中，人是女娲抟土造出来的，为了人类的幸福，她历尽艰辛，炼石补天。在古希腊神话故事中，也有一位给人类带来光明和智慧的天神，你们知道他是谁吗？今天我们再来学习一个神话故事。（师板书课题，生齐读课题）

过渡：文章到底讲了普罗米修斯的什么故事呢？请同学们自由读读课文，注意读准字音，读通句子，边读边思考：课文讲了一件什么事情？

二、自主阅读，整体感知

（一）检查词语

1. 会读词语：喷射、火焰、驱寒取暖、惩罚、敬佩、违抗、双膝、啄食、肝脏。

其中重点检查最易读错的字："惩"是二声，"脏"是多音字。

2. 本课人名较多，看大家是不是会读了？先连线再读：

阿波罗　　　　　　太阳神

宙斯　　　　　　　提坦神

赫拉克勒斯　　　　大力神

普罗米修斯　　　　众神领袖

（二）检查、交流：课文讲了一件什么事情？

设计评析：重点指导学生朗读神的名字，有效解决读通课文的难点。连线是一个很好的设计，首先可以引导学生对众神有初步的了解，提高阅读教学的实效性；其次可以为下一步概括课文的主要内容作好铺垫。

三、走进神话，感悟人物

请同学们再用心默读课文，找出最让你感动的句子或自然段，并在旁边做批注。

（一）学习第5自然段

1. 学生默读课文，写出感受。

2. 汇报交流。

出示课件：普罗米修斯摇摇头，坚定地说："为人类造福，有什么错？我可以忍受各种痛苦，但绝不会承认错误，更不会归还火种！"

（1）你从这句话中读懂了什么？产生了什么感受？

（2）哪个词语一下子就吸引了你的目光，让你有了这种感受？理解"坚定"的意义。你从什么地方能感受到普罗米修斯的坚定？

（3）指导学生读出坚定的语气。

（4）普罗米修斯在什么时候说的这句话？

分角色朗读：谁想做普罗米修斯？谁愿意读一读火神的话？其他同学仔细地听，边听边思考，你感悟到了什么？

我们从普罗米修斯的语言中读懂了一个选择：他放弃了自己的幸福，选择了（造福人类）；他放弃了自己的自由，选择了（牺牲自己）。

（引导学生看板书回答）

（5）引读：这样的选择是多么伟大！让我们一起坚定地说——"为人类造福，有什么错？我可以忍受各种痛苦，但绝不会承认错误，更不会归还火种！"

设计评析：新课程标准对第二学段的阅读要求之一："能联系上下文，理解词句的意思，体会课文中关键词句在表达情意方面的作用。"本环节很好地落实了这一点。教师先抓住句子中的关键词"坚定"，然后联系上文，引导学生理解该词所在的重点句的意思，感悟其中的内涵，揣摩出普罗米修斯的内心，读出句子表达的情感，从而受到美好情感的熏陶。

（二）学习1、2自然段

普罗米修斯放弃了自己的幸福，选择了造福人类，他为人类带来了哪些福祉呢？请你默读课文，找出有关句子，一边读一边想。

1. 指名交流句子。

2. 想象：假如从没有见过火的你，此时突然得到了火，最想用它来干什么？

3. 看着人们艳若桃花的灿烂笑脸，看着人间富有生气的袅袅炊烟，你想对普罗米修斯说点什么呢？

4. 普罗米修斯看到人间的变化，他会想什么？

5. 没有火，人们又是怎样生活的呢？普罗米修斯又会想些什么呢？

6. 学习带有"决心"一词的句子。

普罗米修斯的伟大在于造福人类，让我们带着感激之情来读一读。

（1）课件出示"决心"句：就在这时候，有一位名叫普罗米修斯的天神来到了人间，看到人类没有火的悲惨情景，决心冒着生命危险，到太阳神阿波罗那里去拿取火种。

（2）"决心"是什么意思？能换成"决定"吗？

（3）引读"坚定"句：王因为有了这样勇于牺牲的决心，他才会坚定地回答。

（4）感受普罗米修斯给人类带来的幸福：有一天，当阿波罗驾着太阳车从天空中驰过的时候，他跑到太阳车那里，从喷射着火焰的车轮上，拿取了一颗火星，带到人间。普罗米修斯带来的火种使人类——（引导学生接读）

从黑暗走向（光明），从寒冷走向（温暖），从疾病走向（健康），从痛苦走向（幸福），从野蛮走向（文明）。

设计评析：教师采用了一边读一边想的方法，让学生边读课文，边想象体验普罗米修斯的内心活动，感受普罗米修斯盗火后给人类带来的幸福和伟大功绩。

（三）学习6～8自然段

宙斯给普罗米修斯最严厉的惩罚是什么呢？请你们默读课文6～8自然段，找出自己感受最深的句子。

1. 引导学生学习句子，感受普罗米修斯的不屈不挠。

出示课件：火神不敢违抗宙斯的命令，只好把普罗米修斯押到高加索山上。普罗米修斯的双手和双脚戴着铁环，被死死地锁在高高的悬崖上。他既不能动弹，也不能睡觉，日夜遭受着风吹雨淋的痛苦。尽管如此，普罗米修斯就是不向宙斯屈服。

（1）引导学生抓住"死死""既……也……""日夜遭受"来体会普罗米修斯遭受的痛苦。

（2）联系生活想一想：假如你被死死地锁在高高的悬崖上，遭受着风吹雨淋，一动也不能动，你感觉怎么样？

（3）想象：他还会遭受什么痛苦呢？引导学生通过想象体会，除了肉体的痛苦外，还有精神上的折磨，从而感受普罗米修斯所受折磨之大！

（4）引读（配乐）：烈日如火时，（师示范读）他既不能动弹，也不能睡觉，日夜遭受着风吹雨淋的痛苦。暴雨如注时，他既不能动弹……大雪纷飞时，他……

师示意学生接读。

2. 读"尽管"句：普罗米修斯怎样才能避免这样的痛苦呢？如果普罗米修斯屈服了呢？他就可以得到解放。可如果他不屈服呢？就要一直受折磨。

引读"坚定"句：如果这个时候，其他的天神去劝他承认错误，他会怎么回答？

3. 英雄的坚强不屈使得宙斯更加气急败坏，于是更加难以忍受的痛苦又降临到普罗米修斯的身上。

出示课件：狠心的宙斯又派一只凶恶的鹫鹰，每天站在普罗米修斯的双膝上，用它尖利的嘴巴，啄食他的肝脏。白天，他的肝脏被吃光了，可是一到晚上，肝脏又重新长了起来。这样，普罗米修斯所承受的痛苦，永远没有尽头了。

（1）引导学生理解"啄食"一词。

①体会"啄食"的意思：就是啄一口，吃一口。

②联系生活：你平时擦破了皮，是什么感受？

③更何况是附在肉里的肝脏啊！而啄开肚子，啄完整个肝脏，这可能要一百下，甚至一千下，这尖利的嘴巴就像一把刺刀剜着普罗米修斯的肝脏。

这样的痛苦只有一次吗？白天吃完，黑夜又长出来，第二天又要忍受痛苦，而这样一直没个尽头。这时的他又是怎样想的呢？

（2）齐读。看着承受着无限痛苦的英雄，让我们用自己的朗读来为他分担一点伤痛吧。（师生接读）学生读普罗米修斯的痛苦的句子，师接"尽管"句。

引读"坚定"句：

面对沉重的铁链，他说……

面对悬崖绝壁，他喊道……

面对烈日暴雨，他呐喊道……

面对鹫鹰的啄食，他愤怒地呐喊道……

（3）理解第8自然段。

尽管悬崖如此陡峭，尽管痛苦如此巨大，

一年了，普罗米修斯没有向宙斯屈服。

十年了，普罗米修斯还是没有向宙斯屈服。

一百年了……

几千年了……

几万年了……（引导学生回答）

课件出示句子：许多年来，普罗米修斯一直被锁在那个可怕的悬崖上。

这是多么让人难以想象的痛苦啊！这是多么漫长的痛苦啊！即使这样，他也没向宙斯屈服！

再次引读"坚定"句：同学们，为了人类，普罗米修斯忍受了多大的痛苦！为了人类，普罗米修斯作出了多大的牺牲！为了人类，普罗米修斯震撼了天上人间！让我们再次聆听他惊天动地的回答！许多年来，普罗米修斯一直被锁在那个可怕的悬崖上。

设计评析：在理解普罗米修斯所遭受的重大苦难时，教师引导学生抓住了文本中的重点词语进行理解与感悟，并始终与普罗米修斯坚定地说的那一句话相联系，在联系中，使学生体会出普罗米修斯要为人类造福的坚强决心和坚定信念。特别是在理解普罗米修斯所承受的痛苦时，教师让学生抓住关键句子，通过展开合理想象和联系已有的生活经验，在脑海中浮现出一幅幅画面，既训练了学生的发散性思维，又加深了学生对普罗米修斯为人类造福而绝不屈服的坚强和伟大的精神的理解，体会出了普罗米修斯的美好品质，并很好地进行了语言文字训练。

（四）学习第9自然段

1. 齐读第9自然段。

同学们，能让这位为人类驱走黑暗带来光明的天神永远承受痛苦吗？

能让这位为人类驱走寒冷带来温暖的天神永远承受苦难吗？

能让这位为人类驱走痛苦带来幸福的天神永远遭受不幸吗？

好人一生平安，好神也应该一生平安，让我们一起有感情地朗读最后一段。

2. 大力神看到普罗米修斯被锁在悬崖上，心中会怎么想呢？

3. 普罗米修斯终于获得了自由，你听到这个消息心情怎样？

课件出示句子：普罗米修斯——这位敢于从天上拿取火种的英雄，终于获得了自由。

4. 指导读：谁来把这个好消息高兴地告诉大家？（指名读）

让我们一起为普罗米修斯脱离痛苦、重获自由而欢呼！（齐读）

5. 此时此刻，你们心中一定对普罗米修斯又多了一份情感，你想对普罗米修斯说点什么呢？

6. 此时此刻，你认为普罗米修斯是个什么样的神？引导学生体会人物品质。

7. 教师小结。

设计评析：教师抓住文本空白处，让学生充分联系自己的生活实际，大胆想象并表达，从而丰富了学生的语言，使学生更准确地理解了文章内容，提高了语言文字的运用能力。教师在读中引导学生感悟文本，体会人物的内心世界。自主是学习内核，感悟是个性化阅读的有效途径。新课程标准指出："要珍视学生独特的感受、体验和理解。"课文中普罗米修斯的个性鲜明，主要是从他的语言和行动表现出来的，教师引导学生有感情地朗读课文，通过读来表现人物的个性，培养学生的语感。

四、走出神话，升华情感

（一）就是这位敢于从天上拿取火种的英雄，让人类从黑暗走向了光明，所以，直到现在，我们全世界都在用一种特殊的方式纪念这位为人类带来光明的英雄，大家知道是什么方式吗？

（生说）

师：（启发）2008年北京举办……

师：每次奥运会前都要举行一种很隆重的仪式——点燃圣火。

（师出示"圣火场面"）

师：这就是奥运圣火的由来和意义。因为"火是文明的象征，火是希望的象征，火是普罗米修斯坚强不屈的精神的象征"。（也可出示文字资料）

（板书：精神的火种）

（二）因此，许多著名的诗人也用诗文来倾诉心中对普罗米修斯的景仰之情，如诗人雪莱就写过这样的诗。

出示课件：（师轻声朗读）

是谁？让漫漫黑夜跳跃希望的火苗？

是谁？让蛮荒时代沐浴文明的曙光？

是谁？甘愿触犯天条也要救人类于水火？

是谁？身受酷刑却无怨无悔？

高山险峻、铁链加身、烈日如火、暴雨如注……

但沉重的铁链只能锁住你的躯体，

却怎能锁住那颗坦荡无私的心！

难道仅仅是物质的火种吗？

不，你给予我们的是生生不息的精神火种！

勇敢、坚强、博爱、无私

这就是你——普罗米修斯！

五、教师小结，布置作业

普罗米修斯是古希腊神话中的一个神。其实，《希腊神话》中对他是个怎样的神有解释。另外，这本书里面还有许多"神"的动人故事，众神之王宙斯、太阳神阿波罗、海神波塞冬、冥王神哈得斯、智慧女神雅典娜等，和他们有关的神话和传说有很多，请同学们课外去读读吧！

板书设计：

冒险取火
 |
忍受痛苦　　　风吹雨淋　　　舍己为人
 |　　　　　　　　　　　　坚强不屈
获得自由　　　肝脏被吃　　　不怕牺牲
         无私奉献
         ……

课例打磨

一堂课，从设计到讲授，从理论到实践，就像在一个平面上画圆，随着圈起来的部分越来越多，你就会发现圈外的空间也越来越大。一次次的试教、一次次的反思、一次次的更新、一次次的收获，在学习和思考中，我收获着对语文教学更深刻的认识。下面就《普罗米修斯》一课教学设计的形成过程谈一点自己的想法。

《普罗米修斯》是人教版四年级下册第八单元的一篇神话故事。文章主要写了普罗米修斯为造福人类，不惜触犯天规，盗取天火，并忍受种种痛苦，以及与宙斯进行不屈不挠的斗争的动人传说，赞扬了普罗米修斯的勇敢、坚强不屈和无私奉献的精神。根据教材，我们确定教学重点应落在引导学生感受普罗米修斯为人类造福、坚强不屈的英雄形象上。

那么，在教学中如何抓出一条主线，把教师的主导作用和学生的主体作用较好地结合起来，直击教学重点呢？

一、研读文本，确定教学主线

通过研读课文，我们确定了"体会普罗米修斯的痛苦，感受英雄形象"的主线，并进行了如下教学设计：

教师引导学生精读6、7自然段，感受普罗米修斯为人类造福、坚强不屈的英雄形象。

师：默读课文 6、7 自然段，从哪些语句能够感受到普罗米修斯的坚强不屈和勇敢？

交流句子 1："普罗米修斯的双手和双脚戴着铁环，被死死地锁在高高的悬崖上。他既不能动弹，也不能睡觉，日夜遭受着风吹雨淋的痛苦。"重点引导学生从"死死""日夜"等词语中感受普罗米修斯所受的痛苦，然后反复朗读体会。

交流句子 2："狠心的宙斯又派了一只凶恶的鹫鹰，每天站在普罗米修斯的双膝上，用它尖利的嘴巴，啄食他的肝脏。白天，他的肝脏被吃光了，可是一到晚上，肝脏又重新长了起来。这样，普罗米修斯所承受的痛苦，永远没有尽头了。"教师从"每天、尖利、肝脏、永远没有尽头"等词语引导学生感受到普罗米修斯所受的痛苦不是一天两天的事。

试讲之后，问题就显现出来了。这堂课上，教师试图把自己一个多月里所查阅的大量资料，在 40 分钟里全部呈现给学生。因此，课堂教学的牵引痕迹过重，学生学得苦、学得累、学得没有兴趣。虽然学生能感受到普罗米修斯为人类造福、坚强不屈的的英雄形象，但遗憾的是，因为学生缺乏对语言文字的深入体会，课堂上的品读感悟不到位、语文味不浓。

教学的设计要讲究有效策略的运用，怎样才能自然而然地让学生走进文本，不知不觉地与文本进行对话，而不是在教师的生拉硬扯中去完成学习任务，这是最值得研究也是最困难的。品哪些词，为什么要品这些词，怎么引导学生去品好这些词，成为教师亟需思考和处理的问题。

二、关注过程，形成教学策略

经过了一次次的思考和琢磨，"语言有温度，字词知冷暖"这句话提醒了我们。《普罗米修斯》一文中的词语需要拿出时间来反复揣摩，不仅要读懂它们的表面含义，更要读出它们蕴涵的情感。接下来，我们又进行了这样的教学设计：

请同学们快速浏览课文，找一找，哪几个自然段具体写了普罗米修斯所承受的痛苦。画出句子，感受普罗米修斯所受的痛苦。

细细地品读，读着读着，你会觉得有些字词触动了你的心灵，让你深深体会到了普罗米修斯所承受的巨大痛苦。把这些词圈出来，好好体会。学生找到让自己印象深刻的词语"锁、永远没有尽头、啄食、风吹雨淋"等，进行了深刻的理解，并透过这些词体会出了普罗米修斯在肉体和精神上所受的痛苦和折磨，真正读出了文字背后的情感。

教师激发学生想象：普罗米修斯就这样被锁在高加索山上，那是一座什么样的山呢？终年冰封雪盖，山下就是无底的深渊，是野草都不愿生长的地方，鸟儿都不愿意飞过的地方，人们称那里是"不可到达之地"。（播放狂风的声音）听啊，这就是高加索山上的狂风，在这样的寒风中，读着这样的词句，你仿佛看到怎样的情景？

……

我们经过咬文嚼字、精心的处理，终于设计出一堂语文味十足的课来。执教时，教师努力引导学生读重点段落，抓住重点词句进行品析，如"锁"，联系句子中"既不能动，也不能睡觉"等语言，引导学生联系语境去感悟。"风吹雨淋"则让学生联系生活实际来谈自己的感受……在诵读的过程中，学生对英雄普罗米修斯遭受的身心折磨体会深刻，崇敬之情也油然而生，从而水到渠成地感悟出了人物的美好精神。

学生能体会普罗米修斯的痛苦，感悟这种英雄形象，却没有在心中树起英雄的丰碑。该怎样引导，才能让这样的英雄人物的英雄形象根植于同学们的心中？我们又陷入了困境。带着这个问题，我们反反复复地阅读文本，终于在字里行间发现，必须先让学生明白普罗米修斯的行为是不是为了造福人类，才能在他们心中树起英雄的丰碑。有疑就有出路，要解决这一问题，我们决定从细节入手。

三、解决问题，打磨教学细节

课堂教学细节，最能体现一节课的教学理念，最能凸显一堂课的品位。老子曾说："天下难事，必做于易；天下大事，必做于细。"这句话精辟地指出了要想成就一番事业，必须从简单的事情做起，从细微之处入手，这也就是细节的魅力。于是在第三次试教的时候，带着困惑，带着思考，教师把注意力更多地投放在细节上。

细节一：为了让学生切身感受到普罗米修斯所遭受的痛苦，体会到其坚定的信念，在学生感受到主人公所承受的痛苦之后，教师用简短的问话——"普罗米修斯为了造福人类，饱受痛苦，你们想把他的遭遇告诉正在取暖的人们吗？谁还想把普罗米修斯的遭遇告诉更多的人哪？"再次唤起学生表达的欲望，他们满怀着对普罗米修斯的感激、敬佩之情，动情诵读，使语文课堂步入高潮。

细节二：在"普罗米修斯绝不屈服"这个难点的处理上，我们没有反复纠缠，没有讲解灌输，而是采用了想象、对比以及用排比句引读的方式化解了难点，使学生在诵读中又一次拨响了情弦。

沉重的铁镣，死锁着他的手脚，你听到他在坚定地回答："为人类造福，有什么错？我可以忍受各种痛苦，但绝不会承认错误，更不会归还火种！"

嗜血的鹫鹰，啄食着他的肝脏，你还听到他在坚定地回答："为人类造福，有什么错？我可以忍受各种痛苦，但绝不会承认错误，更不会归还火种！"

无尽的刑期，滋生着他的苦难，我们都听到他在坚定地回答："为人类造福，有什么错？我可以忍受各种痛苦，但绝不会承认错误，更不会归还火种！"

通过对两个细节的处理，创设情境，使学生在充分地默读、诵读、示范读、引读、齐读等形式中受到情感的熏陶，感悟人物伟大的精神，体现"以读为本"的理念。通过这样的教学，普罗米修斯为人类造福的英雄形象马上凸显出来了，学生不仅能感受到他的痛苦，更能感受到他是个英雄。

一、实现阅读的个性化

教师在引导学生阅读文本时，要直入文本，突出重点，结合关键词语、抓住重点段，进行文字品读与训练。在语言文字训练中，要引导学生读出语言文字背后的人物品质和情感，品出个性，实现个性化阅读。

二、体现大语文观

阅读时做到课内学习与课外延伸相结合。如果我们能在教学中唤起学生的"问题意识"，激起他们开展课外阅读的兴趣，就能真正体现"大语文观"。

课本就是一个例子。学生通过学习这个例子，一是可以学会阅读方法，二是可以运用此法拓展延伸，生成新的阅读资源，生成新的阅读发展目标，真正让语文课堂走向生活。

在教学结束时，教师再次照应开头提出的问题——普罗米修斯到底是个怎样的神？课文中并没告诉我们普罗米修斯究竟是什么天神，但相信读过这个故事之后你一定知道他在你心中是一个什么神了。同时，以此问题为拓展学生学习的切入点，再次提出："上课之初，我们说过，课文中并没有提到普罗米修斯是什么神。此时此刻，如果请你为他命名，你会称他为什么神？"学生此时就能充分表达自己对英雄的钦佩之情了。最后，在课的结尾处提到："普罗米修斯的故事已深深地印在了我们的脑海里，你还想了解更多有关他的故事吗？向大家推荐《希腊神话》这本书。希望同学们课外阅读。"这一举动是为了将学生由课内引向课外，做到课内学习与课外延伸相结合，真正体现语文学习与生活的结合，体现了大语文观。

（执教：青岛市新昌路小学李莉；指导：张兴堂、商德远等；评析：商德远）

《献你一束花》教学设计、个性评析

[设计理念]

"阅读是学生的个性化行为。"本设计力求体现学生与文本的深入对话。教师作为组织者和合作者，通过与学生的对话，引导学生从语言文字中获取信息，深入文本，创造性地感受、理解和评价文本，让整个教学过程成为学生精神生命成长的过程。

[教材简析]

《献你一束花》是北师大新世纪版小学语文实验教材五年级下册第三单元的一篇主体课文。本课记叙了一位机场女服务员为一名在比赛中失败的女体操运动员献花的故事，说明胜利者需要祝贺，失败者更需要鼓励，赞美了人与人之间美好的情感，更重要的是让读者明白生活中应如何面对失败和失败者，从而树立正确的人生观。

课文特点鲜明，引人入胜。那质朴流畅的语言、细腻生动的心理描写、巧妙的插叙、前后照应的开头结尾等都赋予了文章简练、隽永之美。

[教学目标]

1. 自主识字，联系课文及生活理解"沮丧"等词语，读准"一塌糊涂"等词语，积累"让失败属于过去，胜利才属于未来"等名言。

2. 读懂课文内容，重点阅读课文 2、5～11 自然段，理解机场女服务员向失败者献花的原因，懂得失败者更需要理解和鼓励，体会到人间美好的情感。

3. 学习作者的写作方法，如人物的心理、语言描写及插叙的手法等。

重点、难点：理解机场女服务员向失败者献花的原因，懂得失败者更需要理解和鼓励，体会到人间美好的情感；领悟作者通过心理和语言描写表达情感的写作方法。

[课前准备]

教师方面：多媒体课件。

学生方面：预习课文。

[教学过程]

一、导入新课，引发争论

（一）请同学们坐好，认真看老师写课题。教师故意把《献你一束花》中的"献"字写成"送"，以引起学生的关注和争议。

（二）引发学生质疑和争论：不对，应是"献"。用"送"不行吗？为什么？（补充红色板书：献）

（三）齐读课题。

设计评析：教师从题眼入手，抓住"献"字与"送"字的不同，引发学生在矛盾处质疑。这样就使阅读教学从学生们的疑问处展开，以质疑促进学生阅读、思考、探究，从而揭示其不同，让学习活动层层展开、步步推进。

二、自主学习，整体感知

（一）自主学词，熟读课文

1. 同桌轮流大声地朗读课文，再互相评一评。

2. 出示词卡，重点指导"成绩、愧疚、一塌糊涂"等难读、难写的字词。

（二）整体感知，了解大意

1. 课文主要写了什么？谁能用简练的几句话说一说？

2. 课题中的"你"指的是谁？在文中，谁向失败者献了花？

3. 向失败者献花，面对她的做法，你有什么疑问吗？

（生质疑：为什么要向失败者献花？应不应该向失败者献花？……）

小结：是呀！为什么向失败者献花？你问出了我们许多人心中共同的困惑！就让我们一起带着问题走进课文，探究它，解决它！

三、品读感悟，体验情感

（一）要想知道为什么向失败者献花，我们先来看看这是一个什么样的失败者。（出示课件：这是一个_____的失败者）

设计评析：依据学生的认知和阅读规律，在探究主问题前先设计一个辅助性问题，帮助学生逐层加深理解。设计"这是一个_____的失败者"这一题目，便于引导学生进行个性化的理解，读出自己的理解和情感。

1. 请大家默读课文，想一想，再在小组中互相交流交流。

2. 全班交流。

交流观点之一：这是个很沮丧的失败者。

出示课件："她一直垂着头……有什么脸见人，大败而归！"

（1）重点理解"一直垂着头"，抓住一个"垂"字重点体会比较。

①怎样是"垂着头"？

②"垂"和"低"有什么不同？

教师小结：透过一个"垂"字，我们就体会到了她内心的极度沮丧。（板书：沮丧）

（2）抓住"简直要把脑袋藏进领口里去"中的"藏"字引导学生进行深入的理解和感悟。

①在学生抓住"藏"理解和体会时，教师引导他们联系四个"怕"字，"怕……怕……怕……甚至怕……"体会失败者内心的担心。

②读读下文，她为什么想"藏"起来？

③引导学生想象：想想看，她还怕什么？（埋怨、指责、今后的出路、钟爱的体育事业是否会中断……）

（3）指导朗读，体会沮丧心情。

（4）小结：同学们，透过这段文字，我们抓住了关键字"垂"和"藏"进行重点理解和体会，还联系了下文的四个"怕"字，结合省略号展开想象，我们就看到了这样一位沮丧的失败者！

设计评析：教师抓住文中的关键词"垂"和"藏"，联系四个"怕"字，引导学生上下联系，并透过省略号引导学生拓展想象失败者的种种担忧，使学生充分深入了文本，走入了失败者的内心世界，并对此进行了个性化的理解和感悟。同时，也使学生体会了作者用词的准确、描写的细腻，很好地进行了语言文字的训练，情感也得到了熏陶，实现了语文学科工具性与人文性的统一。

交流观点之二：更加失落、沮丧、愧疚的失败者。

出示课件："本来她怕见人……是啊，谁愿意与失败者站在一起？"

（1）如果联系前文，更能读出她的失落。

（2）指导朗读，让学生体会她的失落心情。

小结：你们看，我们这样前后对比着阅读，就读出了今日与往昔的巨大反差，对她的失落也就理解得更深刻了！

（3）同学们，这不难理解，我们在遭遇失败的时候也有过这样的心情，对吗？在这样的时候，你最想得到什么？（安慰、鼓励、支持……）

（4）请想象，如果此时失败者得不到这样的安慰，她可能会怎样？（从此一蹶不振、失去信心，一直消沉下去……）

设计评析：阅读心理学研究表明，当学生的认识与他们自己的生活经验相联系时，就会对大脑所存的信息进行相似激活，这样就容易引发学生积极的情感体验。教师简单创设情境唤起学生对失败时的回忆及情感体验,使他们与文中失败者产生情感共鸣,他们自然也就理解了献花的原因及意义。

（二）当然,机场女服务员献花的原因还不止这些,还因为什么要向失败者献花呢?请带着这个问题继续默读课文,找出说明献花原因的句子画下来,自己读一读,想一想。

1. 交流:"你同样用尽汗水和力量。"

如果我们给文中换个词——"用了",这样好不好?为什么?（不好,因为"用尽"说明她在比赛的时候尽了最大的努力,倾尽全力了）

这个"尽"字让我们看到了她比赛时像冠军一样全力以赴了,虽说失败了,也应献上一束花。

设计评析:这里教师运用换词法,使学生理解了词语,体会到了失败者付出的全部努力。

2. 理解:"谁都不能避免失败。我想,失败和胜利对于你同样重要。让失败属于过去,胜利才属于未来。"

（1）谁来读第一句?这一句言外之意就是——（谁都经历过失败）

（2）请同学来读第二句。你读懂什么了?（人们常说,失败是成功之母。）

（3）也就是文中所说的,让失败属于过去——（胜利才属于未来）。

3. 教师小结:是的,胜利的确重要,给人以荣誉、幸福、自信……很多很多。失败是不是也很重要?重要!失败也能给人经验,激发人的斗志,激励人奋发图强……

所以说,只要正确地面对失败,它就是走向成功的铺路石!也就是文中所说的——（让失败属于过去,胜利才属于未来）。

4. 引读品悟:同学们,现在我们知道了,机场服务员来向失败者献花,不仅是送来安慰和鼓励,还是因为她知道,失败者——（同样用尽汗水和力量）,因为谁都——（不能避免失败,失败和胜利同样重要。让失败属于过去,胜利才属于未来）

抓住了人物的语言来品读,我们也就理解了她献花的原因,这是很好的阅读方法!

5. 读到这儿,你喜欢这位机场服务员吗?喜欢她什么?

（1）是啊!心灵美的人,外表也会很美!分角色朗读课文6～11自然段。

（2）（出示课件:……奇异的力量……热泪满面）

①"奇异的力量"是什么?

②这股力量注入她的身体，让她顿时——（热泪满面）。

③这股力量沁入了她的心田，想想看，会对她日后产生什么作用？

6. 现在你知道机场服务员为什么向失败者献花了吗？指名总结。

7. 教师小结：看，同学们，我们自己反复品读着，思考着，就把问题解决了，多好啊！

设计评析：这部分是全文的阅读重点，揭示了向失败者献花的真正原因。教师在阅读指导中引导学生依据文本，联系生活，层层深入，从而水到渠成地解决了问题，学生习得了阅读的方法，又自然升华了文章的主题。

四、回归整体，总结升华

（一）现在我们再来看课题，谁能说说为什么用"献"？

一个"献"字，包含了对失败者所有的尊重和情谊，更传递着人间美好的感情！

（二）读了这篇文章，相信大家会受到许多启发，愿意来说说吗？

（三）人生的路上会经历许许多多的"人生比赛"，谁都不能避免失败。假如你失败后没有人理解与鼓励你怎么办？（请记住：让失败属于过去，胜利才属于未来）

设计评析：语文课终究是语言文字的课堂，一节课下来应该让学生不仅在认知上有提高，在情感上有升华，也应在语言文字上有积累。

板书设计：

献（送？）你一束花
失败者：沮丧　　安慰
　　　　失落　　鼓励
　　　　　　　　理解
　　　　　　　　……

个 性 评 析

在自主、合作、探究中实现个性化阅读

这堂课设计的成功点是教学围绕着"为什么要给失败者献花"这一重点问题展开了自主、合作、探究的个性化阅读。

围绕这个问题，教师引导学生在课堂上充分与文本对话，抓住重点词句，如"垂""藏"等词语，以及"谁都不能避免失败。我想，失败和胜利对于你同样重要。让失败属于过去，胜利才属于未来"等重点句，通过运用"前后联系""感情朗读""联系生活""细读品悟"等有效策略，进行了深入的、个性化的探究阅读、体验感悟，逐层加深了学生对文章主题的理解，实现了学生的个性化阅读和多元化理解，并对学生进行了有效的语言训练，发展了学生的语文能力。

    整个教学设计充分体现了让学生主动探索、自主学习的精神。教师首先引导学生在整体感知的基础上提出有价值的问题。美国学者布鲁巴克说过："最精湛的教学艺术，遵循的最高原则，就是让学生自己提出问题。"问题是启动人们认识活动的启动器和动力源，是从未知到已知的过渡形式。提出问题后，教师再引导学生进行整理筛选，选出最有价值、牵一发而动全身的重点问题，使学生带着自己感兴趣的问题自主品读探究，小组讨论交流，很好地解决了问题，理解了内容。整个教学过程，主要以学生的自主学习为主，教师只是参与者、引导者和合作者，这样就真正落实了学生的主体地位，培养了学生的探究精神。学生在初读的基础上，提出了有价值的问题，然后整理筛选、解决问题，这个过程同时也是发展学生思维、提高学生解决问题能力和阅读能力的过程。这种"探究学习法"很好地体现了新课标倡导的"自主、合作、探究的学习方式"，很好地体现了学生在学习过程中的主体地位，突出了学生的个性化阅读。

    （执教：青岛市南区实验小学刘康；指导、评析：商德远）

《三顾茅庐》教学设计、个性评析

教学设计

[设计理念]

《三顾茅庐》一课讲述了刘备三顾茅庐，诚心诚意邀请诸葛亮辅佐他完成国家统一大业的故事，赞扬了刘备求贤若渴、礼贤下士等的精神。本课重点是引导学生"透过语言文字，品读人物言行，体会人物特点，领悟本文表现人物的方法"。

为了提高课堂实效，达成教学目标，本节课将学生自主上网查阅资料等方法嵌入课堂教学，将信息技术置于语文学习过程中，引导学生在体验中参与学习和交流合作，从而学会学习，改进学习方式，优化教学过程。

[教学目标]

1. 学会本课9个生字，认识2个多音字，理解由生字组成的词语。

2. 能正确、流利、有感情地朗读课文，初步感知刘备访求贤才的虔诚和诸葛亮的雄才大略。

3. 学生能借助网络资料解决问题，尝试运用表演、揣摩人物心理、词语比较、查阅资料等多种学习策略进行深入阅读，加深对文本的理解和体验，提高阅读能力。

4. 学生能学会结合具体事例、抓重点词句理解人物特点的方法，体会出刘备的特点，从而受到美好情感的熏陶。

[教学过程]

一、创设情境，导入新课

（一）同学们喜欢做游戏吗？让我们先做个小游戏：猜猜他是谁？

1. 出示：他有一双火眼金睛；能腾云驾雾，一个筋斗云能翻越十万八千里，有七十二般变化；武器是定海神针——金箍棒……

引导学生从人物的外貌、本领等方面体会出人物特点。

2. 出示：他出生时口含一块玉，是贾府的宝贝，从小在女儿堆里长大，与林黛玉之间有一段凄美的爱情故事……

3. 他生活于北宋年间，自幼习武，武艺高强。一次醉酒后，在阳谷县景阳冈赤手空拳打死一只猛虎，因此被阳谷县令任命为都头。

小结：咱们抓住人物的外貌、动作等就能了解人物的特点，这就是语言文字的魅力。

设计评析：学生透过语言文字，抓住人物的外貌、动作、本领等特征猜出具体人物，为学习下文打下坚实的基础。

（二）刚才我们猜的人物分别出自《西游记》《红楼梦》和《水浒传》。这三本书，再加上《三国演义》，是我国的四大名著。这节课我们就来学习《三国演义》这部名著中的一个故事。

《三顾茅庐》（板书课题）这个故事又是写的哪些人物？通过学习，相信大家会对故事中的人物有所了解。

（三）理解课题。

"茅庐"指什么？（茅草房）那"顾"的意思是？

（四）对题目质疑，利用网络资源理解文章的时代背景，前两次是如何拜访诸葛亮的？在网络环境下寻找这些问题的答案，找到后快速阅读，用两三句话简单说一说。

学生借助网络，查找资料，解决问题。

教师小结。

设计评析：学生利用百度等网站，输入关键词语，查找资料解决自己的疑问，真正使网络成为语文学习的组成部分，这是真正意义上的开放性语文教学，实现了语文与信息技术的整合。

二、初读课文，整体感知

（一）了解刘备请诸葛亮出山的原因。

刘备第三次去拜访诸葛亮是怎样的情况呢？请大家自由朗读课文，读准字音，在多媒体上读通句子。

（二）字词闯关。

1. 第一关自主识字：半晌、潺潺、同榻、策略、见着、着实、茅塞顿开、塞外、辅助、尊重。

合作学习：与你身边的同学合作读一读，看看谁读得又快又准确，遇到拿不准的读音，在多媒体上点击词语，用耳机听一听正确读音。

设计评析：学生遇到难读的地方，可以带上耳机听读。这样就充分利用了网络环境下特有的生生互动方式，面向全体学生，激发了学生学习识字的兴趣。

2. 第二关重点掌握难字。

出示：蜿蜒、恭恭敬敬、拜访。

学生在自主识字过程中关注蜒、恭、拜的关键笔画。

3. 教师小结：特别难写的字，要关注关键笔画，才容易记住。

设计评析：利用电脑、白板等信息技术手段，让学生在快乐中扎扎实实地掌握生字。

（三）祝贺大家闯过了字词关，那故事中主要出现了哪几个人物？（刘备、诸葛亮、张飞）

（四）请大家默读课文，思考：你从刘备第三次去拜访诸葛亮的行为中读出了什么？

充分预设：诚心诚意、求贤若渴……

教师小结学生的个性化阅读情况：大家真会读书，都读出了自己独特的感受，刚才有许多同学读出了刘备的诚心诚意，那么，从哪些地方能看出来呢？咱们一起来交流。

设计评析：新课标指出："阅读是学生的个性化行为，不应以教师的分析来代替学生的阅读实践。"本环节突出了学生的个性化阅读，充分发挥了学生的主体作用，以学定教。

三、精读品悟，体验情感

（一）学习第 2 自然段，感悟体验

学生交流，出示课文内容。

1. 预设交流："冬去春来，刘备决定第三次到隆中去。"学生可抓住这第三次进行理解体会。

2. 预设交流：张飞嚷道："这次用不着大哥亲自去。他如果不来，我只要用一根麻绳就把他捆来了！"刘备生气地说："你一点儿也不懂尊重人才，这次你就不要去了！"张飞答应不再无礼，兄弟三人才一起上路。

（1）引导学生抓住"生气"一词理解、体会刘备的诚心诚意。

（2）虽然刘备、关羽、张飞三人是结拜兄弟，张飞这么说话，刘备还这么生气，体现他对人才的渴求。

（3）引导学生结合张飞的做法，进行比较，在比较中体会刘备的诚心诚意。

（4）指导学生有感情地朗读。

指导朗读：当时刘备会想些什么？此时此刻，你就是刘备，面对张飞要把诸葛亮捆来的说法，你会怎么说？从而引导学生读出刘备的诚心诚意。

总结学法：揣摩人物的心理，可以把文章读得更有感情。

小结：大家真会读书，在对张飞与刘备的不同态度的比较中，我们感受到了刘备的诚心诚意啊！

（二）学习第 3 自然段，感悟体验

1. 预设交流：离诸葛亮的住处还有半里多路，刘备就下马步行。谈谈你的体会。

（1）同学们对"离诸葛亮的住处还有半里多路，刘备就下马步行"，有没有什么疑问？

（2）生质疑：为什么"离诸葛亮的住处还有半里多路，刘备就下马步行？"其他生解疑。

（3）那在古代有什么讲究呢？老师课前也有这样的疑问，就上网查阅了资料。《弟子规》中有一句："骑下马，乘下车。过犹待，百步余。"这是对长辈行的礼。不论骑马或乘车，在路上遇见长辈都要下马或下车问候，并等到长辈离开远一些，大约一百步之后，才可以离开。

（4）相信你现在有了更深的理解，谁来说一说？

总结学法：结合典故等有关资料来解决我们的疑问，会将文章理解得更深更透。

2. 预设交流：到了诸葛亮的家，刘备上前轻轻敲门。

（1）板书：轻轻敲门。为什么是"轻轻"敲门？换成"重重地"行吗？

（2）总结学法：通过联系上下文、词语比较来理解文章，是一种很好的学习方法。

3. 预设交流：还可以从哪里看出来？

重点研究：刘备让童子不要惊醒先生，吩咐关羽、张飞在门口休息，自己轻轻地走进去，恭恭敬敬地站在草堂的台阶下等候。等了半晌工夫，诸葛亮翻了一个身，又朝里睡着了。又等了一个时辰，诸葛亮才悠然醒来。

（1）抓住重点语句"恭恭敬敬地站"来理解。

（2）体验感悟：学生通过表演体会"恭恭敬敬地站"。学生弯腰、低头，教师问学生为什么要这样表演？

结合时间词感悟刘备的诚心诚意，理解"一个时辰""半晌"等时间词。教师问进行表演体验的学生："你累不累？表演了这几分钟都累，而刘备这样站了三四个小时，你有什么想法？"

总结学法：引导学生通过表演进行切身体验，理解会更深，思考会更全面。

设计评析：通过揣摩人物心理、表演体验、词语比较、联系上下文等多种学习策略，让学生深入文本，领悟学法。

（3）引导学生结合身份、年龄来理解。

对于古人来说，年龄、辈分很重要，对长辈一定要恭恭敬敬，那刘备是诸葛亮的晚辈吗？通过课前预习，查阅资料，谁知道诸葛亮、刘备当时的年龄、辈分？你结合年龄来说说？你结合身份来说说？

小结：是啊，刘备比诸葛亮大整整20岁，刘备是大将军、皇亲国戚，是刘皇叔啊，这样的人去恭恭敬敬地拜访一个山野农夫，真是太有诚意了。

（4）指导朗读。

①怎么读才能读出他的诚心诚意呢？请大家自由练读一下。

②指导学生抓住重点词语读好，可以把文章读得更有感情。

③学到这儿，你想对刘备说点什么？让我们带着赞美、敬佩之情再来读一读。

小结：在历史上，真正有雄才大略的人，都是求贤若渴的人。今天，我们认识了刘备，感受了他求贤若渴、诚心诚意的可贵精神。

4.了解学生的其他感悟。

刚才还有同学读出了刘备有耐心，你是从哪儿感受到的？还有同学读出了刘备有毅力，你又是从哪儿感受到的？……其实这些都能让我们体会出刘备的诚心诚意。

设计评析：教师从学情出发，以学定教，注重引导学生抓住重点词句，运用引用的资料、联系上下文等多种方法，来体会人物特点，很好地理解了文本，体会出了人物的思想感情。在理解的过程中，教师对电子白板等信息技术手段的应用较好地辅助了教学，解决了重点，突破了难点。

（三）学习4、5自然段

1.刘备怀着对人才的渴求，怀着一颗敬重与虔诚的心，三顾茅庐，他的真诚，终于打动了诸葛亮，见面后他们做了什么呢？请大家自由读课文的4、5自然段，概括一下。

2.见面后，他们说了什么？请点击视频录像。

设计评析：网络语文教学，图、文、声并茂，学生的注意力很容易被吸引，从而激发了学生的学习兴趣。

3.他们做了什么呢？（分析形势，提出策略；同桌同榻，讨论大事）

四、布置作业，拓展延伸

（一）必做题。了解刘备的其他特点。刘备还有哪些特点呢？回家阅读《三国演义》的其他章节，如《宴桃园豪杰三结义　斩黄巾英雄首立功》《张翼德大闹长坂桥　刘豫州败走汉津口》……

刘备诚心诚意邀请来的诸葛亮到底有什么特点呢？大家可以通过阅读网页中故事园里的"草船借箭"等内容来理解。

（二）选做题。学习本文的方法，写写你身边熟悉的一个人物，能围绕具体事例写出他的一个特点。

板书设计：

刘备　　三顾茅庐　　诸葛亮

下马步行　　结合典故

轻轻敲门　　词语比较、联系上下文

恭恭敬敬　　表演

个　性　评　析

一、与信息技术整合，解决重点，突破难点

新课程标准明确指出，语文课程改革要引进现代教育技术，把计算机作为认知工具和手段应用于语文教学过程中。教师依据学生的认知规律，结合课文特点，把网络引进课堂，充分调动了学生的主观能动性，有效提高了学习效率。

（一）利用网络，了解背景，解决重点

新课标明确指出，引导学生利用网络等信息渠道，尝试进行探究性阅读，初步了解查找资料、运用资料的基本方法，是四五年级的基本目标。《三顾茅庐》一课，只描述了刘备第三次拜访诸葛亮的情景。如果学生没有相关的历史知识，在思考"刘备为什么一定要请诸葛亮出山"这一教学重点时，是比较困难的。而教师如果一味地把相关网页资源提供给学生，把大量素材罗列在一起，学生就会只知其然而不知其所以然。

古人云："授人以鱼，不如授人以渔。"在课堂上，针对学生对课题的质疑，教师引导学生运用百度等网站搜索关键词，并在巡视的过程中，指导学生对信息进行筛选、过滤，使学生了解刘备三顾茅庐的历史背景以及前两次拜访

的经过。学生在主动学习的同时，既解决了本课的教学重点，为学生感受刘备的诚心诚意等特点打下了基础，又实现了语文与信息技术的整合，发挥了网络便捷快速、信息量大、省时高效的积极作用。

（二）利用多媒体手段，深入文本，突破难点

本课的难点在于让学生体会刘备邀请诸葛亮时的诚心诚意等特点。

首先，教师从激发学生的识字兴趣入手，通过网站的字词闯关环节，让学生自主学习生字，互动检查，并借助耳机听正确读音，顺利解决了生字教学中的难点问题。

其次，利用多媒体补充《弟子规》中的"骑下马，乘下车。过犹待，百步余"等资料，引导学生体会刘备的诚心诚意，顺利突破了"离诸葛亮的住处还有半里多路，刘备就下马步行"这个教学难点。

再次，利用学习网站中的视频录像，帮助学生了解他们见面后诸葛亮说了什么。利用录像使学生的注意力很容易被吸引，从而激发了学习兴趣。

最后，利用电子白板，增强直观性、实用性。学生理解词和句子都可以直接在电子白板上标出，以增强上课的直观性和灵活性，为更好地体会刘备的诚心诚意等特点降低了难度。

（三）利用网络，拓展阅读，迁移运用，体现大语文观

在课堂上，学生学到了多个学习策略，如揣摩人物心理、表演体验、词语比较、联系上下文等，可运用学到的策略进行拓展阅读。教师通过作业设计"刘备除了文中提到的诚心诚意等特点之外，还有什么特点？那诸葛亮为刘备的大业又做了什么？"等问题，引导学生拓展阅读《三国演义》，以全面把握刘备的特点，并拓展阅读"故事园"中的"草船借箭""火烧新野"等材料，了解诸葛亮的事迹。

二、与信息技术整合，实现个性化阅读，构建高效课堂

1. 以学科课程目标为本，资源应用力求"实用有效"。信息技术与语文学科整合就是要利用信息技术来支撑语文教学。因此，信息技术的运用必须以语文学科的课程目标为本，教师应按照学科课程目标的要求进行教学设计。教学设计也力求借助网络上现有的资源解决问题，善用、妙用资源，从而达到省时高效的目的。

2. 信息技术可以是一个工具、一位助手，却不能取代教师的地位而成为教学的主导。要想真正将网络与课堂教学结合，一定要找到契合点，即利用网

络帮助教学做什么，学生通过网络能有什么提高等，而这个点确实需要教师对课文有全面的把握和深刻的认识。

3. 逐步使信息技术的应用普及化、常规化。巧用信息技术，返璞归真，追求课堂教学实效，是本节课努力追求的目标。教师以充满智慧的教学，让学生在"享受教学"中学会学习，让信息技术真正为课堂教学服务，让课堂焕发出了生命的活力。

（执教：青岛市太平路小学倪倩倩；指导、评析：商德远）

《一双手》教学设计、个性评析

[设计理念]

本设计力求体现"体验式教学"的特色，引导学生经历阅读体验的三个层次，即经历对课文浅层的认识阶段、对文本的深层感悟阶段，以及在体验的过程中实现阅读的个性化。再者，注重阅读与其他学科的有效整合，在整合中加深对文本个性化的深入解读。

[教材简析]

这篇课文是北师大版语文教材四年级下学期第四单元的第二篇课文，这篇文章通过对林业工人"全国五一劳动奖章"获得者张迎善的一双"奇"手的具体描写，折射出这位普通劳动者为绿化祖国、为社会、为大家甘愿奉献的高尚品质和造福人们的美好愿望。

本文的突出特点就是通过对手的细节描写，来表现人物的美好品质，这是最与众不同之处，也是最为精彩之处。

[学情简析]

学生们思维活跃、个性鲜明、敢于质疑、乐于探究。他们喜欢，也有能力运用已有的读书方法（抓住关键词句、联系上下文、结合生活体验等）进行自主阅读，并能初步把握文章的主要内容，体会文章表达的思想感情。孩子们期待着课堂上的智慧碰撞、自我展示，更向往着挑战的乐趣、知情的收获。

[教学目标]

1. 学会本课生字新词。能正确、流利、有感情地朗读课文。

2. 学习抓住关键词句、联系上下文、结合生活经验等理解文章的阅读方法。体会数字说明的好处，认识以小见大、借手赞人的写作手法。

3. 了解张迎善的一双手的特点，探讨他这双手形成的原因，体会人物的美好品质。感受人物甘愿奉献的高尚情怀和造福大家的美好心愿，使学生受到美好情感的熏陶，从而提升自己的思想内涵。

[重点难点]

文章两次对手进行了特写，分别从颜色、纹络、掌面、手指、左手、关节等几个方面进行了细节描写，并多次运用了打比方和数字描写的方法凸显这双

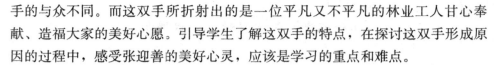

手的与众不同。而这双手所折射出的是一位平凡又不平凡的林业工人甘心奉献、造福大家的美好心愿。引导学生了解这双手的特点，在探讨这双手形成原因的过程中，感受张迎善的美好心灵，应该是学习的重点和难点。

[教学策略]

1. 直观感受——将按照张迎善的手的尺寸塑成的手和学生的手进行比较，使学生对其手大的特点有更直接的体会。

2. 引入计算——学生通过自己算出来的一连串的数字，了解这双手与众不同的成因，感受张迎善辛勤的付出，对手、对人的情感更加深入。

3. 课件创境——运用多媒体，将学生再次带入文本情境，使学生在联想中与作者产生共鸣，情感得到升华，深刻地感受张迎善甘心奉献、造福大家的美好心灵。

[教学过程]

一、课前活动——猜手诱趣

（一）人人都有一双手，但每一双手都不会是相同的，老师这儿有四双手（教师的手等）的具体描写，猜猜他们的主人是谁，好不好？（出示相关的句子，鼓励学生积极参与，通过评价调动学生的学习兴趣）

（二）这四双手的主人大家一下子就猜对了，有什么秘诀？（学生回忆活动过程，总结抓关键词句的阅读方法）

小结：不同的年龄、不同的经历使每双手各有特点。今天我们学习的课文也是一双手。想了解它吗？（板书课题）

设计评析：喜欢游戏是孩子的天性，在游戏中学习最为轻松快乐。课前的猜手游戏，不仅调动了学生的无意注意，诱发了他们学习的兴趣，还使学生在情意的参与下进行记忆，使其知识结构在自主学习中得到高效建构，可谓一举多得。

二、初读感知，直奔重点

（一）把预习时发现读不准、读不好的生字说出来，提醒大家注意。

（二）轻声读读课文，注意读准字音，读通句子，把具体描写这双手的句子用线画下来。

（三）你画了哪些关于这双手的具体描写？和大家交流一下。

三、品读感悟，层层深入

（一）形象感知，联系生活，初识大手

1. （出示学生画出的具体描写手的句子）把这些具体描写手的句子多读几

遍，想一想这是一双怎样的手，你是从哪些词句中读出来的？

注意：鼓励学生运用不同的阅读方式。例如，通过抓关键词句、结合生活经验、联系上下文、转换角色、实物比较等方式大胆说出自己对这双手的初步感受。

预设：学生可能从不同的方面谈认识和感受，他们可能会说这是一双布满伤痕的手、与众不同的手、木色的手、不可思议的手等，教师要鼓励学生说出自己个性化的体验并给予肯定。当学生谈到大、硬、粗的特点时，教师要根据具体情况，通过下面的方式方法给予引导。

设计评析：语文课程总目标对阅读教学的要求是："……学会运用多种阅读方法。能初步理解、鉴赏文学作品……"在以上环节中，老师鼓励学生运用不同的阅读方法感知文本，大胆交流初步阅读后的个性理解和独特体验。此处设计很好地贯彻了新课程标准的要求，也折射出教师对学生主体的尊重，有利于学生语文素养的提高和全面发展。

2. 实物比较，感知手之大

出示句子：我丈量土地似的量起他的手来：长 24 厘米，宽 10 厘米，厚 2.5 厘米，这是我今生见到的天下第一号大手。

(1) 方法指导：抓住具体数字可以帮助我们理解课文。

(2) 展示按照这个尺寸塑成的一只大手，先组织学生比一比，然后老师也来比。

(3) 指导学生根据自己的感受读一读。

设计评析：夸美纽斯有一句名言："教一个活动的最好的方法是演示。"这里，运用直观教学法，最容易引起学生的注意，激发学生学习的兴趣。在形象直观的比手过程中，让学生对张迎善大手的特点有直接、真切的感知。这样直观的做法，通过学生动眼、动脑、动手、动口等，真正让课堂鲜活了起来，让学生参与到课堂教学中来，充分训练了学生的观察力、表达力等，提高了学生的形象思维能力。

3. 品词感悟，体会硬与粗

出示句子：掌面像鼓皮一样硬，老茧布满每个角落，手指肥圆。一个手指好似三节老干蔗。(板书：硬、粗)

方法指导：这里运用了打比方的手法，把掌面比作_____，把手指比作_____。

(1) 生活中你见过鼓皮和干蔗吧，它们是怎样的？你从中体会到什么了？

（联系已有生活经验，进一步体会出手的硬和粗）

（2）结合自己的体会进行有感情的朗读。

（3）出示"老茧"，指读。什么是老茧？见过谁的手长老茧？张迎善的手不仅磨出了老茧，而且布满每个角落。

（4）结合此时的体会再来读。

（5）小结：大家对这双手已经有了初步的认识，面对这样一双与众不同的手，你想说点什么？（学生们可以结合自己的认识，谈独到的感受，阐发观点，说自己的猜测，讲引发的思考，提不解的问题等）

预设：学生可能会谈，这是一双令人敬佩的手；可能会猜，这双手一定干了很多活；可能会问，张迎善的手为什么会成这样呢？等等。教师可以通过"张迎善的手到底干了些什么，让这位同学如此敬佩"或"张迎善的手为什么会成这样呢"等问题，引导学生默读课文，自主学习。

（6）把你的想法说给小组的同学听。小组中一个同学讲，其他成员要注意倾听，然后一起讨论，总结出一个大家最为满意的答案。（学生在合作学习的过程中互相补充、互相完善）

设计评析：新课程标准指出，语文教师应高度重视课程资源的开发与利用……语文课程资源包括课堂学习资源和课外学习资源，个人知识、直接经验、生活世界都是语文课程的重要资源。为了让学生更好地理解这双手的大、粗、硬的特点，老师运用了直观对比、与生活经验相结合等方法，帮助学生形象感知、深化理解。学生通过对关键词"老茧"的理解，并拿生活中见到的长老茧的手和张迎善布满老茧的手比较，更深层地体会到这双手到底坚硬和粗糙到什么程度，从而也启发我们：回归生活，把学生的已有经验与学习内容结合起来，是促进学生思维发展的有效方式。

（7）组织交流，及时评价。

设计评析：看似简单的小结，却将学生关注这双手的视角，由表层的特点认识转移到形成原因上。由此，把学生对文本的理解和感悟引向了深入。

（二）关注数字，运用计算，品味大手

1. 计算启情

我们一起来为张迎善算一算，栽一棵树，手往土里插——就算3次吧，一天栽一千棵，这双手往土里插多少次？10天这双手往土里插多少次？20天呢？张迎善一共栽了多少棵树？这双手又往土里插了多少次呢？（780000万次）。

设计评析：新课程理念注重学科之间的整合。语文内容中有许多数学元素，如果抓住这些数学元素，把数学课的内容引进来，科学地进行学科整合，有利于促进学生语文素养的提升。如通过让学生算一算的策略，引导学生在一次次的计算过程中，在得出一连串数字的结论中，真正感触到：这么多次呀，怪不得这双手会布满老茧！怪不得这双手会坚硬、粗糙得像鼓皮、像干蔗呢！从而感悟张迎善的勤劳、奉献、伟大等。

2. 圈数悟情

课文中还有哪些数字给你留下了深刻的印象？把它圈出来，交流交流。

（1）联系生活：咱们学校占地 13 亩，这 33 垧有咱们的 38 个学校那么大；44.5 垧，就相当于咱们的 50 个学校这么大。

（2）把张迎善生产的 1300 立方米木材放在咱们教学楼里，要盖 400 层。

设计评析：课文中出现了 33 垧、44.5 垧、1300 立方米、3500 层积立方米这些生活中不常见的数字和单位，站在孩子的角度上想一想，他们认识起来是有障碍的。为了让作者的生活、主人公张迎善的生活和学生的生活进行多层面的接触，这里通过联系学生天天见的教学楼、学校，使这些抽象的单位具体化、形象化，降低了理解的难度，从而帮助学生产生了真实、立体的认识。

过渡：看呀，就是这双手，和土壤的几十万次接触，创造了如此多的财富。静下心来再想想，难道这双手所付出的、所创造的就仅仅是这些吗？

学生通过联系上下文和抓关键词的方法，了解这 26 万棵树只是张迎善在 1988 年以前栽下的，这些木材、林场、枝丫只是 1981 年到 1985 年之间创造的。也就是说，如果张迎善今天仍然在工作的话，他付出的、创造的将不仅仅是这些，从而让学生更加深刻地感悟张迎善的可贵和伟大。

设计评析：语文学习中常常蕴涵着时间操作的因素。以上环节中，教师适时地把握住了这些因素，巧妙地将数学计算引入语文课堂，通过对一连串数字的形象感知与比较，既帮助学生深刻体悟到了语言文字的魅力，突破了学习难点，又打破了学科界限，在语文学科与数学学科的整合中，促进了学生阅读能力的发展，实现了语文学科的多重价值。

（3）看看这些数字，再想想这双手，孩子们，你们又想说些什么呢？怎么想的就怎么说。（鼓励学生说出自己独特的感受，并请他们来板书）

3. 拓展丰情

林业局负责人说，这是一双创建绿色金库的手。什么是金库？绿色的金库指什么？为什么说森林就是绿色的金库？

小结：这大森林啊，的的确确是绿色的金库，而这金库的创造者就有张迎善，就是张迎善的这双手。让我们再来重温对这双手的具体描写好吗？有感情地读一读。

（三）借助课件，引发想象，赞手赞人

1. 课件燃情

出示课件：树木渐渐连成林场，又连成一山山的森林。

在音乐的渲染下，教师描述：大家看，就是这双神奇的手，栽下了一株株树木；就是这双神奇的手，育成了一片片林场；就是这双神奇的手，连起了一山山的森林。

2. 联想升情

作者说，看着这双手，我看到了一山山翠绿的森林。孩子们，看着这双手，你看到了什么？

此时，透过这双手，学生看到的已经不仅仅是一双手了，可能是一车车的木材，可能是一弯弯的清泉，可能是一群群的小动物，也可能是张迎善以及和张迎善一样的劳动者的美好的心灵、幸福的笑脸……

3. 小结

张迎善，一个平凡的林业工人，用这双普通却又不普通的手，创造着不平凡的财富。

设计评析：语文教学中的情境营造，不仅在于提供刺激物，增强氛围，还在于语文学习需要熏陶感染。课件的精巧设计与相机呈现，把学生再一次带入文本情境，使学生在与文本的对话中展开联想，在联想中进一步升华情感。

四、布置作业

其实，在我们身边还有许许多多这样普通而又不普通的手，清洁工人不怕风寒的手，老师传递知识的手，爸爸勤劳能干的手，妈妈温暖细腻的手，还有你们稚嫩灵巧的手，等等。

请你仔细观察，试着写一写，要写出它的特点。

板书设计：

硬　　美丽　1 天　3000 次　　　　26 万多棵

粗　　一双手　创造财富　10 天　30000 次　33 垧　44.5 垧

木色　　了不起　20 天　60000 次　1300 立方米

大、奇　26 万棵　780000 次　3500 层积立方米

与众不同　　创建绿色金库

在阅读体验中感悟，在个性品读中动情

《一双手》这篇文章尽管朴实无华，但对于四年级的小学生来说，要透过一双手体会出林业工人张迎善这位"全国五一劳动奖章"获得者平凡之中的伟大并产生敬佩之情，相当不易。徐老师从下面两个方面入手，很好地破解了这一难题。

一、突出"个性阅读"，凸显个性阅读的独特性

"阅读是学生的个性化行为。"徐老师在阅读教学中依据学生差异，运用了"数字计算""联系生活""实物比较""学科整合"等多种有效的教学策略，引领学生从语言文字入手，层层推进，逐渐深入文本，真正读出了语言文字背后的情感，体会出了文章深刻的思想内涵，从整体上个性化地感悟了一双与众不同的大手的内在美。在整个阅读过程中，学生阅读的独特性、差异性得到了很好的体现。

二、突出"体验教学"，体现阅读体验的层次性

体验教学的前提是个体自由的体验。具体到阅读，是指让学生个体直接接触阅读材料，即文章，进而从自己的生活经验、内心实际需要出发，调动自己的各种感官，动眼、动口、动手、动心，诵读、联想、想象，设身处地、入情入境地对作品的内容和形式进行切身感受，仔细体味，深入揣摩，亲历阅读的实践过程。

（一）初读，在直觉体验中感知大手

这是一双怎样的手？这双手有什么与众不同之处？为了弄清这双手的特点，徐老师先引导学生整体感知课文，初步了解这是一双怎样的大手。学生潜心会文，借助理解关键词、比较手的模型、联系生活等策略，感知了手的大、粗、硬、丑陋等特点，初步体验了这双手的与众不同，对这双手产生了感性的浅层认识。

（二）精读，在个性品悟中认识大手

仅仅体会出手的外形特点是远远不够的，还必须了解手的内在价值。在学

生了解了手的外形特点之后，教师进而引发学生探究的好奇心，探究张迎善为什么会有这样一双与众不同的手，以及这双手到底是怎样形成的。

在探究形成的原因的过程之中，教师引导学生利用学科整合策略，关注文中众多的数字描写，让学生在圈画、演算中思考，以形成更加深入的认识，并在师生、生生互动对话中感悟、体验和升华。"我们一起来为张迎善算一算，栽一棵树，手往土里插——就算3次吧，一天栽一千棵，这双手往土里插多少次？10天这双手往土里插多少次？20天呢？张迎善一共栽了多少棵树？这双手又往土里插了多少次呢？"通过"计算"这一策略，实现语文与数学学科的整合，学生将抽象的数字变成了直观、形象的"内容"，从计算出的数字中真切感受到了张迎善这个有血有肉的人物形象——一个看似普通实则不普通的林业工人，却干出了如此令人惊叹的大事。透过他那双极不平常的大手，学生品出了一个无私奉献、勤劳能干、造福人类的优秀人物形象。至此，一个高大的人物形象就在学生的心中树立了起来，学生在看到这双手的内在美的同时，也品出了人物的美好品质。

（三）品读，在情感体验中赞美大手

入境动情，这是体验式教学的最高层次；入境动情，情感的弦就会被拨动，思想也就会变得丰富起来。当学生真正被张迎善的精神打动时，其情感就会掀起强烈的波澜。这样，学生就不再像开始那样觉得那只是一双丑陋的大手，而会用一种赞赏的眼光，怀着敬佩之情，重新审视张迎善的那双手。透过这双手，他们会品味劳动者之美，品味这双手所创造的自然之美、风光之美、贡献之美，这双手更折射出了人性之美，以及张迎善的心灵之美。在欣赏与赞美之中，让美好的情感、态度和价值观拨动学生的心灵之弦，使学生受到熏陶和感染……

（执教：青岛市实验小学徐慧颖；指导、评析：商德远）

《石榴》教学实录、个性评析

[教学目标]

1. 自主学习本课的生字词，理解石榴的特点。

2. 运用联系生活、创境体验等多种学习策略，学习文章，深入文本，提高理解能力。

3. 体会作者对石榴和家乡的喜爱之情，受到美好情感的熏陶。

[教学过程]

一、谜语导入，初识石榴

师：同学们，我们来猜个谜语：一张脸儿圆鼓鼓，挂在枝头红扑扑，天生乐观笑破肚，漏出颗颗玛瑙珠。

生：石榴。

师：猜对了，就是石榴，这也是今天我们要学习的课文。请大家和老师一起写课题。

（师生同写）

师：同学们注意"榴"字，木字旁，右边是留下的留，留点什么呢？这个点不能丢，真有趣，留下的竟然是刀和田。这个字记住了吗？一边说，一边自己写一写。

（生边说边写）

师：谁来读课题？

（生读课题）

师：很准确，"榴"，单独读二声，当它和石组成词语的时候就要读轻声。

（生齐读）

二、整体感知，初知大意

师：今天就让我们一起跟随作者走进石榴王国，近距离地去了解它。请大家自由读课文，注意读准读音，读通句子，如果有读不准或者不好读的地方就多读几遍，然后想一想：课文从哪些方面向我们介绍了石榴呢？

（生自由读课文）

（一）学习词语，扫清障碍

师：生字读准了吗？我来考考大家。（出示：酸溜溜　甜津津）

（生读）

师：这两个词有什么特点？

生：它们都是叠音词。

师：还能说出类似的词语吗？

生：胖乎乎。

生：懒洋洋。

生：红彤彤。

师：看来大家平时很注意积累。再来看这三个词语，谁想读？（出示：火红　青中带黄　红白相间）

师：读了这三个词，你有什么发现？

生：这三个词都是写颜色的。

师：还能说出其他表示颜色的词语吗？

生：金黄。

生：紫盈盈。

生：五颜六色。

师：看，这样分类积累，就会积累更多的词语。大家对字词掌握得真不错。

（二）整体感知，再识石榴

师：谁来说说，课文从哪些方面向我们介绍了石榴？

生：课文介绍了石榴的叶、花、果。

三、细读品赏，悟情体验

（一）以画促读，深入文本

师：同学们已初步感悟了文章内容。咱们先来赏赏叶和花吧！谁来读第2自然段？（指名读）

师：结合这段话，老师特意作了一幅画。（出示石榴花的图画，花的数量不多）

师：你们认为我画得好不好啊？

生：我觉得老师画得挺好的，花的形状真的很像喇叭的样子。

生：我觉得老师的颜色用得好，石榴花火红火红的。

师：谢谢同学们的表扬，不过先不要急着下结论，再来读读这一段，仔细读，结合具体的词语和句子想一想，再作判定。

（生默读第2自然段）

师：现在说说看，我画得好不好？

生：老师画的有问题，石榴花的数量应该很多，老师才画了几朵。

师：哪个句子让你感受到石榴花的数量多了？

生：我从"花越开越密，越开越盛，不久便挂满了枝头"这句话中的"满"字能看出石榴花很多，"满"字说明枝头上花很密、很多，不留缝隙，那得多少花呀？

师：这位同学很聪明，他抓住了文中关键的词句，还从"满"这个字中感受到了花的多。你又是从哪个词语中感受到花多的？

生：我从"密"和"盛"感受到花多，只有花长得茂盛、长得多，才会一朵挨着一朵，密密麻麻。

师：一个"密"，一个"盛"，一个"满"，让我认识到了这石榴花的数量的确应该画得再多些。

（师出示画面，在轻快活泼的音乐声中，画面中的石榴花越来越多、越来越盛）

师：这么多的石榴花，这么热闹的情景，谁愿意读读这段话？

（生读第2自然段）

（二）创境想象，体验情感

师：像小喇叭一样的石榴花，正鼓着劲地吹呢，怎样就是鼓着劲地吹呀？自己试着表演一下。

（生各自表演）

师：（走到一生面前）这位石榴花先生腮帮子鼓得圆圆的，吹得真卖力，请问你在吹什么曲子呢？

生：我吹的是《运动员进行曲》。

师：石榴家族的运动会，一定很热闹。

师：（又走到一生面前）这位石榴花小姐闭着眼睛，一副陶醉的样子，请问你吹的又是什么曲子呀？

生：我吹的是《让我们荡起双桨》。

师：石榴也想参加郊游，畅游北海，真有趣！想象着画面，再来读这段话。

（生再读第2自然段）

师：读得真美，我仿佛看到了一簇簇石榴花竞相开放，仿佛听到了喇叭声此起彼伏，还有那郁郁葱葱的叶子也在使劲地长呀长呀。能用一个词来形容这个场面吗？

生：热闹。

生：生机勃勃。

生：争奇斗艳。

师：的的确确是热闹呀，咱们一起来读，感受石榴园里的热闹。

（生齐读第2自然段）

师：当我们把词语、句子想象成一幅幅画面的时候，书也就会读得有滋有味。

（三）运用比较，训练语感

师：渐渐的，石榴花谢了，可石榴园里的热闹并没有停止，反而因为石榴果实的诞生而越发具有生机。请大家自由读读写果实的第3自然段，哪些句子让你感受到热闹了，就请你把它们画下来。

（生自由读第3自然段）

师：哪些句子让你感受到热闹了？

生：这些石榴娃娃急切地扒开绿黄色的叶子朝外张望，向人们报告着成熟的喜讯。

生：它的外皮先是青绿色，逐渐变得青中带黄，黄中带红，最后变成一半儿红，一半儿黄。

生：熟透了的石榴高兴地笑了，有的笑得咧开了嘴，有的甚至笑破了肚皮，露出满满的子儿。

（师出示课件："它的外皮先是青绿色，逐渐变得黄中带红，青中带黄，最后变成一半儿红，一半儿黄。"）

师：刚才有同学说到了这句话，老师把它打在屏幕上，请一位同学对着屏幕读一下。

（生读，读到"黄中带红，青中带黄"时停顿了很久）

师：屏幕中的句子有问题吗？

生：书上先写青中带黄，后写黄中带红，屏幕上的正好相反。

师：换一下顺序不行吗？

生：不行，因为"青中带黄，黄中带红"是按石榴成长的顺序写的，倒过来就不符合石榴成长的规律了。

师：是的，石榴是根据成长的过程而变换颜色的。它先是（青绿色），逐渐变得（青中带黄，黄中带红），最后变成（一半儿红，一半儿黄）。

（括号中的词语逐一变红，学生在教师的引领下回答）

师：这么多颜色，简直就是一场热闹的缤纷色彩时装秀。抓住颜色的变化，运用恰当的词语，就能很好地写出石榴的生长特点。让我们一起读读第3自然段。

（生齐读第3自然段）

（师出示课件："熟透了的石榴高兴地笑了，有的笑得咧开了嘴，有的甚至笑破了肚皮，露出满满的子儿。""这些石榴娃娃急切地扒开绿黄色的叶子朝外张望，向人们报告着成熟的喜讯。"）

师：还有不少同学都找到了这两句话，哪些地方让你感到热闹了？

生：这些石榴千姿百态，有咧嘴的，有破肚的，有张望的，很热闹。

师：这么多的形态，当然是热闹了。

生：石榴高兴地笑，还在报告消息，干什么的都有，一定很热闹。

（师出示课件："熟透了的石榴裂开了，漏出满满的子儿。""这些石榴从绿黄色的叶子中长了出来。"）

师：老师这里也有两句写石榴形态的句子，比较着读一读，你喜欢哪一句？说说理由。

生：我喜欢书上的句子，虽然石榴不会笑，但是让作者这么一写，我好像看到了石榴和我们一样咧着嘴在笑，还好像听到了它们咯咯的笑声。

生：我也喜欢书上的句子，说石榴扒开叶子张望，比写它从叶子中长出来更生动，让我感到石榴好像都迫不及待地要长大，显得很热闹。

师：是呀，把石榴当成娃娃来写，让它咧开嘴，长了肚子，和人一样有了心情，还能张望着报告喜讯，这样写多么可爱，多么生动，多么有趣，语言多美呀。谁愿意读一读呀？

（生读第3自然段）

师：石榴园里真热闹！娃娃们忙着传喜讯，此时，你就是这娃娃中的一个，熟透了的你正咧开嘴，笑破了肚皮。谁再来读？

（生再读第3自然段）

师：石榴娃娃急切地扒开绿黄色的叶子朝外张望，向人们报告着成熟的喜讯。石榴娃娃还可能兴奋地晃着脑袋向人们报告着成熟的喜讯，它们还会怎样报告喜讯呢？咱们也试着把石榴当成娃娃，说说这个句子。

生：石榴娃娃兴奋地跳着舞蹈，向人们报告成熟的喜讯。

生：石榴娃娃激动地挥动着双臂，向人们报告成熟的喜讯。

生：石榴娃娃欢呼跳跃着向人们报告成熟的喜讯。

（四）联系生活，理解感悟

师：看到这么可爱的石榴，谁都会忍不住剥开外皮尝一尝。把手伸进桌斗里，你发现了什么？

生：石榴！

师：四人一组，把石榴掰开，你们看到了什么？一边观察，一边读读第4自然段，看看你懂了哪些词？

生：我读懂了"你挨着我，我偎着你"，就是说石榴子挤在一起，很密、很紧。

生：我读懂了"红白相间"，是说石榴子有红的，有白的，间隔着。

生：我读懂了"玛瑙一样"……

师：好一个热闹的大家族呀，石榴子不仅外表好看，味道也美，快取几粒尝一尝，怎么样？

（生一边吃一边交流）

生：味道酸溜溜的。

生：味道甜津津的。

……

师：把你们看到的、品到的带到文章中，一起来读读最后一个自然段。

（生齐读最后一段）

四、回归整体，升华情感

师：石榴园里，石榴树下，郁郁葱葱的绿叶，竞相开放的花朵，乐观可爱的果实，透亮爽口的子，不管是数量还是形态，无论是颜色还是味道，无时无处不让我们感受到热热闹闹的场景。此时让我们再读第1自然段，你觉得作者是带着怎样的感情、怎样的心情来写这篇课文的？

生：石榴这么美，这么好吃，我觉得作者挺自豪的。

生：我认为这篇文章表达了作者对家乡的热爱和赞美。

师：多么惹人喜爱的石榴呀，作者那么喜爱它，你读后有什么感受啊？

生：我也喜欢石榴了。

师：就让我们和着音乐，把课文再读一遍，体会作者的美好情感，也读出我们的喜爱之情。

（师生配乐诵读全文）

师：孩子们，水果多好啊，你最喜爱哪一种？也像作者这样试着从颜色、形态、味道等不同的侧面写一写你最喜爱的水果，也可以把它们当成娃娃、当成人写。

个 性 评 析

教学鲜活灵动，富有情趣，语文味足

一、通过"以画促读"调动主体参与，突出"个性化"

课堂上，如何引导学生主动深入文本，并自始至终保持浓厚的读书兴趣？徐老师巧妙地运用了"以画促读"的教学策略，引导学生自主、深入地品读了文本，充分发挥了学生的主体性，收到了很好的教学效果。

在理解第 2 自然段时，怎样才能引导学生读出石榴花的特点呢？教师别出心裁地先出示一幅画，让学生结合课文评一评画得如何。这一设计一下子诱发了学生与文本对话的欲望，学生在潜心会文中很快就读懂了文意，然后抓住"满、密、盛"等词语进行生生对话、师生对话。在对话中，教师引导学生通过理解以上语言文字，既对花多、花美等特点有了深层的个性化的感悟和理解，又品味了语言的魅力，体会了作者用词的准确，训练了语感。同时，教师还引导学生进行了情感体验，实现了阅读的个性化。

整个环节的设计，教师以评画为情境，实现了"以画促读，以评促读，评中感悟，读出内涵"的目的，学生参与的积极性极高，教学效果很好。

二、利用"比较策略"引导语言品赏，体现"语文味"

课堂教学中应如何体现语文味？语言文字的训练必不可少。徐老师没有把语文课上成简单化、程式化、刻板化的纯技术训练课，而是巧妙地将工具性的训练与引导学生理解文本、进行情感体验融合在一起，真正实现了语文学科"工具性"与"人文性"的统一，上出了语文味。

要想很好地进行语言文字的训练，教师应在教学中充分调动和激发学生的思维，而比较就是思维的开始。徐老师在引导学生理解"石榴果"一段时，两次巧妙地运用了"比较策略"。第一次是在理解果的颜色特点时，抓住词语进行了比较；第二次是在理解写果的句子时，抓住句子进行了比较。教师先故意出示一个错误的句子，引导学生自主发现，并进行比较、分析、理解，感悟作者用词的准确，以及遣词造句的方法。这样，学生通过比较就能自然而然地深入文本，品味语言，体会用词的准确，懂得如何才能把句子写生动、写具体，在比较中领悟了表达方法。同时，学生也明白了细致观察和准确描写的重要性，教师的教学最终达到了"教是为了不教"的目的。

教师在对语言文字进行比较的训练中，既培养了学生的直觉思维和逻辑思维，又引导学生学习了拟人的写法，加深了对石榴果的认识，从而为学生了解石榴的特点，受到情感熏陶，掌握表达方法并进行迁移，打下了基础。

三、通过"创境体验"拨动心弦，彰显"情趣性"

教师在整个课堂上运用了"情境创设""生活体验"等策略，使课堂变得鲜活灵动，充满了活力，更浸润着情趣，彰显出了独特的教学特色。

在理解"石榴花"一段时，教师说："这位石榴花先生腮帮子鼓得圆圆的，吹得真卖力，请问你在吹什么曲子呢？"将学生置身于情境之中，引领学生进行了"移情体验"。而在理解"石榴果"一段时，又将语言与生活相联系，让学生一边观察、品赏体验，一边与读文联系起来。这样的设计，将阅读教学与学生生活、生命体验密切联系，把语文和生活紧密联系起来，丰富和提升了学生的精神生活，拨动了学生心灵和情感的弦，激发了学生的学习兴趣，更让课堂焕发了生命的活力，使学生自始至终兴味盎然。

（执教：青岛市实验小学徐慧颖；评析：商德远）

《和时间赛跑》教学设计

[设计理念]

新课标提出，要注重培养学生提出问题和分析问题的能力。本设计力求运用"问题教学法"，突出对学生"质疑解疑"能力的培养。通过学生质疑解疑，教师引导他们个性化地理解课文，从而发展语文能力，提升综合素养。

[教学目标]

1. 认识生字、新词，理解"永远"的含义；积累语言，练习写话。

2. 学习联系上下文理解重点词句的方法，并能运用此法理解课文内容。

3. 读课文，能在教师的指导下体会思想感情，感受时间、生命的短暂，受到珍惜时间的教育。

[课前活动]

咱们班的同学善于积累名言警句，那我们就以此为界，分成两组，举行一次名言警句抢答对抗赛。准备好了吗？

第一轮，名言接下句，我说开始，谁站得快，谁就抢到机会。听好！

不以规矩，（　　　）。千里之行，（　　　）。

第二轮，在规定范围内自说名言，我说开始，谁站得快，谁就抢到机会。你能说出关于时间的哪些名言警句？

孩子们，名人名言会给人启迪，催人进步。希望你们能把积累名言坚持到底，这一定会让你受益匪浅的。好，课前热身先到这里，我们准备上课吧。

[教学过程]

一、名言导入，引出课文

（一）刚才同学们背了很多关于时间的名言！今天，徐老师也想送给大家一段名言（出示课件）："我知道人永远跑不过时间，但是人可以在自己拥有的时间里快跑几步。尽管那几步很小很小，作用却很大很大。"

你知道这则名言的出处吗？怎么知道的？

（二）这则名言就选自台湾作家林清玄的散文《和时间赛跑》，看老师写，一起读。很多人都说，林清玄的散文像杯茶，总是发出淡淡的清香，要细细地品，才能品出味道。今天我们就来品味《和时间赛跑》这杯茶，相信同学们对这则名言、对他的散文一定会有更深刻的认识。

二、初读感知，学生质疑

（一）整体感知课文

如果有读不明白的地方，就标注出来。

（二）自由读课文，听好两个要求：

第一，读准字音，读通句子，遇到不好读、不好认的字圈出来，多读几遍。

第二，想一想，课文讲了什么内容？如果有读不明白的地方，就标注出来。

1. 读完了，发现了哪些不好读或者不好认的字，说出来提醒大家注意。

师：说到"惯"这个字，我还想提醒大家它的笔顺。（板书）下面注意了，（红笔）先写竖，要一笔到底，再写横，两边都出头。记住了吗？自己写一遍。

"赢"这个字，看上去挺复杂，你有办法记住它吗？五个熟字组合起来就是赢，拿出手来，我们一起写。（板书）上面亡，中间口，扁一些，月贝凡并排站在最下头。（指板书）亡口月贝凡，就是输赢的赢。再来一遍，亡口月贝凡，就是输赢的赢。记住了吧？

2. 老师在读第 1 小节的时候，这两个词是费了好大的劲才读好的，你会读吗？（出示不加拼音的词：痛哭 疼爱）读对了，（出示加拼音的）全班一起读。

3. 整体感知内容。

字词掌握得不错，那谁能说说，课文写了"我"和时间赛跑的哪几件事？

（1）外祖母去世，爸爸和"我"谈话。

（2）观察太阳变化，和太阳赛跑。

（3）观察小鸟飞行路线。

（4）和西北风比赛。

（5）超前完成作业。

（三）初步质疑

自主读书，同学们对文章有了初步的认识和感受。古人说得好，读书贵在有疑，你不明白的是什么？预计问题会有：

谜语——爸爸的这个谜语。

滋味——这说不出的滋味究竟是什么滋味？

作用——作用有多大才会让作者受益匪浅呢？

为什么要和时间赛跑？

设计评析：爱因斯坦说过："提出一个问题往往比解决一个问题更重要，因为解决问题仅仅是方法和实验的过程，而提出新的问题则要找到问题的关键和要害。"可见，学贵有疑！学生在初读感知课文的基础上，进行深入思考，就难点处提出自己不懂的问题，为解决问题作好铺垫。教师根据对本文的多次试讲，以及对教材的难点分析，预计学生会提出上述问题。

三、品读解疑，个性体验

（一）滋味、谜语

1.有疑则进，要想品出滋味，就得带着疑问，细细地用心多品几遍。刚才有同学说了，不明白作者听了爸爸的谜语为什么会有种说不出的滋味。问得真好，文中哪个小节写了这一内容（第5自然段）？谁来读？

2.一起来看这段话。唉，也有不少写时间的名言警句呀。找三位同学读一读，其他同学想一想，从这些名言警句中，你懂得了什么？（时间珍贵、过得快、用钱都买不到）

3.教师小结：爸爸究竟说了一个怎样的谜语，让作者有这么大的震撼、这么强烈的反应啊？浏览课文，找一找，读一读（第4自然段）。

这段话怎么就会比那些名言更让我感到可怕，甚至还有了一种说不出的滋味呢？请你再来读读这段话。哪一句、哪一个词让你感触最深，就画下来，细细地品一品，看看你能体会到什么。（巡视指导，围绕"永远"来谈，画出重点句"你的昨天过去了，它就永远变成昨天的孩子"）出示课件：

（1）每个人都在投入地品味啊，孩子们，你感触最深的句子是什么？从中体会到了什么？

（2）你的昨天过去了，它就永远变成昨天。（颜色变深）过去了，那今天能回来吗？明天会回来吗？那什么时候能回来？你的昨天过去了，它就永远不会回来。（"永远"变红）那让你感触最深的句子又是什么？你从中体会到什么了？

（3）你度过了你的时间，它就永远不会回来了。（颜色变深）再也不回来（不可能回来），就是永远不回来呀！（"永远"变红）

（4）所有时间里的事物，永远不会回来了。（颜色变深）永远不会回来呀！（"永远"变红）

小结：在细细地品味中，大家对爸爸的谜语有了进一步的体会，特别是对"永远不会回来"（恢复颜色，"永远"变红）有了深入的认识，带着这样的体会，来把这一段读一读。

4. 有一种说不出的滋味，就仅仅因为大家刚才体会到的这些吗？那爸爸的这个谜语还让作者体会到了什么呢？我们再来品一品。

想象：爸爸说永远不会回来的是所有时间里的事物。（句子变红）你认为这所有时间里的事物指的是哪些事物呢？联系这个谜语中的具体语言，请你试着填这个空。

引导：是呀，昨天、童年、岁月就像一滴水，滴在时间的河流里，没有声音，也没有影子，却永远不能回来了。那这所有时间里的事物就仅仅指这些吗？再来看书，联系前文，看看爸爸是在什么情况下说这个谜语的。

5. 外祖母去世了，最疼爱我的外祖母去世了，就在昨天她还真真切切地给我无限的关怀，真真切切地生活在这个世界。可是今天，她度过了自己的时间，离开我了，永远也不会回来了。两年前，我的妹妹被病魔夺走了生命，尽管她是那样年轻，尽管她只有25岁，尽管全家人不停地呼唤、痛哭，可她永远不会回来了。孩子们，你说这所有时间里的事物还有什么？

6. 对呀，孩子们，不仅是童年，不仅是时间，还有生命，短暂的生命，度过了，就永远不会回来，作者的外祖母是这样，妹妹是这样，我们每个人的生命又何尝不是这样呢？听了爸爸的话，你的心里是怎样的滋味？不仅可怕，还有悲伤、着急、懊悔。对！这就是那种说不出的滋味。带着你体会到的滋味，再来读读爸爸的这个谜语。

从外祖母的去世，从父亲的谜语中，我们感悟到了时间的飞逝、生命的短暂，所以作者才要说爸爸的谜语比那些名言还让他感到可怕，甚至有一种说不出的滋味。这两个问题，大家明白了吗？

设计评析：本环节中，教师从学生提出的疑难问题（也是与文本吻合的难题）入手，引导学生先找出书中的"名言"，使其理解名言的意思，继而联系上文领悟名言的真正内涵。在理解名言的过程中，抓住多次出现的"永远"一词，通过品读、想象、联系生活等，让学生体会"永远"不会回来的所有事物，从而感悟出外祖母"走"后作者内心的痛苦，以及与时间赛跑的重要性。在此过程中，着重进行了"理解词语，并体会词语在表情达意方面的重要作用"和"理解感悟能力"的训练。

（二）作用

1. 爸爸的这个谜语，让林清玄品出了滋味，而且这种滋味在一次次的生活经历中越来越真实、深刻。作者放学回家了，在庭院里忽然看到——谁来读第6自然段？今天永远不会再来了，这不就是爸爸说的，所有时间里的事物，都永远不会回来了吗？这时他猛然抬头又看见——谁来读第7自然段？连小鸟都在变呀。这不就是爸爸说的，所有时间里的事物，都永远不会回来了吗？

2. 看到这一切，想到这一些，难道还要继续在哀痛中沉迷吗？难道还要这样害怕、悲伤地等待下去吗？怎么办？对！在有限的生命里和时间去赛跑。作者是怎样和时间赛跑的？谁来读第8自然段。

3. 林清玄是怎样和时间赛跑的？何止是这些，在后来的几十年里，他每天早晨4点就起来看书、写作，每天要坚持写3000字的文章。林清玄一直坚持和时间赛跑，那你说，他能跑得过时间吗？跑不过为什么还要跑呢？再来读这句名言，你能从中找到答案吗？谁想读？

出示课件：我知道人永远都跑不过时间，但是人可以在自己拥有的时间里快跑几步，尽管那几步很小很小，作用却很大很大。

4. 跑不过时间为什么还要跑？因为跑的作用很大很大。到底有多大的作用？谁查到了关于林清玄取得成绩的资料？

交流资料：他17岁时就开始发表文章，30岁前就得遍了台湾文学所有的大奖。30年里，他出版了100多本著作，他的散文集一年中竟重印了20多次。当有记者问他为什么能在很短的时间里写出那么多畅销书的时候，林清玄回答说，我是将生命中的每一天都当成是在这个世界上的最后一天来过，来激发自己投入写作的。

5. 取得这样的成功，就是因为林清玄在充分利用生命里的每一天坚持写作。其实，在我们的周围也有很多和时间赛跑的人。几个单词，虽然很少很少，可积累起来就会学很多很多的知识；几分钟，虽然很短很短，可积累起来就会做很多很多事情。不要小瞧了那很小很小的几步，因为它们的作用很大很大。

这两个问题明白了吗？

林清玄，还有我们周围的这些人，在用自己的经历告诉我们——谁来读？（指屏幕）那就让我们把这段话当做警言勉励自己，全班一起读。

设计评析：此环节解决了学生提出的最后一个问题。让学生通过借助资料等有效策略，深刻感悟出了和时间赛跑的重要意义，实现了读者意义和文本意义、作者意义的有效调和，也提高了学生的朗读能力。

四、创作名言

一个孩子在读了林清玄的话后，这样说："时间是一列不回头的火车，开走了，就别想再搭上它。"

　　此时此刻，你对时间也一定有很多的感触，拿出笔来，也来创作一句关于时间的名言，勉励自己，鼓舞大家。

　　好，先写到这里，停下笔，谁愿意把你的名言读给大家听？

　　教师小结：从大家创作的名言中，我感受到了，你们每个人都做好了和时间赛跑的准备，我想借用作者的话告诉你们，假如你和时间比赛，并且是一直和时间比赛，你就可以成功。我想让你们借用作者的这句话告诉自己：假如我一直和时间比赛，我就会成功。

　　《和时间赛跑》真的是一杯好茶，越品越让人回味无穷，它向我们传递的是一个关于时间的真理。课后仔细修改你们创作的名言，改好后贴在板报上，与大家共勉，激励我们不断地和时间赛跑。

　　设计评析：结课时，让学生创作名言，这一环节设计得很精彩。通过让学生创作名言，一是可以了解学生对文本的深刻感悟；二是可以训练学生的表达能力；三是可以了解学生的情感态度和价值观。

　　课前背诵积累的"名言"，课中从文中的"名言"入手理解全文，课后创作"名言"，整个设计一气呵成，形成了一个完美的设计整体，训练了学生的理解能力、提出问题和解决问题的能力，还有言语表达能力，使学生在质疑解疑中发展了个性。

　　板书设计：

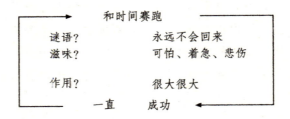

　　（执教：青岛市实验小学徐慧颖；指导：张兴堂、商德远等；评析：商德远）

《七律·长征》教学设计

[设计理念]

新课程标准指出，阅读是学生的个性化行为，不应以教师的分析代替学生的阅读实践。本设计力求体现"自主、合作、探究"的学习方式，体现学生的个性化阅读，让学生在自读感悟和体验中理解诗意，受到美好情感的熏陶。同时，通过合作交流，让学生学会阅读的方法。

[教材简析]

《七律·长征》是一首关于中国革命的不朽史诗，是革命乐观主义的不朽之作，深刻表达了毛泽东的艺术风格和高昂气概。这是毛泽东在红军长征胜利结束时写下的一首诗，全诗生动地概述了二万五千里长征的艰难历程，通过"飞夺泸定桥""巧渡金沙江"等几个具有重大历史意义的典型事例，赞颂了中国工农红军的革命英雄主义和革命乐观主义精神。

[学情简析]

本年级的学生可以通过收集资料了解文章的写作背景，因为他们已具备初步的品词赏句和感悟文章情感的能力，能借助工具书初步理解诗文大意，并能结合现实发表自己的见解。学生在体会"远征难"时会存在一定的困难，教师应创设情境帮助他们理解。在理解"暖""寒""只等闲"等词语时，应引导学生了解与之有关的战役，作好充分的铺垫，否则学生不易理解。学生感悟诗歌的意境有一定的困难，应引导他们在充分理解的基础上通过想象入境动情。

[教学目标]

1. 认识本课 3 个生字；能借助工具书或课外资料正确理解"只等闲""腾细浪""走泥丸""逶迤""磅礴""尽开颜"等词语的含义；有感情地朗读课文；积累语言，背诵课文。

2. 运用有效学习策略，掌握学习诗的方法。

3. 学生在感受红军大无畏的革命精神和英勇豪迈的乐观气概的同时，受到情感熏陶和思想启迪。

[教学重难点]

感受红军大无畏的革命精神和英勇豪迈的乐观气概，受到情感熏陶和思想启迪。

[教学过程]

一、课前交流，情感铺垫

课前，教师引导学生了解有关长征的知识，让学生观看电视连续剧《长征》。教师也可精选有关长征的经典战例，组成课件让学生观看，以了解红军长征中爬雪山、过草地，以及经典战斗的情况，为学生学习《长征》打下基础。

二、揭题导入，交流长征知识

（一）板书课题，解题。"长征"，从字面上讲是什么意思？

（二）交流长征的基本情况。

1. 你对长征有哪些了解？

引导学生从长征的原因、时间、路线、距离等几个方面入手，全面了解长征，引导学生学会筛选有价值的信息资料。

2. 教师出示"长征路线图"，以供师生交流。（课件出示）

教师简要介绍：中国工农红军为了保存实力，粉碎国民党的围剿，为了中国革命的胜利，1934 年 10 月，从江西瑞金出发，经过福建、江西、广东、湖南、广西、贵州、四川、云南、西康、甘肃、陕西 11 个省，于 1935 年 10 月胜利到达陕北革命根据地，取得长征的伟大胜利。

3. 小结、过渡：回顾长征，毛泽东心潮澎湃，激动地写下了《七律·长征》。（板书）师生齐读课题。

设计评析：长征离学生生活较远，所以要想让学生准确理解诗意，受到美好情感的熏陶，就必须要让学生了解当时的时代背景，了解长征的情况。学生有了对长征情况的初步了解，就为理解全诗作好了铺垫。

三、初读诗文，感知长征

（一）自读全诗，读通诗句

1. 读准字音，读通诗句，会读全诗。

2. 检查生字词：逶迤、磅礴、岷山。重点指导学生读音和前四个字的字形。

3. 将生词放入诗中，再读一读。

（二）读熟诗句，注意节奏

1. 教师提示：读准字音、读通句子是学好古诗的基础，要注意读熟。

2. 出示带有韵律的诗句，并随时鼓励学生读出诗的节奏。

设计评析：扫清读的障碍是理解全诗的重要一步。此环节重在引导学生掌握生字读音，掌握难记字的字形，在此基础上让学生读通、读熟全诗，为理解全诗打下良好的基础。

四、研读诗文，感悟长征

（一）默读这首诗，自主学习诗文，标出不理解的词句。

（二）师生之间交流诗句中不明白的词语。

重点关注下列词语：

1. 腾细浪：飞溅起的细小浪花。

2. 走泥丸：滚动着的小泥丸。

3. 只等闲：多媒体出示"等闲"在字典中的解释，并让学生进一步体会明代诗人于谦《石灰吟》中"千锤万凿出深山，烈火焚烧若等闲"的诗句，以及中国人民解放军十大将军之一——许光达的"只为人民谋解放，粉身碎骨若等闲"的诗句。

设计评析：学生的自主学习是个性化阅读的前提。此环节先引导学生自主学习，标出学不会或学不懂的地方，然后将学不懂的地方在合作交流中一一解决。特别是在解决"只等闲"这一难理解的内容时，引导学生将其与学过的旧知识进行联系，通过所学旧知识，解决难以理解的新内容。

（三）教师提问：诗中的红军把什么看做"等闲"？从哪里看出红军把长征看做是平平常常的事情？学生一边读，一边写体会。

（四）学生汇报交流，重点交流下列内容。

1. 出示："五岭逶迤腾细浪，乌蒙磅礴走泥丸。"

（1）比较"逶迤"与"磅礴"的相同之处和不同之处。

相同之处：都是描写山的。

不同之处：逶迤形容山的长，是连绵不绝的样子；而磅礴形容的是山的高大、险峻。

（2）理解了词语的意思，结合查阅的资料，说说这是一道什么样的岭，又是一座什么样的山。

介绍五岭的知识，"五岭"是指越城岭、都庞岭、萌渚岭、骑田岭、大庾岭，这五岭连绵相接而且跨越了江西、湖南、广东、广西四个省份。

学生结合资料谈乌蒙山高、险的特点，体会红军越过乌蒙山的艰难。

（3）拓展想象：红军在跨越五岭和乌蒙山的征途中还会遇到什么样的困难？

教师相机补充提升，将困难具体化、形象化。

（4）教师小结：红军在长征的艰辛历程中，人数由刚开始参加长征的8万

7千多人，最后只剩下7千多人。长征途中的生活异常艰苦，没有粮食，吃的是草根、树皮，还不知经历了多少次激烈的战斗。就是在这样的情况下，在红军战士的眼中，这些岭是什么样的岭，又是什么样的山？

（5）体会这句诗，读出山的绵延雄伟、红军的英勇无畏。学生读后，教师又问，你看到了什么样的红军？（这是认识的升华）

（6）指导朗读，强化读的训练。

设计评析：长征的时代背景离学生比较久远，学生较难体会出长征中翻越"五岭"和"乌蒙山"的艰难。本环节通过引导学生借助查阅的资料信息，体会翻越"五岭"时的艰难和越过"乌蒙山"的惊险，从中感受红军"只等闲"的无畏精神与乐观。

过渡词：面对着险峻的山，红军不怕。面对着水，红军又是怎样的？

2. 出示诗句："金沙水拍云崖暖，大渡桥横铁索寒。"重点理解诗中的"暖"和"寒"。

第一步：理解"暖"的含义。

（1）自然之险。

（2）补充《巧渡金沙江》的故事，让学生试着概括诗句的主要内容。电脑出示《巧渡金沙江》的资料。

（3）学生再次谈感受，"暖"字体现了红军巧渡金沙江的智慧及喜悦之情。

（4）指导理解后，再读诗句"金沙水拍云崖暖"。

小结：一个"暖"字，不仅让我们感受到远征难，还让我们体会出了红军巧渡金沙江的智慧和喜悦之情。

第二步：理解"寒"的含义。

（1）天险之"寒"。出示图片资料——"泸定桥"的险峻。用具体的数字让学生理解它的长度（103米）和高度（30多米），这相当于学生上课教室的5倍长、6倍高。教师反问，如果让你在这样的桥上走过去，你会有怎样的感受？创设情境，让学生如临其境，谈感受。

（2）教师与学生共同观看"飞夺泸定桥"的录像片段。讲述红军飞夺泸定桥那惊心动魄的一幕，引导学生练习说话。

老师结合画面讲述：10米，20米，30米，有的战士中弹了。

可他们——

可他们——

老师：40米，50米，60米，有的战士身负重伤，掉进了湍急的河流。

可他的战友——

可他的战友——

老师：80米，90米，近了，近了，可敌人也更加疯狂，在桥头甚至燃起了熊熊烈火。

可他们——

可他们——

(3) 这是怎样的战斗！（激烈、残酷、艰难……）

教师总结：这就是"寒"！

(4) 有感情地朗读诗句。这一"暖"一"寒"让我们看到了怎样的红军队伍？（机智勇敢、英勇无畏、不怕牺牲等）

设计评析：教师在此环节中抓住了一个"暖"字和一个"寒"字，引导学生通过解读意象，结合两场经典战斗拓展阅读，从而对文本进行了深入理解和感悟，体会出了红军的智与勇，体会出了伟大的红军精神。在理解内容的同时，教师又通过抓关键字词引导学生理解诗句内容，体会文章表达思想感情的方法。

此环节利用了课外信息资源帮助学生理解以及拓展阅读的策略，教师通过引导学生阅读文字资料和录像资料，使学生直观地感受到了红军长征时战斗的残酷与艰难，体会到了红军的伟大。

3. 学习最后的诗句"更喜岷山千里雪，三军过后尽开颜"。

(1) 岷山？你了解吗？（板书：岷山）

(2) 可他们却说"更喜"。红军为何而喜？（板书：喜）

(3) 引读：所以，三军过后——尽开颜！尽开颜？你理解吗？

(4) 透过这"尽开颜"，你仿佛看到了什么？

小结：是啊，你在笑，他也在笑，人人都在笑。发自肺腑的笑，这就是——尽开颜！

(5) 有感情地朗读。

设计评析：引导学生把心思放入文章中去认真读，认真体会，感受人物的内心活动，感受文本字里行间饱含的作者的真情实感，从而做到入情入境，受到了美好情感的熏陶。

五、诵读积累，升华主旨

（一）出示红军过雪山草地的影片，理解"三军过后尽开颜"。

教师旁白：听，这是红军的铮铮誓言！看，这是红军的豪迈壮举！两万五千里长征，三百多天的行程，其中一百多天的激战，红军爬过了13座险峻的山峰，渡过了24条湍急的河流，翻越了5座终年冰雪覆盖的雪山，横跨了11个省，他们用自己的双脚走出了一种力量，走出了一种精神，更走出了中国革命的未来！

（二）齐读《七律·长征》。

（三）齐背这首诗。

总结：回首长征之路，我们感慨万千！几十年后的今天，我们坐在这里学习《七律·长征》，不仅是在回顾一段历史，学习一首诗篇，更要铭记长征精神给予我们的力量与启迪！

六、布置作业

课后推荐大家继续阅读与长征有关的书籍，如《地球的红飘带》，把你学习长征的认识和感受记录下来。

板书设计：

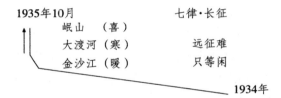

（执教：青岛市实验小学刘佳佳；指导：张兴堂、商德远等；评析：商德远）

《报春花》教学设计

[设计理念]

本节课注重引导学生学会学习。教师引导学生学会"除了查字典，还可以联系上下文，关注与这个词有关的细节来理解词语"的方法。学生再运用学到的方法，迁移运用于对其他词语的理解之中，从而掌握理解词语的方法。整个教学过程力求通过"找场景、品细节、悟情感、解疑问"的方法，使学生理解文本、学会学习、提升素养。

[教学目标]

1. 认识本课生字；能联系上下文，抓住细节理解关键词、句的含义；有感情地朗读课文；积累语言。

2. 运用"找场景、品细节、悟情感、解疑问"的学习策略，掌握学习散文的方法。

3. 学生在感受内容的同时，受到情感熏陶和思想启迪。

[教学过程]

一、结合预习，激趣导入

（一）同学们，今天我们一起来分享一篇日本女作家壶井荣的文章《报春花》。（板书课题）

（二）课前同学们按照预习纸的要求进行了预习（出示表格），有没有同学了解报春花？（生交流）

师（小结）：这就是报春花。（出示图片）五彩缤纷的颜色，很漂亮。春天是它盛开的季节，山野里常常会见到，在作者的家乡，人们都称它……（出示：荷克理）

（三）在预习中，哪些音不好读，哪些字容易写错，你可以提醒大家注意，我们来交流一下。

设计评析：导入简洁明了，关注了重点字的读音，使学生初步了解了课文。设计预习纸，让学生预习时有"法"可依，让预习的内容更加明确。

二、品赏细节，深入文本

（一）通过预习，大家了解了文章的主要内容。下面请同学们快速浏览课文，看看文中哪几个画面能深深印在你的脑海中，用简练的语言概括一下。

师（引导）：我们关注了这些主要事件，也就对文章有了初步的了解。

设计评析：教师根据课标对本学段学生的要求，运用让学生找画面的方式，引导学生掌握用简练的语言概括内容的方法。

（二）揭示疑问，以学定教。

1. 同学们在预习纸上还记下了自己的疑问，谁来说一说？

解决重点：刚才有同学说这句话没有读懂，（出示："现在我才领悟到：看来总是那么轻快的脚步，全是为了惦记家里等着吃奶的孩子。"）自己读一读，大家觉得这脚步到底是轻快还是不轻快呢？（学生自由说观点）

2. 请同学们默读课文，找出能支持你观点的细节，画下相关语句，写写批注。

师：先说说你的观点，再读读你画的语句，说明你的理由。

3. 全班交流。

（三）师小结：看来母亲的脚步真的是"不轻快"啊！谁来读读这段话？（出示第 2 段）刚刚有同学关注到了直接描写母亲的脚裂口子的细节，这句话有没有同学关注到？（出示："把报春花的球根捣烂、剔去筋，和饭粒儿捏，捏到发黏，填进裂口。"）

1. 关注"填进"，说出自己的想法。

2. 把"填进"这个词改成"抹在"，行不行？再来谈谈看法。

师：我们通过比较词语，品析了细节，感受到皲裂的口子又深又大。

3. 还是运用前面学到的方法，联系上下文，关注与裂口有关的细节，你还会有什么新的感悟？（出示两个段落）谁想来交流？

师（小结）：母亲脚上的裂口不仅深、大，还非常多，到处都是，一道又一道。

4. 想象一下，这样一双填满了报春花的脚，走在崎岖的山路上，真疼啊！（音乐）

师：刺骨的寒风袭来，母亲的脚疼得（难受、难忍、钻心），可我们的母亲，她依然……（出示第 2 段）

师：而这样的疼痛要从一过夏天，到秋风乍起，到寒冬腊月，大雪纷飞之时，这种疼痛……（疼得遥遥无期，没有尽头）

可我们的母亲啊，她依然……（出示第 2 段）

（四）如此难忍，如此煎熬，可母亲的脚步看来总是那么轻快，此时的母亲心里在想些什么？这是一位……的母亲。

师：母亲隐忍自己的疼痛，乐观、坚强地面对这一切。这沉重永远留在母亲心中，而轻快留在了孩子们的眼中。所以，30 多年后，我才领悟到……

（出示句子，引读："看来总是那么轻快的脚步，全是为了惦记家里等着吃奶的孩子。"）

这就是伟大的母爱！（板书：母爱）

（五）现在，这句话大家读懂了吗？

（六）如果开始这三幅画面定格在你的脑海中，随着我们对细节的品赏，（板书：品赏）画面便灵动起来、丰富起来了。我们悟出了这份爱，（板书：悟情）母亲的形象也就更加丰满了。

（七）学到这里，我们再来看看课题，你有什么疑问？你知道这是为什么吗？

师：是啊，即使母亲病倒了，但她仍捶打着自己的手脚，自责自己不能为孩子付出了。

（八）师（小结）：30多年过去了，我深深怀恋着我的母亲，每每看到报春花，我都会想起我的母亲。（板书：睹物思人）让我们一起读读最后一段，体会这份对报春花的深刻情感。"感人心者，莫先乎情。"一盆小小的报春花，冲开了作者感情的闸门，让我们沉浸在感情的氛围中，徜徉在亲情的天地里。

设计评析：在学习重点部分时，教师抓住了重点细节、关键词句，做到了引领学生在品词析句中领悟情感，使学生受到了情感的熏陶感染，实现了"找场景、品细节、悟情感、解疑问"的学习目标。

三、升华情感，总结方法

同学们，这节课我们通过"找场景、品细节、悟情感、解疑问"的方法学习了散文《报春花》。其实，学习散文的方法还有很多，这只是其中一种。课后同学们可以运用多种方法阅读其他的散文作品。

四、作业

（一）有感情地朗读课文。

（二）课后运用这种方法阅读其他的散文作品，如经典读本中的《背影》《我的母亲》等。

（执教：青岛市太平路小学苏婷；指导：张兴堂、商德远、颜秉君、徐慧颖、李莉等；评析：商德远）

《卖火柴的小女孩》教学设计

[设计理念]

本设计力求突出实现学生学会学习、个性理解的新理念，注重引导学生在理解的过程中运用有效的学习策略，实现个性化的理解，学会学习。

[教学目标]

1. 学会本课的生字、新词，读准生字、新词；理解课文内容，感受卖火柴的小女孩命运的悲惨；能正确、流利、有感情地朗读课文。

2. 运用有效的学习策略理解含义深刻的句子；想象是本文的突出特点，引导学生通过阅读五次幻象，揣摩作者的写作意图，学习对比和想象的写法。

3. 感受小女孩的悲惨命运，激发爱心，学会关心他人，热爱今天的幸福生活。

[教学重难点]

重点：通过幻象理解内容，感受小女孩的悲惨命运。

难点：理解含义深刻的句子，通过阅读想象并体会作者的思想感情，激发学生的爱心。

[教学准备]

多媒体、表格。

[教学过程]

一、谈话导入，揭示课题

安徒生是世界童话之王，他的名作《卖火柴的小女孩》更是脍炙人口，这个故事影响着一代又一代人，包括你们的爷爷奶奶、爸爸妈妈和老师。

相信同学们都听过这个故事，可是大家有没有真正走进小女孩的内心世界去了解小女孩呢？今天我们就来一起细细地读一读这篇童话，相信大家会有更深的感受。

二、初读课文，整体感知

（一）快速浏览课文，个性化感知小女孩的形象。

1. 请同学们快速浏览课文，看文中的小女孩给你留下了怎样的印象。

2. 学生浏览，谈印象。

（二）教师就学生心中萦绕着的独特感受进行小结。

设计评析：整体感知，先从人物留给读者的印象入手，引导学生了解人物，初步产生独特的感知体验。

三、精读品赏，理解内容

（一）回顾学法，迁移运用

下面我们不妨来细细品味一下，为什么文章会留给我们这样的感受？谈到品味，大家一定掌握了不少好的读书方法吧？谁来说说？（边读边想、抓重点词句、联系上下文、联系生活实际、查阅资料……）

设计评析：当今教育的新理念之一就是终身学习。要使学生做到终身学习，除了要让他们喜欢学习之外，更重要的是要掌握学习方法，学会学习，而不仅是学会知识。此环节从引导学生掌握以前自己喜欢的学习方法入手，总结回顾，然后再将这些方法迁移运用到阅读当中，从而提高阅读能力。

（二）自主阅读，合作交流

请同学们选择、运用你最喜欢的学习方法，读读课文1～4自然段，画出你对小女孩的感受体会最深的细节，多读几遍，做做批注，然后和大家一起交流。

1. 学生自主学习。

不动笔墨不读书，引导学生边读边思考，并在书上圈点标注。

2. 全班合作交流。

刚才同学们读得很认真，想不想和全班同学交流一下你的想法？

以汇报的方式让学生在读中感受小女孩的悲惨命运。注意抓住重点词句引导学生理解、体会小女孩"寒冷、饥饿、孤独、没人疼爱"的悲惨命运。

（1）重点指导学生理解句子："这一整天，谁也没买……谁也没给……"读读这一段，哪里让你感受最深？

引导学生抓住关键词"一整天""谁也没有""一分""一根"等，联系上文提到的"大年夜"等，读出在大年夜合家团聚的日子里，小女孩没有卖掉火柴后的"寒冷、饥饿、孤独、没人疼爱"的悲惨命运和可怜人生。

（2）有感情地朗读课文，体会句子的含义。

（3）小结（配风声）：天冷极了，在这个原本应该充满幸福快乐的大年夜，小女孩孤独地在街上卖火柴，却没卖掉一根。她是多么悲惨，多么可怜！谁能不为之动容呢？引读这一句，在读中进行情感体验。

设计评析：采用抓住重点句子、联系上下文等的有效策略，引导学生个性化地理解了重点句子。有的读出了寒冷，有的读出了饥饿，有的读出了孤孤单单，还有的读出了命运的悲惨和人生的可怜等，体现了阅读的个性化。

（三）以悲惨与幸福对比，激起探究欲望

1. 刚才我们感受了小女孩的悲惨，但课文结尾却这样说："她曾经看到过那么美丽的东西，她曾经多么幸福地跟着她的奶奶一起走向新年的幸福中去。"（课件出示）齐读这一段话。

明明前边写她很悲惨，为什么这里还说她"曾经幸福"呢？

（1）曾经看到过哪些美丽的东西？请大家快速浏览课文，找一找。

（2）学生交流。（板书：大火炉、烤鹅、圣诞树）

（3）同学们，小女孩看到的这些"美丽的东西"到底是什么样的？为什么会看到这些东西呢？

2. 请大家自由读课文的有关段落，并把你认为是描写这些事物的句子画出来读一读。

（1）东西之一：大火炉。

①这是一道奇异的火光！小女孩觉得自己好像坐在一个大火炉前面，大火炉装着闪亮的铜脚和铜把手，火烧得旺旺的，暖烘烘的，多么舒服啊！（"多么舒服啊！"引导学生读出发自内心的感慨、赞美）

引导学生读出火炉的"暖"，想象并体会小女孩看到后的惊喜。

以读促悟，教师指导朗读。指名读。

你是怎样把它读好的？（方法一：转换角色，想象自己就是小女孩；方法二：入情入境，一边想象画面一边读。练读、指名读、评读，再指名读）

②她刚把脚伸出去，想让脚也暖和一下，火柴灭了，火炉不见了。因为美丽的东西人们往往会特别珍惜。火炉不见了，小女孩感到很无奈、很失望。

假如你就是小女孩，大火炉没有了，你会怎么想？

想象人物的内心世界，体会人们想象越好、失望就越大的难过和伤心，有感情地朗读。

（2）东西之二：烤鹅。

①肚子里填满了苹果和梅子的烤鹅正冒着香气。

抓住"冒着香气"等词语，体会烤鹅的诱人。

②更妙的是，这只鹅从盘子里跳下来，背上插着刀和叉，摇摇摆摆地在地板上走着，一直向这个穷苦的小女孩走来。

透过动作想象并体会：越美的东西，想得越真实，小女孩的失望就越大。

（3）东西之三：圣诞树。

齐读："看到圣诞树在朝你眨眼睛了吗？"

①这一回，她坐在美丽的圣诞树下。

②这棵圣诞树，比她去年圣诞节透过富商家的玻璃门看到的还要大，还

要美。

③翠绿的树枝上点着几千支明晃晃的蜡烛，还有许多幅美丽的彩色画片，跟挂在商店橱窗里的一样，在向她眨眼。小女孩向画片伸出手去。

引导学生联系自己的生活体会过节时的快乐，以乐衬悲！

(4)"她曾经多么幸福地跟着她的奶奶……"

从"她曾经多么幸福地跟着她的奶奶"切入，挖掘"奶奶对她的疼爱、关怀"以及现在小女孩的孤苦。

①再次朗读结尾的一段话。

②从哪些词句中看出小女孩和奶奶在一起很幸福？请大家再从课文中找一找、画一画，并把它读出来。

第一，因为她那唯一疼她的奶奶活着……"唯一疼她"。

第二，奶奶出现在亮光里，是那么温和，那么慈爱。

第三，"啊！请把我带走吧！我知道，火柴一灭，您就会不见的，像那暖和的火炉、喷香的烤鹅、美丽的圣诞树一样，就会不见的！"

教师重点指导朗读：假如你就是小女孩，那么温和、那么慈祥的奶奶出现在你的眼前时，你会怎样祈求奶奶把你带走？自由读，范读，指名读，齐读。

第四，她赶紧擦着了一整把火柴，要把奶奶留住。

第五，奶奶从来没有像现在这样高大，这样美丽。

第六，奶奶把小女孩叫来，搂在怀里。她们俩在光明和快乐中飞走了，越飞越高，飞到……

第七，这个小女孩坐在墙角里，两腮通红，嘴角带着微笑。

(不光是因为她见到了美丽的东西，还因为她跟着奶奶一起度过了一个幸福的大年夜)

③理解幸福。

再次朗读课文的最后一段。课文两次提到"幸福"，你是怎样理解的？

第一个"幸福"是说她在死之前看到了许多美丽的幻象。

师（小结）：同学们，小女孩幻想到的这些东西真的都非常美丽吗？对于其他有钱人的孩子来说，这些并不算什么。但小女孩没有这些，她渴望得到这些。

为什么她会认为它们是美丽的？（总结，板书）

师（小结）：是啊，她一直以来没有享受过这些最起码的东西，她只能靠一次又一次的幻想来满足。然而，幻想终究不能抵御寒冷，不能抵御饥饿，小女孩终究得不到欢乐，也得不到亲人的疼爱……

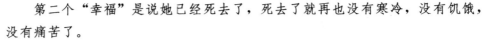

第二个"幸福"是说她已经死去了，死去了就再也没有寒冷，没有饥饿，没有痛苦了。

师（小结）：只有死才能摆脱这一切痛苦，这是"幸福"吗？这"幸福"之后，是怎样悲惨的命运啊！

3.（配乐）有感情地朗读。

（1）创设情境：第二天，人们发现了这个可怜的小女孩，让我们再来看一看这个冻死在大年夜的小女孩吧！谁来读读？（音乐响起）指名读。

（2）配乐引读12、13自然段。

4．教师小结。

设计评析：比较是一切思维的开始！本环节教师通过悲惨与幸福的对比，引发学生内心的矛盾冲突，造成他们心理失衡，由此使其产生阅读的欲望，继而通过阅读来解决矛盾，理解内容，体会情感。特别是引导学生抓住了两个"幸福"，全面体会出了幸福的不同含义，理解了含义深刻的句子，感悟了内容，体会了情感！

四、总结全文

（一）多么感人的故事！多么令人同情的小女孩！面对冷冰冰的天气、冷冰冰的亲人、冷冰冰的社会，小女孩悲惨地死去了。同学们，假如她来到我们中间，又会怎样？（引导学生语言表达）

（二）你们真懂事，懂得关心像卖火柴的小女孩这样穷苦的孩子。那就请你课后将自己的感受写一写吧。

其实安徒生的童话作品还有许多，像《丑小鸭》《白雪公主》等（课件展示），同学们可以找来读一读，相信大家会有更多的收获！

板书：

24　卖火柴的小女孩

现实　　幻象
寒冷　　大火炉
饥饿　　烤鹅　　　幸福？
孤独　　圣诞树
没人疼爱　奶奶

悲惨！

（执教：青岛市太平路小学纪海燕；指导：张兴堂、商德远等；评析：商德远）

第三节 个性化作文教学

怎样写出真挚的情感
——谈以"成长"为话题作文的个性化指导

行走在人生这条多姿多彩的大道上，一段小小的进步经历，也许会浓缩着人生的真谛；一次小小的成功，也许会释放着人生的无限精彩；对生活的不满足，又会激励着我们不懈追求，并在不懈追求中获得幸福和快乐……总之，成长过程中的每一次进步和成功，甚至是失败后的反省，都会真实地诠释着我们成长的真义和价值；成长中的每一个时空，都会积淀炽热的情感。就让我们打开思绪的大门，到记忆的绿洲中去搜索我们曾经留下喜悦的串串脚印，去捡拾我们成长过程中曾经撒落的真挚情感，让情感的潜流在我们的笔尖尽情地流淌……

我们写自己成长过程中的经历，可以写微不足道的小事，也可以写令你震撼的大事。总之，要写自己成长过程中的真实事件，把自己的喜悦之情真实地表达出来。

教师要指导学生写好"成长"的文章，使学生写出个性，要注意下列几个方面：

一、要指导学生拓宽选材领域，选出富有个性的材料

指导学生写这类文章时，教师首先要引导学生思考、回忆成长过程中令自己高兴的事情。在引发学生思考的过程中，给予指导点拨，打开学生的思维，让学生从多个角度思考，拓宽选材领域，从而选出自己特有的、富有个性的材料——成长中的事。

教师在帮助学生确定相关的主题时，可以引导学生考虑下列一些主题，如爱国、爱校、爱班级，诚实、自信、自尊、礼仪、谦逊、责任感、关爱、协作、正直、勇敢、勤劳、俭朴、自强，刻苦、好学、喜欢思考、积极进取、创

新、本领等，这些主题都可以成为学生选材的范围。围绕这些主题，教师指导学生想一想自己在哪方面做的事能体现出成长的快乐。

帮助学生梳理选材类型。结合上面可以写的主题，教师可以指导学生从下列五个方面进行选材。

一是身体发育方面的进步。值得注意的是，这里所说的成长只是身体的成长，对他人的价值不大。

二是学习上的进步。如有了学习的爱好，养成了好的学习习惯，学会了新的知识，考试中取得了好的成绩，学习上取得了明显的进步等。

三是生活中的进步。如学会了一样生活技能，掌握了一样本领，甚至从失败中吸取了教训，明白了道理等。这些也都能使人获得成长的快乐。

四是在社会实践中的进步。如走向农村，走进田野，到实验基地，参加实践活动，得到了锻炼、增长了才干等。

五是思想上的进步。如自己的思想成熟了许多，改正了一个缺点，懂得了关爱，懂得了艰苦朴素，认识到了保护环境的重要性等。这类选材比较好，但这一类选材又往往会被学生忽视，教师要给予引导点拨，使学生思维的触角伸展到这一领域。

在拓宽学生选材的领域后，要让学生进行独立思考，选出自己生活中的独特材料——成长过程中感到最快乐的事，尤其要选出能体现自己个性特点的材料来。

二、要使学生触动情感的琴弦，写出童真童趣，抒发真挚情感

古人云："情动而辞发。"因此，挖掘学生的情感是很重要的。此次文章的要求是写"成长的快乐"——抒写真挚的情感。"真实"是纪实作文的生命，如果不真实，胡编乱造的话，学生就难以写出童真童趣，也表达不出真挚情感。所以，教师在指导过程中，要引导学生选出曾经让自己动情、又是亲身经历的真事，使其触动情感的琴弦，激起情感波澜，很好地表达真实情感。

每个人都希望自己的作文能写好，并能在众人中脱颖而出。那么，怎样才能成功呢？

（一）审清题意，是写好此类文章的前提

有人说："审题是通往习作大门的钥匙。"这话是有道理的。如本次作文是写"成长的喜悦"，即要写的内容必须是自己成长过程中的事，而这件事对学生来说是有意义的，对读者来说是有启发的，这就值得快乐。如果写的不是自己成长过程中的事，写的是别人经历的事，或者写的事不是让自己感到快乐

的，也不值得快乐，这就离题了。除此之外，还要注意"表达真情实感"，即要写你成长过程中经历的真事，这样才能表达真情实感。所以只有审好题，才能写出切合题意的好作文。

（二）选材富有个性，是写好此类文章的重要一步

有人说："好的选材等于成功了一半。"学生的生活是丰富多彩的，可写的材料也是多种多样的，如果能从众多的材料中独具匠心地筛选出与众不同的、富有个性的新颖材料，如围绕诚实、自信、自尊、礼仪、谦逊、责任感、关爱、协作、正直、勇敢、勤劳、俭朴、自强等主题选材，就有可能选出新鲜的材料。只有选出富有个性的材料，才会给人耳目一新的感觉，才会收到奇特的效果。如果选的材料落入俗套的话，作文就很难体现出个性来，也就不会吸引读者。

（三）内容具体，是写好此类文章的关键

审好题、选出新颖的材料之后，需要确定要表达的中心。在写文章时，要围绕想表达的中心，把重点内容写具体、写清楚，如可以抓住自己的心理、动作、语言、思想变化等写出自己在学习、生活、思想等某一个方面的收获或进步。要把能体现成长快乐的重点内容写具体，还应把喜悦的原因交代一下，这样才能让人感觉到真正的成长的快乐。同时，把重点内容写具体也是新课程标准对写作的基本要求。

（四）结构奇特，是此类文章的重要特征

俗话说："文似看山不喜平。"形式是为内容服务的，一个好的作文形式往往能给文章增色不少。写文章最忌平铺直叙。写同一材料，能使结构波澜起伏、引人入胜的文章，将会更加扣人心弦。

（五）语言优美，对于写好此类文章也很重要

写作文首先要做到语句通顺，这也是小学生习作的最基本要求。在此基础上，如果能做到语言优美的话，文章就会更加精彩。如能多使用一些新鲜的词语，多运用一些修辞手法，多运用一些联想、想象的方法等，文章的语言就会更加生动优美，更有利于表达想要表达的意思。

三、范文点评

例文 1

捉贼记

（教师下水文）

每个人每天都在成长，但我真正体会到成长的快乐，还是在六年级毕业的那个暑假。

那一天，妈妈让我到超市买几盒牙膏。我领着"圣旨"蹦蹦跳跳地来到超市，由于这里正在搞促销活动，人们接踵摩肩、熙熙攘攘，就像过节一样热闹非凡。

我挤到了卖牙膏的商品架前，一边看盒上的说明，一边精心挑选着自己喜欢的牙膏。突然，我发现旁边有三个贼眉鼠眼的小青年围在一起鬼鬼祟祟的。为探个究竟，我装腔作势地猫着腰假装看商品，其实是在斜着眼"扫描"他们的一举一动。这一看，终于明白了，原来他们正在调换盒内的牙膏。这是什么意思？我感到迷惑不解。我站起来看那两盒不同牙膏的价钱，原来他们是把近20元的牙膏装进了3元6角的牙膏盒里。我顿时恍然大悟，原来他们在玩"调包计"，这样可以花少量的钱买到好牙膏，真是太狡猾了。

怎么办呢？是袖手旁观还是主动出击当场揭穿他们？如果当场揭穿，他们身强力壮，我一个小孩万一遭到报复怎么办？我又想，假如自己买了被他们调过包的牙膏，那多气人啊。再说，如果超市发现不了，顾客还以为超市把价钱低的牙膏放在价钱高的牙膏盒里骗人呢！这将对超市的声誉和经济造成多大损失！我觉得还是应该揭露他们。但直接揭穿他们，肯定不行，对，要想以弱胜强就应该"智斗"。于是，我悄悄地跟踪着那几个"调包贼"，只见他们又来到化妆品柜台前故伎重演了一遍。大约又转了半个小时，他们终于站在14号收银台前开始排队了。我见目标已经"定位"，连忙悄悄地跟一位服务员阿姨一五一十地说明了情况，并把被"锁定"的目标指给她看。阿姨听后也很吃惊，没想到还会有这么狡猾的窃贼，连忙谢了我，还向我伸了伸大拇指。

阿姨很快走了，不一会儿，过来几个保安把那3个人十分客气地"请"进了保安部，几个窃贼还没明白怎么回事，已经成了瓮中之鳖。这是我第一次用自己的智慧巧妙地战胜了坏人，那一刻我感觉自己一下子长大了许多，心里比吃了蜜还甜！

（蒋文）

点评：

这是一篇教师写的下水文。这篇文章立意极富创意，作者选取了一件智斗窃贼的新颖事例，写出了自己智斗"调包贼"时表现出的智慧，表达了见义"巧"为后的喜悦之情。

文章写自己战胜"调包贼"的过程具体生动：慧眼发现，悄悄跟踪，巧妙"报案"，捉住盗贼。整个斗贼过程写得完整具体，体现了"巧为"，这比"勇为"更值得称赞。这一具体的事例，很好地写出了作者首次巧妙斗贼的成功，从而让读者体会出了作者真正成长后的喜悦。

例文2

我成长，我快乐

在学习生活中能战胜别人是快乐的，但在我的生活中，真正让我体会到成长的快乐还是——

记得四年级放寒假时，妈妈给我报了一个小记者学校的作文班。开始我还能坚持每天去上课，随着天气越来越冷，我也越来越懒惰，不想去上课了。有一天，天气非常寒冷，大风恶魔般地吼叫着，天还下着大雪，气温达到了零下9度。这个温度对于我们青岛的这些小孩子来说，算是比较罕见的冷天气了。面对着这个鬼天气，爸爸妈妈上班前都嘱咐我说不用去上课了，我一听正合我意。

我打开电视，津津有味地看着儿童节目，电视上演的是一位残疾少年克服没有双手的困难，用脚练习书法的感人故事。看着看着，我被少年感动了，没有双手，用脚练习写字，天天练习，始终不渝。人家一个残疾儿童忍受着那么大的痛苦，都能坚持练习，而自己离学校只有15分钟的路……想到这里，我看了看时间，还有10分钟就上课了，不行，我得去上课。我拿好学习用品，穿上羽绒服就向学校跑去。雪下得越来越大了，风裹着雪花拼命地往我脸上吹，冰凉冰凉的。大风就像鞭子一样抽打着我的脸，耳朵就像用刀割一样疼。地上的雪厚厚的，跑在上面咯吱作响，有的地方很滑，我不时地打个趔趄，10分钟后终于跑到了小记者学校。

一进门，只见20多人的写作班，今天只空荡荡地坐了四五人。我刚坐好，老师就开始讲课了，他讲的是"如何写事"。老师讲得很生动，尽管教室很冷，但我听得很认真。老师讲完后，提出了个写作要求：写战胜困难的一件事。我略一想就动笔写了起来，我写的是《战胜自己》。是啊，战胜别人、战胜困难不容易，但更困难的是战胜自己。今天，我终于又在人生的路上向前迈出了可喜的一步，因为我知道自己战胜的绝不仅仅是天气，更是在挑战自我。我最终战胜了自己——克服了懒惰和恐惧的心理。

战胜困难不容易，值得高兴；战胜自己更不容易，更值得快乐！

（袁艺）

点评：

小作者选材新颖，立意新奇，如果将此文确定"自己如何战胜寒冷，不怕困难"的主题就一般了，而小作者确定的主题却是"战胜自己是快乐的"，这样的立意就新颖了。我们知道，战胜别人不容易，但要战胜自己更困难。小作者别出心裁地选择了自己心路成长历程中的事例，具体地写出了自己是如何战胜自己的：先写自己懒惰、惧怕寒冷，接着写自己看了电视后受到教育，心理发生了变化，又写自己克服了懒惰和惧怕心理走进了学校，最后通过写当日作文表达挑战自我成功后的喜悦之情，点明了中心。小作者利用写作文的形式点明自己"成长的快乐"这一主题十分巧妙，突出了个性。

四、练习题目

（一）参考题1：给材料作文

请阅读所给的下列材料，然后续写一篇作文。

目前全国很多地方都在构建学习型城市、学习型社区、学习型家庭、学习型团队等。丁丁是新世纪学校四年级（5）班的学生，他平时最不爱读书，自从社区开展了评选读书型家庭、学校评选读书型班级以后，爸爸妈妈每天都坚持读名著，本来不爱读书的丁丁也开始阅读起名著来了……

请你展开合理的想象，续写丁丁在这次活动中的成长经历及通过读书所发生的变化。

写作提示：

给材料作文有两种类型：一类是材料蕴涵着观点，需要多角度抽象立意；另一类是材料作为写作的情境，需要展开联想、想象。第二类作文也称情境作文，是指让学生根据给出的材料，引发想象的欲望，进行写作的一种作文样式。本参考题就属此种类型。要提醒学生在写此类文章时注意合理想象，所写内容要与所给材料一致。

（二）参考题2：话题作文

我们每个人都在快乐地成长，可以说我们成长中的每一个脚印都蕴涵着丰富多彩的内容；成长中的每一天都洋溢着快乐和幸福：身体成长了、学习进步了、在生活中掌握了本领、在实践中增长了才干……

就让我们以"成长"为话题，写一篇话题作文，可以叙述成长经历，抒发喜悦之情；可以发表议论，评述自己对成长的看法等；也可以自主立意、自选文体、自拟题目。

写作提示：

要写好这一话题作文，首先要调动自己已有的生活积累，回忆自己成长过程中的事，选取其中蕴涵丰富、感受深刻、最值得回忆的材料组织到文章里来。写这一话题作文，可以抒情，也可以议论。从内容上说，既可以写成长中的大事，也可以写微不足道的小事，但所选之事必须是你亲身经历过的，且让你感受比较深的，能体会到快乐的。

上述材料在一篇文章里如何安排、如何使用，完全可以因文而异。以记叙为主，将上述材料写成文章的主体部分，然后引发必要的抒情或议论，是一种写法；依据行文需要，将上述材料加以梳理，穿插在文章的各个部分，写成"形散神聚"的散文，也是一种写法；只有叙事，没有抒情或议论，将感情融入叙事当中，含蓄地表达自己的情感，让读者自己去揣摩、去体会，也可以。文无定法，只要文章内容能够围绕话题、阐发深层内涵、表现出积极的价值取向就可以。

（三）参考题 3：我长大了

写作提示：

要写好"我长大了"这一全命题作文，重点要注意题眼"长大"，要着重思考怎样才算长大？当然，要写出"长大"来，就要通过一两件具体的事例写长大的过程，尤其要把长大过程中的变化写清楚，这样才能体现出你确实是长大了。同时还要着力把自己长大过程中的喜悦写出来，表达出自己的真情实感。表明自己长大的事例很多，可以写自己做的好事，也可以写自己的成功，还可以写自己战胜困难后的成熟等，只要是能说明自己长大了的事例都可以。要写好这篇作文，除了要注意以上所谈之外，最重要的一点是选材要新。因为这类文章比较多，所以，把很多人都写过的题目写好了，才最能显现出小作者的写作功底。

（四）参考题 4：我学会了……

写作提示：

这是一个半命题作文，这样的命题给了每个写作者足够的选择空间。大家需要自己填上合适的内容，所填的内容可以丰富多彩：可以写在社会实践活动中学会的本领；可以写在日常学习中学会的学习方法；可以写生活中学会的一种技能……总之，只要是写自己成长过程中学会的事情就可以。当然，要把你是怎么一步步从"学习"到最后"学会"的这个过程写具体，交代清楚，尤其是要把学会后感到的快乐真实地再现出来，表达出真情实感，写出童真童趣。

（五）参考题 5：自由作文

我们每天都在成长：我们的身体在一天天长高；学习在一天天进步；生存

的本领在一天天增长；思想也在一天天地成熟……想一想，在你的成长经历中，什么事最能让你体会到成长的快乐？请选择自己成长经历中最能让你体会到成长快乐的事，写出来与大家一起分享！要表达出真情实感。题目自拟。

写作提示：

本题只给了一组材料，提示了几个选材的范围，暗含着写作的要求，如"想一想，在你的成长经历中，什么事最能让你体会到成长的快乐？请选择自己成长经历中最能让你体会到成长快乐的事，写出来与大家一起分享！要表达出真情实感。题目自拟"，这里面有下列几个要求需要注意：一是要注意写作的人物范围，是写自己，不是写别人；二是要注意内容范围，要写自己成长经历中的、让自己感到快乐也值得快乐的事，不是写其他的内容；三是要注意中心，要写出自己成长中的快乐；四是要表达真情实感，不能胡编乱造。如果注意了以上几个方面，结合"给学生的建议"就能写出好的作文。

如何写出富有个性的想象作文

——以科幻奥运为例进行个性作文指导

四年一度的奥运会是世界人民的伟大盛会，它以独特的魅力吸引着全世界人民的目光，牵动着数亿人的心。它每举行一次，都会让人魂牵梦萦。

大家都看过这个伟大的盛典吧？令全世界人们翘首期盼的 2008 年北京奥运会，高举着"绿色奥运、科技奥运、人文奥运"的大旗，迈着轻快的脚步走过去了。随着时代和科技的快速发展，未来奥运会的科技含量会越来越高，肯定会发生更加巨大的变化，也会更加令人心驰神往！

让我们先看一看法国科幻作家凡尔纳的故事吧。

1861 年，被世人誉为"科学幻想之父"的法国小说家凡尔纳，在一部小说里描绘了他的想象：美国的佛罗里达州将设立一个火箭发射站，从这里发射飞往月球的火箭。他还具体描绘了飞行员在宇宙飞船里失重的情景。那栩栩如生的描述，如同亲身经历过似的。他的幻想很奇妙，吸引了全世界无数人的眼球。事情就这么凑巧，刚好在一百年以后的 1961 年，美国真的在佛罗里达州发射了人类的第一艘载人宇宙飞船，而且宇航员失重等许多情景，真的像凡尔纳在书中所幻想和描绘的那样。

后来的事实表明，直升机、雷达、导航、坦克、电视机等，都早在凡尔纳的小说中有了雏形。第二次世界大战初期，德国人制造的潜水艇，与凡尔纳小说中所描写的相差无几。第一个把宇宙火箭送上太空的俄国科学家齐奥尔科夫斯基，也是从凡尔纳的小说《从地球到月球》中得到启示的。

看，幻想是多么有趣啊！凡尔纳的幻想带给了人们那么大的启示，读罢，你一定也深有感触吧？你是否也萌生了幻想的欲望了？融入美好愿望和理想的科幻奥运会肯定会更吸引人，更有意思。如果把你对奥运会的科学幻想写下来，与大家分享，肯定也会打动读者，说不定将来还能变成现实呢！

"科幻奥运"不是现实奥运。怎样才能让想象自由驰骋，妙招迭出，文笔飞扬，从而写出个性鲜明、令人心动的佳作呢？下边几个妙招不能不看。

一、解读"题意"悟内涵

要写好"科幻奥运"的作文，首先要读懂"科幻奥运"的含义。"科幻"

就是"科学幻想"的意思。什么是"幻想"呢？"幻想"是以社会和个人的理想和愿望为依据对还没有出现的事物有所想象。"科学幻想"呢？就是指想象的内容既具有一定的科学性，又具有幻想性。

"科幻"作文，虽然也属于想象性作文，但它又不同于一般的想象性作文，它们之间的最大区别就在于："科幻"作文具有一定的科学性和幻想性。当然，"科幻"又不完全是科学预测。虽然在过去一个多世纪的科幻作品中，有不少预测已经变成了现实，如凡尔纳幻想的深海潜艇等。凡尔纳于1865年发表的《从地球到月球》，可以说是描述人类如何以科学的方法前往月球的首部作品。但他当时的构思，在今天看来，也并不十分科学。可见，连大科幻家的幻想也不全都是科学的。所以，作为小学生要写的科幻作文，不一定要像科幻作家写的那样将来能够实现，也不一定要具有很强的科学性，只要有一些科学的成分就可以了。

尽管如此，我们要写好这篇科幻作文，对科学有一些基本的了解和认识还是很有必要的。否则，幻想出来的东西错误或漏洞百出，甚至闹出笑话，就不好了。

"科幻奥运也动人"已经为我们确定了写作的方向，要写"科学幻想"的内容，而"科学幻想"的内容又必须是与奥运会有关的。也就是说，要以奥运为话题，但写的必须是"科学幻想"中的奥运，而不是现实中的奥运。因此，要有科学性、幻想性、新颖性、独创性、超前性等，如能体现科技和奥运发展的方向，讴歌未来奥林匹克精神等，那就更好了。如果将幻想与网络、外星人、高科技等联系起来，想象一点现实中还没有实现的内容，就能具有科学幻想的色彩。

二、打开思路精选题

用科技装点奥运，把理想融入奥运，打开思维的闸门，进行创造性的想象，大胆地描绘想象中的未来的世界奥运盛会，思路也许会更加开阔！你可以穿越时空，驰骋想象，恣意联想，沉醉于虚幻迷离的科幻情境；也可以放飞想象的翅膀，超越地球，科学幻想，演绎出时尚美好的宇宙奥运……

幻想时，可以打破思维定式，开阔思维，可以从参加人员、比赛地点、比赛项目等不同方面进行多角度思考。可以从下列几个方面打开思路：发明类奥运——在幻想中融入新的科技发明创造，如可以进行网上奥运，让机器人参与奥运会等；理想类奥运——未来的奥运会既可以比体能，也可以比智慧、比心理，如除了现在已有的比赛项目之外，可增加智慧类比赛项目，像网络足球大赛、设计为人类造福的导弹以实现人的美好理想等；太空类奥运——将比赛的地点搬出地球，到太空或其他星球上举办，如让地球人与外星人同场竞技或在其他星球上举办等；童话类奥运——可以让人和动物同场竞技，既有人类的比赛，也有动物的竞争，人与动物和谐办奥运等；另外还可以有假想类奥运、梦想类奥运等。

打开思路后，在选取材料时就要从实际出发，从自己的美好愿望和理想出发，选择自己最熟悉、最喜爱的内容作为写作对象，这样才能发挥自己的优势和个性特长，写作才能得心应手：如既可以写全景奥运，也可以写单项比赛；既可以选取某个精彩场面、感人事件、突出人物、经典项目、诞生的新纪录等进行叙写，又可以写其中的某个活动，如用飞碟传递火炬、科技设计大赛等。此后，再翱翔于语言文字的广阔世界，就能写出选材独特、个性鲜明、精彩动人的佳作。

如《月宫奥运会》片段："第一届宇宙运动会在月球举行，地球上各比赛项目的前两名运动员都到了月球上。中国也用'长征30号'火箭将取得参赛资格的运动员的刘翔的孙子刘冲等人准时运到了'月宫体育场'。刘冲准备在月球上创造110米跨栏的第一届宇宙纪录，像爷爷刘翔一样为祖国争光……"

又如《飞月比赛》片段："第一届宇宙综合奥运会在西藏举行，最引人关注的是这次比赛的最后一个项目，太空马拉松——飞月比赛，由各国的宇航员乘坐本国自行设计制造的'宇宙飞船'进行登月大赛。我国参与竞赛的是最新研制出的'嫦娥20号'宇宙快船，宇航员是杨利伟的外孙——'飞月'……"

以上两个材料，一个选取了在月宫举行奥运会的场景，另一个选取了未来奥运会的一个比赛项目——"飞月大赛"，二者选材都新颖有趣、视角独特、个性鲜明、想象大胆，而且都含有科技成分，像"长征30号""嫦娥20号"等都是基于现实的基础，将幻想、科技和奥运有机地联系在一起，匠心独运、令人心动！

三、个性想象写具体

幻想是更为大胆的想象。丹麦著名作家安徒生的童话就充满想象。在他的笔下，花鸟虫鱼、家具、玩具乃至墙壁都有生命，都被赋予了人的感情。对于未来奥运会的幻想，可以天马行空、任意驰骋，但往往容易空洞无物。如何将幻想的内容写具体是一大难题，怎样才能解决这个难题呢？

首先，围绕自己感兴趣的话题，确定要写的幻想材料，之后再针对遇到的与科技有关的难题，通过查阅书刊、网上查询、咨询他人等多种途径研究解决。如要写与机器人、网络、月球、火星等有关的内容，可以收集一下与之有关的科技材料，通过阅读这些资料，就可以解决想要了解的科技问题。这样，就能更加科学地将幻想的内容写得具体、合理。

其次，写科学幻想作文要有丰富的想象力，对现实中没有的事物大胆想象，展现的科幻世界要超前、科学，要展现出令人神往的图景，然后再具体地描写幻想的内容，要特别写好想象的细节，这也是写好这篇文章的关键。如《真正的科技奥运盛会》中的细节："当举行沙滩排球比赛时，工作人员一按遥控器，原来的场地便从排球网开始向四周自动分开，沙子自动从下面冒了出来，于是一个标准的沙滩排球场便映入眼帘。再一按按钮，四周的环境霎时变得与海边一个模样，耳边还能听到海浪拍岸的美妙音乐呢……太逼真了！"此细节，想象细致，描写具体，给人以身临其境之感，让人一点也不觉得空洞乏味。

四、范文点评

例文1

科技奥运展风采

第39届奥运会又回到了北京举行。本届奥运会的口号是"科技奥运、美丽奥运"，特别是"科技奥运"，真正体现了世界尖端的高科技水平。

瞧，奥运会沙滩排球比赛正激烈地进行着，中国队与美国队正在争夺冠军呢！队员在沙滩上尽情地跳跃着、欢腾着……奇怪的是，这儿是北京排球馆，怎么和海边景色差不多？看，那细如面粉的人造黄沙，黄灿灿的，运动员踩上去软绵绵的，像踩在海绵上一样。赛场上空是蓝天白云，怎么跟在海边没什么区别啊？仔细一瞧，原来这儿的天空全是由灯光映成的天幕，哇！简直可以与真的蓝天相媲美，让你分不清这是在海边还是在体育场里！其实，这儿和陆地排球赛用的是同一块场地。只是当举行沙滩排球比赛时，工作人员一按遥控器，原来的场地便从排球网开始向四周自动分开，沙子自动从下面冒了出来，于是一个标准的沙滩排球场便映入眼帘。四周的环境霎时也变得与海边一样，耳边还能听到海浪拍岸的美妙音乐呢……太逼真了！

再看裁判，原来都是几个人，现在怎么只有一个人，能行吗？没问题，为了真正做到公平和公正，本次比赛所有裁判全部由智能机器人担当。场地四周都有高科技摄像头，如有犯规、出界等情况，它们会马上输入程序，然后给裁判机器人发出指令，眨眼工夫就能判断出来，准确率达到了100%，效率也大大提高了……

呵！高科技真是太神奇了！奥运会因高科技而变得更加美丽迷人！

（胡凯晨）

点评：

小作者对科技奥运的幻想太奇妙了！如对比赛场地、周围环境和天幕的想象，对机器人裁判的想象，都特别精彩，极富创意，而且对以上幻想的描写也很细腻生动，如对"沙滩和天空"以及"机器人当裁判"的细节描写得惟妙惟肖。更巧妙的是，他能通过对一次沙滩排球比赛的描写，让人一下子感受到了"科技奥运和美丽奥运"的独特魅力。

例文2

网上奥运

现在的奥运会都是各国的运动员集中到一个国家同场竞技。随着科技的迅速发展，在第41届奥运会上，运动员在自己的国家就可以参加奥运会了，省去了他们长途奔波的辛苦！

第41届夏季奥运会的田径、游泳、跳水、射击等多个比赛项目没有单独的举办国，每一个参与国都是举办国。每个运动员的运动场地、风向、风力等，都由奥运会专用测控卫星进行同步监测，设好程序，将影响运动员比赛成绩的误差降为零。

现在，正在进行的是110栏决赛，共有美国、古巴、中国等世界上8个国家的8位运动员参赛。我国的参赛运动员是刘翔的孙子刘飞。运动员都在各自国家的运动场上，但世界各国运动场的大屏幕上显示出的画面，是他们8人站在同一个起跑线上。原来，参赛运动员手上都戴着一个"护腕"，这个"护腕"可是高科技产品，它通过卫星将每个人的情况输入了互联网，这样就可以将这几个参赛队员的身影通过高科技手段合成在一个画面上，并通过卫星传送到世界各地。

突然，他们的手腕一震，只见运动员如离弦的箭一样飞了出去。原来连起跑也是由电脑控制着，太神奇了！看，刘飞还真的遗传了爷爷的基因，电视屏幕上显示出他的矫健的身姿，跨栏如雄鹰展翅，奔跑如猛虎下山。他像旋风一样飞奔着，很快，外国选手就被甩在了后边，他第一个冲过了终点。7秒30，屏幕上和他手腕上显示的成绩一模一样。电脑显示各项指标正常，又一个新的世界纪录诞生了，比他爷爷当年的纪录又提高了很多。这个成绩在各国同步显示，人们都为之欢呼雀跃！我也蹦了起来，为刘飞，更为伟大的祖国而欢呼！

多么奇妙的网上奥运盛会啊！

（任奕霏）

点评：

这是一个精妙绝伦的想象。小作者之所以会有如此独特的想象，一是因为她有着丰富的科技知识，了解卫星、网络等科技知识；二是她了解体育知识，关注我国的著名运动员，尤其对刘翔这样的著名跨栏运动员更是熟知；三是小作者有着丰富的想象力，能想象出奥运会在网上举行，用高科技手段将不同国家的运动员通过卫星、网络等合成在一个画面上，既节省了资金，又举行了比赛，如此富有创意的幻想令人称绝！

例文3

奥运智慧大赛

这是第40届世界奥运会。嘿，我做梦也没想到，快退休了还能参加举世瞩目的奥运会，这不能不让我欣喜若狂！

本届奥运会比赛项目在原来只有体能比赛项目的基础上，又增加了智慧比赛项目。我参加的是限时导弹设计大赛的总决赛，在规定的时间内设计出一种能为人类造福的导弹。

比赛在实验室里进行，决赛题目是设计一种防治自然灾害的导弹。机器人裁判一声令下，设计大赛开始了。针对我国自然灾害较多的现状，我迅速构思，设计了一种"多功能防治自然灾害的战术导弹"。我很快就设计好了程序：只要大森林发生火灾，它就能立即报警并迅速启动，飞往起火地点，然后根据火源的大小自动释放灭火剂，一刹那就能将火扑灭；如果哪儿有风沙，雷达又会输入程序自动报警，导弹眨眼间飞往出事地点，释放抗风沙剂，将风沙化解……大家都在规定时间内完成了设计。

接着，由机器人裁判进行评判。裁判先放一颗燃烧弹，引燃虚拟森林。这时我设计的导弹的雷达迅速发出指令，灭火导弹通过雷达追踪火源，利用卫星定位系统准确定位，霎时，导弹爆炸将火扑灭。紧接着，裁判又测试了导弹的其他几个功能，也都很成功。最后，经过电脑对各项指标的技术检测，我的设计最好，我如愿以偿地获得了奥运冠军。

我捧着沉甸甸的奖杯思绪万千：人们终于可以利用曾经制造灾难的导弹为人类造福了，这是人类的幸事。这次智慧大赛，让世界人民更团结了，友谊更深了。奥运会真正把世界变成了一个和平、美丽的地球村!

(张书铭)

点评:

小作者通过幻想"奥运导弹设计大赛"这个奥运项目,讴歌了世界人民对和平和友谊的憧憬,弘扬了真、善、美的主题。特别是小作者的选材,可谓独具匠心:幻想出智慧比赛的项目,出人意料;让导弹改变战争功能为人类造福,别出心裁;设计导弹、卫星定位、雷达跟踪、裁判运用高科技评判,让人耳目一新。小作者的想象多么富有创新性啊!更可贵的是,小作者能将幻想的内容描写得细致入微,活灵活现,实属不易。

例文4

和谐的盛会

地球上已经举行了28届奥运会,但还没举行过一次真正完美的奥运会。为了避免战争,第48届奥运会在伊拉克举行。这次奥运会的口号是"和谐奥运"。

这届奥运会可有意思了,不仅有人参加,就连陆上、水上的动物也参加了。看,除了人的赛场之外,本届奥运会还特设了动物赛场。动物比赛项目可多了:有猴子比爬树,有喜鹊比捉虫,有老虎比捕食,有海豚比顶球,还有海豹比游泳……

最有趣的要数喜鹊捉虫了,只见由人担任的主裁判一声哨响,赛场上冒出了一大片人造森林,顷刻间逼真的电子小虫便布满了树枝。第一轮决赛是比数量,喜鹊们飞来飞去,很快便将电子小虫放满了各自的电子篮子,电脑自动显示系统马上准确地报出了数据。第二轮比智慧,看谁找虫子的本领最高。裁判一声哨响,刚才满树的虫子一下子藏到了树叶下边,只见喜鹊们这儿看看,那儿瞧瞧,忙碌地找个不停。呵,最终青岛的花喜鹊获得了比赛的总冠军。

本次奥运会的压轴项目最诱人:人与狗同场举行马拉松大赛。运动员和世界各地选出的名狗同场竞技,这可是比耐力的项目。别看小狗跑得快,但也不敢大意。只见小狗机灵地跟在人们身边,和人一起向前跑着,多动人的场面啊!好一幅人与动物和谐相处的图画啊……

以往在童话里才能出现的和谐场面,在本届奥运会上终于变成了现实。地球上的人类第一次真正把动物也看成了"地球的主人",奥运会真正实现了人与动物的和谐共处!

(宋振)

点评：

小作者围绕着构建和谐地球村这一主旨，通过设想人与动物共同参加奥运会，表达了自己希望人与动物、人与自然和谐共处的美好愿望。在表达方法上，他独辟蹊径，重点描述了第一次搬上奥运会的动物赛场，着力刻画了喜鹊比赛的精彩场面，还粗线条地勾勒了人与动物的马拉松比赛。两个画面一细一粗，一详一略，较好地凸显出人与动物和谐共处的画面，重点突出，描写具体，其中也不乏科学成分，像电子小虫、电脑自动显示系统等，读来让人眼前为之一亮。

五、练习题目

1. 阅读下面这篇科幻作文的开头，想一想，在月宫举办的奥运会会是怎样的呢？展开想象接着写下去。

月宫奥运会

第一届宇宙运动会在月球上举行，来自地球和其他星球的运动员都来到了"月宫体育场"。中国也用"长征30号"将参赛运动员准时运到了月宫……

写作提示：

（1）想象一下在月球上举行的奥运会和在地球上举行的有什么不同。要能体现科学性和幻想性。（2）续写时，可以重点写自己感兴趣的内容，既可以幻想全貌，也可以幻想某个方面，如开幕式、某个比赛项目等。（3）能把精彩细节写具体，把文章写得有血有肉。

2. 请以"……的奥运会"为题，展开想象的翅膀，科学地幻想一下未来的奥运会。

写作提示：

这是一道半命题作文题，写之前可以先根据自己的愿望想一想你准备幻想一个什么样的奥运会，然后把题目填上。（1）横线上可以填上自己喜欢的内容，既可以填上比赛的地点，如"火星上""月球上"等；又可以填上比赛时间，如"30年以后"等；还可填上其他内容，如"精彩""我心中"……（2）填好后，想好要表达的主题及写作的重点，再展开合理的想象，幻想一下你心目中的奥运会。（3）要把重点部分写具体，特别要写好细节，要体现出科技含量。

3. 未来的奥运会肯定是充满情趣且科技含量极高的。请你展开想象，选择自己感兴趣的一届未来奥运会，写一篇关于奥运会的科幻作文。

写作提示：

（1）在写作时要注意选取新颖的材料，能展开科学合理的幻想，即要体现科学性和幻想性。（2）立意要新，科学幻想类文章同样要有好的主题。（3）将所幻想内容的重点部分写具体，特别要写好细节，要做到有血有肉。

怎样写好读后感

读后感对于小学生来说是最难写的一种文体，那么怎样才能写好读后感，并将其写出个性呢？

一、熟读精思，精选个性化的"感源"

首先，要熟读精思。"读"是"感"的前提和基础，"感"是"读"的延伸或结果。必须先"读"而后"感"，不认真读，就不能深刻领会原文的精神实质，就不能把自己的感想激发出来。如果原文都没读懂，也就不可能写出有价值的感想来。一定要边读边想，边读边记，哪些地方使你激动不已，哪些地方使你感慨万千，都不要放过。要反复读，边读边体会文章的实质，联系自己的生活实践，加以对照、比较，同时要在原作上做记号，如圈、点、划，或在空白处写上简略的看法等，以便读后查找重点之处。换言之，要想写好读后感，就要读懂原文，准确把握、深入理解原文内容，读明白关键语句的含义，深入体会作者的写作目的及作者所表达的思想感情。

其次，要精选"感源"。看完一本书或一篇文章，你的感受会有很多，如果面面俱到，把自己所有的感受都写上去，什么都有一点，就什么也不深不透，重点部分也像蜻蜓点水一样一点而过，文章必然会平淡、不深刻。所以，如果你的感想或体会太多，那就要加以选择。在读完一本书或一篇文章之后，应深入思考，这篇文章好在哪里，哪件事、哪个人、哪一段内容或哪一句话、哪一个细节使你感受最深。写感受前要认真思考、分析，对自己的感想加以提炼。感受最深的地方，就是产生感想的源泉（即感源），这个感源肯定是个性化的。可以抓住原作的中心思想写，也可以抓住文中自己感受最深的一个情节、一个人物、一句闪光的话来写，最好是突出一点，深入挖掘，写出自己的真情实感，感受越深，表达才能越真切，文章才能越感人。如对同样一本书或一篇文章，不同的人会从不同的角度去思考，也会产生不同的看法，受到不同的启迪。如《滥竽充数》这个成语故事，读完之后，有的人从讽刺南郭先生的角度思考，会产生没有真本领蒙混过日子的人早晚要露馅的感悟，从而认识到具有真才实学的重要性；还有的人则会从齐宣王时南郭先生能混下去的现象想到领导要有实事求是的作风，不能华而不实，否则会给浑水摸鱼的人留下空子可钻；也有的人从管理体制的角度去思考，进一步认识到齐宣王的"大锅饭"缺少必要的考评机制，为南郭先生这一类人提供了混日子的可乘之机，从而联想到改革开放打破"铁饭碗"、废除"大锅饭"的必要性等。

感源确定后，还必须在文章中比较清楚地表达出来。值得注意的是，确定的感源一定要精而简，在引用时不可过长或过细。用大量的篇幅去复述原作的内容或叙述大量的事例，只在结尾处发表几句感想，成了原文内容概要的转述或者说是读后抄，这样写就不符合要求了。

二、联系实际，重点写好个性化"感想"

读后感不同于以叙事为主的记叙文，它以议论为主，所以，写读后感的重点应是联系实际写感想。

确定感源后先要精心立意，即确定一个观点，之后再围绕这个观点，紧密结合感源，联系实际生发开去，进行联想，发表议论，写出自己的体会。联系实际的范围很广泛，可以联系个人实际、社会实际、历史教训、当前形势、童年生活、班级或家庭状况等，既可以从大处着眼，也可以从小处入手，但最主要的是无论怎样联系都要突出时代精神，要有较强的时代感。然后，通过摆事实讲道理证明观点的正确性，使论点更加突出，更有说服力。在这个过程中，应注意的是，所摆事实、所讲道理都必须紧紧围绕基本观点，为基本观点服务。

联系实际之后，要总结全文，升华感点。结尾既可以回应前文，强调感点；也可以提出希望，发出号召。不管采用哪种方式结尾，都必须与前文贯通，浑然一体。

读后感中既要写"读"，又要写"感"，既要叙述，又要说理。叙述是议论的基础，议论又是叙述的深化，二者必须结合。可采用集中引用原文，再专门谈感想的写法，即先叙后议的方法，亦可采用夹叙夹议的写法。议论时应重于分析说理，事例不宜多，引用原文要简洁。在结构上，一般在开头概括时提示"读"，从中引出"感"，在着重写出感受后，结尾再回扣"读"。

值得注意的是，读后感首先要结合实际谈感想，不能写成检讨书或决心书。其次，还应注意写感受时不能面面俱到、包罗万象，一定要突出重点，否则漫无边际地写感想，读后感也就无中心了。

个性化作文评价新探索

以往对学生习作的评价，教师往往只注重对学生习作的终结性评价，而忽视了对学生整个写作过程的形成性评价、发展性评价、富有个性的评价以及质性的评价等。根据新课程标准提出的评价建议，对学生的习作进行评价，应从评价人员、评价内容、评价方法、评价结果等多方面进行探索和尝试，力求使习作评价多元化。

一、评价习作准备，激发学生的写作兴趣

以往的习作教学，评价的内容和方式是单一的，教师只评价学生一篇习作的最终结果，且评价的方式也仅限于打个等级，写个评语。至于学生写前的准备、习作的过程等诸多方面则不在评价范围内。

新课程标准强调，"评价要重视写作材料的准备过程。不仅要具体考查学生占有什么材料，更要考虑他们占有各种材料的方法。"可见，对学生习作前的准备情况进行评价也是十分重要的。新课程标准还指出："小学生习作首先要培养其写作的兴趣和自信心。"如果运用评价的导向性，对学生的写前准备进行认真、细致、准确的评价，就能更好地培养学生养成写前准备的良好习惯，激发学生的写作兴趣。

（一）评价内容多元化

我们知道，评价的根本目的在于促进学生的发展。在对学生习作前的准备进行评价时，可重点评价学生在习作准备时的态度是否积极、认真，材料准备的过程是否得法，准备的材料是否全面、充分且具有特色，是否符合本次习作的要求又与众不同，是否有人文价值等。

（二）评价人员多元化

在评价学生写前的准备时，要摒弃只有教师评价的传统做法，代之以由学生、家长和教师等人的共同评价。可以由学生本人根据准备的实际情况实事求是地进行自评；可以由小组同学互评；可以由家长根据学生在查阅资料、写前观察等方面的情况进行评价；可以由社会人员根据学生参与言谈或调查的情况进行评价；还可以由教师根据其在校的准备情况进行评价。

（三）评价方式多元化

评价学生的准备情况时，评价的方式可以是多种多样的：可以采用语言描

述式；可以采用等级式；可以采用表格式；还可以根据实际情况进行口头即时评价等。填写时可以用评语或词语等形式，如下图的表格。

习作准备		学生自评	家长评价	教师评价
态度	很积极、很认真			
	比较积极、比较认真			
	还需努力			
习作材料准备	准备充分			
	比较充分			
	需要加油			
材料准备	有价值、有特色			
	准备的材料符合要求			
	还需努力			
……				

多元评价学生的写作准备，能很好地激发学生的写作兴趣，引导学生正确掌握获取材料的方法，使其逐渐养成良好的写前准备习惯。

二、评价习作过程，使学生学会方法，提高能力

新课程标准指出，评价要注重过程，将终结性评价与形成性评价相结合，实现评价重心的转移，即从过分关注结果逐步转向对过程的关注。关注结果的终结性评价是面向"过去"的评价；关注过程的形成性评价则是面向"未来"、重在发展的评价。对学生习作过程的评价主要从几个方面进行，如写作时的态度是否认真，是否有一定的速度，书写是否认真，能否在恰当的时间内完成等。

（一）可采用表格形式进行评价

考虑到学生主要在学校写作，所以对学生的评价主要由教师、学生进行，可以设计如下表格进行书面评价。

习作过程		学生自评	同桌互评	教师评价
态度	认真			
	比较认真			
	一般			

习作过程		学生自评	同桌互评	教师评价
书写	认真			
	比较认真			
	一般			
速度	快			
	比较快			
	一般			
......	......			

（二）可进行口头的即时评价

教师在学生习作的过程中，发现好的方面要及时给予评价。

教师通过评价，可提高学生的习作速度、习作的认真态度等，有利于进一步提高学生的习作水平。

三、习作终结性评价

学生写完后，教师针对学生的习作内容进行认真全面的评价，是评价的重要一环。

（一）采用多种评价方式

在评价学生的习作时，要结合每次习作的具体要求，先由学生进行自评，然后小组合作进行互评，最后由教师进行总结性评价。

评价一定要先结合每一次习作的要求进行，除此之外，也可从审题（包括审清要求）、确定中心、选材、安排篇章结构、语言及所表现出的情感态度价值观等方面进行多角度评价。当然，在评价时，一定要评出每次习作时最突出的优点和最主要的不足，尤其要评出在选材、立意等诸方面最具创新之处、最与众不同之处，以利于引导学生在评价中反省自己，学到他人的优点。

（二）确定学生为评价主体

让学生成为评价的主体，以让他们在切切实实的讨论和评价中有所体验，有所感悟。通过师生、生生互议互评，充分激发学生参与的欲望，发挥学生个性互补的优势，引导学生彼此启发，相互倾听，在思考中评价，在评价中思考。学生在主动积极的思维和情感活动中探索、体验，相互交流、相互评价、相互影响、相互赏识，实现共同进步。这种多样化的评价方式，会大大提高学生的写作热情，充分调动学生的积极性，真正发挥学生的主体作用，让学生真正成为评价的主人。

第一步，学生自评。课程标准要求学生能"修改自己的习作"。学生完成一篇习作后，先由学生个人结合本次习作的要求进行自评，修改习作中有明显错误的词句，看自己的习作是否符合本次习作所提出的要求，哪些要求做到了，哪些没做到，没做到的地方认真修改，从而分析出自己习作的优缺点。

第二步，小组互评。课程标准规定学生要"修改自己的习作，并主动与他人交换修改，做到语句通顺"。小组评价时，学生可以先交换修改，然后再由小组集体修改。集体评改时，先由本人朗读习作，然后其他人结合习作要求进行认真评价。最后，小组集体研究得出评价结论，由一人执笔填写评价表。

第三步，教师评价。由教师对学生的习作进行全方位的评价，并将自己的总结性评价填在表格中（如下表）。

习作内容		学生自评	小组评价	教师评价
第一个要求	做到			
	基本做到			
	没做到			
……				
其他方面				
总评				

第四步，学生再次进行修改。学生根据多方的评价情况，再次进行修改。这样，学生就能在评价中提高自己的认识水平、评价水平，更重要的是提高自己的习作水平。

四、学生习作能力的发展性评价

除对每一篇习作进行评价外，可一个月对学生的习作进行一次大评，一学期进行一次总评，通过坐标线的变化情况确定学生习作能力的发展情况，看一个月里学生的每一次习作的水平都处在什么位置，能力是提高了还是降低了，从而对学生的习作水平有一个纵向的比较认识。

最后，一学期进行一次总评。通过曲线图进行评价，能较好地显示每个人能力的发展概况，最终能科学地反映出学生一学期的写作能力是否有提高。如下图，如果学生的每一篇文章都如图那样，则学生的总体习作能力就提高了。

如果是有高有低的话，则说明学生的习作水平不稳定。如果下降了，就要分析原因，找出问题。

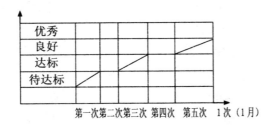

第一次 第二次 第三次　第四次　第五次　1次（1月）

五、写作兴趣、习惯和习作态度评价

这一阶段的评价主要看学生有没有写作的兴趣，有没有独立写作的习惯，能不能在发现素材后进行独立写作等，以此适时地对学生进行全面评价。在对学生进行兴趣、习惯的评价时，也可以从学校、家庭等多方面开展。

总之，只有对学生进行多角度、全方位的多元性评价，才能发现学生的个性差异，才能全面衡量每一个学生的写作能力，才能更好地因材施教，才能真正促进不同层次的学生的写作能力的全面提高，真正做到面向全体，实现学生的个性发展。否则，原有的评价不仅不利于优秀学生的发展，也不利于学习有困难的学生的发展。

个性作文实践

《记一次借书的经历》作文指导的教学设计

[习作内容]

写一次借书的经历，能写出真情实感。

[设计理念]

本教学设计力求体现"开放创新"的教学思路。

一、体现开放性

此教学设计真正体现了让习作教学向课前和课后开放，让习作教学走进生活的理念。课前先引导学生在生活中体验借书的经历，课后再用学生的习作办一期墙报。

二、体现创新性

我们秉承了传统习作教学好的一面，在教学设计中充分体现了新的课改理念，运用了新的教学方式，我们还力求有所创新，整个设计过程有下列几个创意点：

1. 变"要求"为"友情提示"。这不只是一个简单的词语变化，它充分体现了一种"人文性"，也很好地体现了教师是学生学习的合作者、引导者和组织者，很好地体现了新的课改理念。

2. 设计答"记者"问的环节。教师在引导学生具体讲述时，设计了答"记者"问的环节，使学生在相互问答中，就能把经历说具体，很好地体现了学生的主体性。

3. 彰显学生个性。教师在引导学生说、写借书经历的内容时，要力求引导每一个学生都能说出、写出自己与众不同的借书经历，真正彰显每一个学生的个性特点，使学生写出童真童趣，让习作真正充满生命的活力。

第一步，课前引领学生体验借书经历，让每一个学生都产生真实的借书感受。

第二步，引导学生回顾借书经历，把自己借书的经过说具体，把感受深的地方说清楚，所说内容要能体现出每个学生独特的个性体验。

第三步，在说清楚、谈具体的基础上，引导学生写清楚自己第一次借书的特有经历，体现出学生的个性特点。

第四步，用学生的习作办一期墙报，相互交流。

[课前准备]

在开展本次习作之前，根据课内学习的需要，教师要有计划、有目的地组织学生提前几周到图书室借一次书，或根据查阅资料的需要有意识地引导学生到邻居或亲朋好友那里借一次书，或让学生与其他人一起到图书馆借一次书……

设计意图：习作教学做到了向课前开放。我们知道，独特的生活体验是学生积累材料、写出童真童趣的前提。课前教师引导学生先借一次书，学生就有了亲身经历，有了亲身经历才会产生真实的生活感受，有了亲身感受也就有了内容可写。如果学生没有亲身感受是很难写出童真童趣的，也很难做到言之有物，更难表达出真情实感。

[教学过程]

一、谈话激趣导入，点燃写作欲望

同学们，"书是人类进步的阶梯"，多读书、勤读书、会读书，就会掌握更多的知识，但由于我们每个同学的书是有限的，所以大家肯定都有过借书的经历。如果大家把自己借书的经历写下来，在班里办一期墙报，大家共同分享、互相交流，那样就会有更大的收获，对吧？

二、回顾借书经历，指导创意表达

1. 回忆借书原因——明确事情起因

同学们，咱们都借过书，咱们一起交流一下当时借书的原因好吗？

全班学生交流各自借书的原因。

鼓励学生实话实说，同时，教师做必要的点拨。除了让学生说清借书的原因外，还可以引导学生把什么时间、到什么地方、借的什么书说一说，这样别人听了就会更明白。

设计意图：了解事情的起因，通过相互交流，体现借书原因的个性化。

2. 回顾借书经过，小组合作交流——把事情的经过说具体

（1）独立思考借书经过，然后四人一组合作交流各自借书的经过。

学生交流之前，课件出示"友情提示"。

友情提示：

要说明白借书的经过，要做到：

第一，要说清楚借书时自己是怎样想的，怎样说的，怎样做的，对方又是

怎样说的。也就是说，要把借书时人物的语言、动作、心理甚至神态表情等表达清楚。

第二，与借书有关的其他内容，你认为有必要介绍的也可以简单地说一说。

（2）全班交流，教师点拨引导。

四人小组初步交流完毕后，教师有意识地找一两个把借书经过说得不太清楚的同学与全班交流，教师针对其说不明白的地方给以点拨引导，直到学生能结合上述"友情提示"把借书经过说清楚为止。

（3）小组合作交流，答"记者"问。

有了上述教师的点拨引导后，再采用答"记者"问的方式交流。小组内一位同学说的时候，其他几位同学可以以小记者的身份，就听不明白的地方进行提问，从而帮助组内的每一个同学说清楚。尤其要注意引导学生把借书过程中的一些重要的、细小的环节说明白，同时要注意提醒学生说清楚借书时的动作、语言、心理及表情神态等。

（4）选几个有特点的好材料全班交流。

选几篇选材不同的文章让学生进行交流，教师可适当点评，也可让学生结合"友情提示"评一评，找出值得大家学习的地方。

（5）引导学生体会独特感受，张扬个性——说出借书时独特的体验。

①借书时，你印象最深的是什么？引导学生说出自己独特的体验，把最难忘的地方说清楚。

②引导学生交流各自独特的体验，开拓每一个学生的思路，鼓励学生敢于说出与众不同的经历。

有的学生因为是第一次借书，从不会借到会借，所以感觉难忘；有的学生因为是第一次借书，心理上有畏难情绪，经过别人帮助或自己的努力后又想办法解决了，所以印象很深；有的学生是因为借书时有了新收获，受到了教育，所以感到难忘；还有的学生因为第一次借书时出现了问题，有了教训而感到难忘。

教师小结。

设计意图：本环节通过引导学生回顾生活中的借书经历，加深学生的体验。但是，有了生活经历不等于就有了习作。要让生活真正成为学生作文的源头活水，还必须有学生对生活经历的回顾、体认和反思。因此，必须引导学生加深对生活的认识、梳理和体验。此环节重点放在了指导学生有创意的表达上。教师引导学生回顾了借书的经过，为了让学生能把借书的经过说具体、说清楚，采用了小组合作、自由交流的方式。在学生自由交流的基础上，又引导学生进一步采用小记者采访的方式，促进他们回顾借书时的动作、语言、心理、表情等，从而把借书过程中一些重要的、细小的环节想明白、说清楚。接着，在全班交流之后，教师要求学生说出自己借书时印象最深的事情，把自己最难忘的事情说具体，表达出真实、独特、富有个性的借书感受。

在这一过程中，学生的自主、合作活动贯穿始终，教师扮演着合作者、引导者和组织者的角色。教师通过"友情提示"和组织交流，促进学生自己去体验和感受，避免了教师强行介入、越俎代庖，有助于学生展示自己的写作个性，写出自己真实的感受和体验，享受表达的快乐。

3. 想一想借书后有哪些收获——明确事情结果

这次借书你最大的收获是什么？让你感到高兴或欣慰的是什么？有没有值得反思的内容？

值得注意的是，学生的收获可以是好的方面的收获，如通过借书长了见识等，也可以是一些教训，如在借书时没处理好一些应该处理好的事情，结果出现了不少问题，带来了遗憾等。总之，只要是学生亲身经历的，能体现出正确的态度、情感和价值观的都可以写。

设计意图：每个人借书的收获是不同的，让学生自己思考收获，避免了作文的雷同，真正凸显了作文的个性化。

三、让学生写下借书经历，相互评价交流

1. 把借书的经历写下来

写之前，再次出示"友情提示"：

友情提示：

要想把你借书的经历写得清楚明白，就需要把下列几个方面的内容写清楚：

第一，要把借书的原因写出来，这样别人读了才能知道你为什么要去借书。

第二，借书时你是怎么想的、怎么说的、怎么做的，这些也要写出来。如果能把借书这件事给你印象最深的地方写出来，这样给人的印象也就会更深刻。与借书有关的其他方面的内容有必要介绍的也可写一写。

第三，对于这次借书的经历，你有什么收获或教训也要写一写。

2. 师生对比评议

选一篇好的和一篇具有共性问题的习作进行对比讲评，看两篇文章分别哪些地方写清楚了借书的经过，哪些地方还需要完善，哪些地方写出了自己独特的体验，给读者印象深的地方是否写明白了等。

3. 自主修改后，小组集体修改

设计意图：俄国著名教育家乌申斯基说过："比较是一切理解和一切思维的基础，我们正是通过比较来了解世界上的一切的。"此处通过对比评议，引发学生深入思考，使其在比较中掌握写出个性作文的方法，避免使作文落入俗套，明确怎样才能写出个性。

四、教师小结

教师总结这两节课的情况。

五、课后以《借书之旅》为题，用所写文章办一期墙报

（略）

[学生习作点评]

例文1

难忘的借书经历

上幼儿园时，我向小朋友借过一次书，直到现在还没忘记这次经历。

记得上大班时的一个星期五，小朋友带来了一本有趣的小画书，书上画着各种各样可爱的小动物，我很喜欢。书是她爸爸从国外带回来的，我又买不到，就想借来看一看。我不好意思地问："英英姐，能把书借我拿回家看看吗？"没想到她很痛快地答应了。当时，我很高兴。

下午放学后，我拿着书蹦蹦跳跳地回了家。一回到家。我就急忙翻开书看了起来。晚上吃饭时，我一边津津有味地看着书上那些顽皮的小猴子，一边吃着蛋糕。突然，我一不小心将一大块蛋糕掉到了书上，书马上变得脏乎乎的了。当时我真不知所措了，很着急，这可怎么办？心想干脆装不知道，还给她算了。

星期一，我把书还给了她。过了一会儿，她发现了，问我："书这么脏是怎么回事？"我说："我不知道，借的时候就那样啊！"她很生气。

后来，妈妈知道了这件事，就给我讲了一个诚实守信的故事，然后还教育我说："做人最重要的是要诚实，做了错事，要敢于承认错误，这样才是好孩子。"听了妈妈的话，第二天，我向小朋友认了错，她也原谅了我。后来她一有好书，还借给我看，我们俩成了很要好的朋友。

这次借书使我明白了书是很重要的，但还有比书更重要的东西呢！

（李婧）

点评：

新课程标准强调，中年级学生要"注意表现自己觉得新奇有趣的或印象最深、最受感动的内容"。在这篇文章中，小作者写了自己小时候借书的一次经历，把借书经历中印象最深的内容"把借的书弄脏了，不承认错误，最后在妈妈的教育下承认了错误"清楚地写了出来。这些内容是小作者借书经历中感受最深的，也是自己独特的体验，小作者捕捉到了并具体地写了出来，从中受到了启发，明白了道理。结尾"书是很重要的，但还有比书更重要的东西呢"更是意味深长，令人深思！

例文2

第一次借书

第一次借书，是前几天爸爸和我一起到图书馆的那一次。

开学不久，老师说要办一次手抄报进行展览，让我们自己查阅资料。我翻遍了家里所有的书也没有找到符合老师要求的内容，正着急的时候，爸爸安慰我说："没事，咱们到图书馆去查一查，那儿应该会有。"一听这话，我可高兴了！

星期六，爸爸和我来到了图书馆。天哪！图书馆太大了，一共好几层呢！书摆在一个个大书架上。"书太多了，到哪儿查呢？"我自言自语道。爸爸说："咱看一看大厅里的电脑介绍就知道了。"我们来到触摸式电脑前面，先看了一下总的介绍，又看了看每一层楼的藏书介绍。经过查找，我们找到了要查的书在三楼。

我们拿着办好的借书卡来到了三楼。里面人真多啊，有看书的，有借书的，但大家都很安静。三楼书还是那么多，我又迷惑了："爸爸，这里面同一类的书就十几个书架，要是一个书架一个书架地找，那不就像大海捞针吗？"爸爸笑了笑，不慌不忙地说："别着急，你先观察一番，然后再想想看。"我观察了一会儿，终于发现每个书架上都标有类别、音序等。按照音序，我找到了要查找的那个书架，在书架第二层仔细一找，还真有，我迫不及待地拿出了那本书，真是喜出望外！我们很快办理了借阅手续。

拿着借到的书，我感到特别高兴，没想到借书也有这么多学问呢！第一次借书，真让我长了不少见识，大开了眼界！

（卢瑄绮）

点评：

小作者重点写了自己第一次借书的经历，写出了个性体验。

首先，小作者写了借书的起因："开学不久，老师说要办一次手抄报进行展览，让我们自己查阅资料。我翻遍了家里所有的书也没有找到符合老师要求的内容。"接着，小作者具体写了借书的经过。写借书经过时，她重点抓住了语言、动作、心理等进行了描写，并按照"看介绍——找楼层——找书架——查到书"这样的顺序，把借书的过程一步一步生动具体地写了出来。最后，还写了自己第一次借书的收获，写出了自己独特的借书经历。本文可以说是一篇佳作。

例文 3

诚信让人感动

我非常喜欢读书，谁买了好书我都想借来读，同学给我起了个外号叫"小书迷"。一天，我听说好朋友婧婧买了一套《中华成语故事》，就想借来读一读。

放学后，我去向她借这套书，刚到她家时，她正好要出门，我连忙走向前问："婧婧，听说你买了一套《中华成语故事》，可以借给我看一看吗？""我还没看完呢。""我保证下周三还给你。"见我这样诚恳，她妈妈说："先让人家欣欣看看吧，好不容易来了。""那好吧，到时一定还给我啊。""没问题。"我拿着书高高兴兴地走了。

回家后，我就认真地阅读起来，里面的故事可有意思了，《朝三暮四》《盲人摸象》等真是让人捧腹大笑。每天我都捧着它读，真是爱不释手。不知不觉日子已经到了，可我还没有读完。我想：反正已经借来了，晚两天还也没事。但又一想，老师经常教育我们要讲诚信，我跟人家说星期三还，要是不还不就失去信用了？没读完也不能读了，还给她再借也行。想到这，星期三这天我来到了婧婧家，把书还给了她。她问我："你读完了？"我说："哪能读那么快，说哪天还就得哪天还，读不完也得讲诚信。"

婧婧听了我的话，似乎被感动了，大大方方地说："你再拿回去看吧，等看完了再还我好吗？""太好了，那太谢谢你了。"说完我就回家了。看来诚信真能打动人呢！

（林欣）

点评：

小作者借了书虽然没有读完，但还是按约定的还书日期还了书，信守了自己的诺言。她的诚信也感动了书的主人，使主人又重新把书借给了她，从而告诉读者讲诚信的重要性。

小作者选材新颖，围绕诚信写出了自己借书的一次独特经历。事情的经过写得十分具体。在写事情经过时，作者抓住了人物的语言、心理活动进行了细致描写，尤其是对自己是否要按时还书的矛盾心理刻画得比较细腻。

例文4

借书的遗憾

开学不久的一个下午，老师告诉我们图书室来了一批新书，全是我最喜欢的关于宇宙、海洋的，我便和几个同学迫不及待地拿着借书卡去借。

我们来到图书室，只见刚来的新书真不少，放满了一个书架。我一看全是我最爱看的，其中有一本《宇宙探秘》是我最喜欢的。我们每个人都各自找了几本最喜欢的，填了借书卡，交给了图书管理员张老师。

借回书后，我就认真地阅读，看到宇宙那么神奇，我真是越看越喜欢。不知不觉就到了还书的日子了，我们几个同学决定一起去还书。为了让图书流动得快一些，学校图书室规定，借阅图书后，必须在一周后还回来，这样可以让更多的同学看到书。怎么办呢？如果还回去，恐怕好长一段时间就借不来了，我要留着反复看一看，还书时就先说找不着了，放在家里再看几天，等看够了再还，那时再说找到了。想到这里，我就有意把我最喜欢的《宇宙探秘》放在了家里，把其他几本书带回来了。我对张老师撒谎说："张老师，《宇宙探秘》那一本找不到了，我先还上这一本，等我再回家找一找，找到了再还，行不行？"张老师说："那你快点，别耽误别的同学读。""没问题。"还完书，我就走了。

后来，我又看了一周才还上。这件事快过去三个月了，但我现在想想挺遗憾的，为了自己多读书，就向老师撒谎不还书，是多么不应该啊！

(曹维成)

点评：

小作者选择了自己感到遗憾的一次借书经历来写，选材十分独特。习作就应该这样，敢于实话实说，敢于选与众不同的材料，敢于写印象深刻的独特体验。这样，写出的内容就真实可信，就能很好地写出童真童趣。这是很值得提倡的。

小作者自己感到遗憾的独特感受，主要是通过心理活动和语言来表现的。通过心理和语言的描写，小作者把向图书管理员撒谎的情况写得真实、细致，让读者看到了自己内心的自责。

开放创新　放飞个性
——写"解决生活中的难题"作文指导课的教学设计

[习作内容]

写一写你自己或者周围的人是怎么解决生活中、学习中的难题的，要写出真情实感。

[设计理念]

本设计很好地体现了引导学生走进生活，进行个性化表达的理念。

体现生活化。真正体现出让习作走进生活的理念。课前先引导学生自己解决生活或学习中的一个难题，或在生活中观察、寻访身边的人，了解他们是怎样解决难题的，做好记录，体现作文与生活的联系。

突出个性化。在引导学生说、写的过程中，力求引导每一个学生都能说出、写出与众不同的经历或观察到的独特经历，使每一个学生真正彰显个性特点，写出童真童趣，写出独特的感受和生活经历，让习作真正展现出每个学生的个性特点，充满生命的活力。

[授课时间]

两课时。

[课前准备]

在学完《用冰取火》一文时，让学生自己尝试着解决生活中的一个难题，或观察、调查身边的人，如邻居、亲朋好友等，看他们是怎样解决难题的。

[教学过程]

一、谈话创境导入，激发写作兴趣

同学们，我们学习了《用冰取火》一文后，受到了很大的启发，大家回去都尝试着自己解决了生活或学习中的一个难题，有的同学还观察、寻访了周围的人是怎么解决难题的，这次经历一定给大家留下了深刻的印象。咱们把这次经历写下来，办一期墙报，然后评选出解决问题的"金剪子奖"和"作文大王奖"，好吗？

二、明确习作要求，确定习作素材

1. 出示要求，引导审题

课件出示"写一写你自己或者周围的人是怎么解决生活、学习中的难题的"，让学生说说读了这个要求明白了什么。（引导学生审题）

教师要引导学生弄明白：从内容范围看，本文是写解决难题的事；从人物

203 <<<

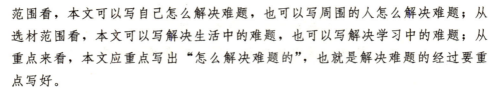

范围看，本文可以写自己怎么解决难题，也可以写周围的人怎么解决难题；从选材范围看，本文可以写解决生活中的难题，也可以写解决学习中的难题；从重点来看，本文应重点写出"怎么解决难题的"，也就是解决难题的经过要重点写好。

2. 回顾经历，指导选材

（1）想一想。每个同学都解决过一些难题，你准备写自己解决难题，还是写周围的人解决难题？想写解决什么样的难题？是生活中的还是学习上的？然后同桌互相交流自己的想法。之后，全班交流，互相启发。

（2）议一议。在交流过程中，引导学生通过比较初步了解哪些是好的材料。在比较中，引导学生明白哪些是与众不同的内容，启发学生选取日常生活中的小事，鼓励学生选出富有创意的材料。

（3）尝试着给自己的材料起个题目。

设计意图：选取的材料较好地体现了生活化。学生课前做一做的生活经历体现了作文向课前开放的理念。通过引导学生走进生活、体验生活、感悟生活、积累生活的素材，使学生在比较中选出富有个性的生活素材。如果没有真实的生活体验，学生就不会有鲜活的材料可写。独特的生活体验是学生积累材料、写出童真童趣、表达真情实感的前提。

三、回顾解题经历，鼓励个性表达

1. 回顾解题经历

（1）确定了要写的内容之后，引导学生弄清事情的起因。回顾自己或是周围的人，遇到的是什么难题，这个难题到底难在哪里。

（2）回顾解题经过，教师帮助梳理。

当时你或者周围的那个人是运用什么办法来一步步解决难题的？引导学生有步骤地说一说。第一步先干什么，接着又是怎么干的，最后怎么做的……在引导学生思考这一系列问题时，帮助学生回顾解决难题时人物的动作、语言、表情神态、心理活动以及周围的情况等。

（3）弄明白事情的结果。这次解决难题的经历让你受到了什么启示或有什么收获？引导学生说出自己独特的、富有个性的感受和体会。

2. 鼓励个性表达

（1）在上面引导的基础上，课件出示口头表达的提纲。

①先想一想，遇到的是一个什么难题，难在哪里。

②你或他人是怎样一步步解决这些难题的？先怎么做的？接着怎么做的？

最后怎样了？

③你或他人是用什么方法解决难题的？

④要把人物解决难题时的语言、动作、表情、神态、心理活动等内容说清楚。

（2）学生先同桌互相说说自己或周围的人与众不同的解决难题的过程。

（3）教师找习作水平高、中、差且选材不一样的三位学生在全班交流。学生交流完之后，师生结合本次习作的要求对三位学生的习作进行评价，指出好的方面，找出不足。

（4）四人小组设计答记者问。学生轮流说经历，教师提醒其要注意实话实说。同组的其他学生则以小记者的身份对听不明白的地方进行询问，直到该学生说清楚了为止。

设计意图：在课前引导学生尝试着解决生活中的一个难题或亲自观察他人解决难题的过程，这样，学生就有了思考、实践、观察、感悟的过程。有了亲身经历才会产生真实的生活感受，有了亲身感受也就有了内容可写。这时，教师不要给学生过多的束缚，教师所做的就是启发、引导学生把其经历的内容想清楚、说明白，并把独特的感受表达具体。这样，学生就能写出真实的、独特的生活感悟。

四、引导学生个性写作，开展多元互动评价

1. 学生在说的基础上开始打草稿。教师注意鼓励学生要实话实说，写出童真童趣，尤其要体现出个性特点，写与众不同的内容。

2. 打完草稿后，师生互动评价。教师先示范评价一篇好的习作和一篇对解决难题过程写得不具体的习作，再引领学生评价一篇习作，最后可尝试让学生四人一组独立评价。评价时教师可以重点围绕解决难题的过程是否写清楚来进行，从而引导学生找出不足，进行修改。

设计意图：有个性，有创意，才是一篇好作文的关键，这一点人们已经达成了共识。教师在指导学生选取了与众不同的材料之后，再引导学生说出解决难题的独特经历，最后引导学生在写作时写出自己独特的感受。整个过程，教师注意引导学生有创意地表达，敢于写自己独特的感受和体验，体现出了个性特点。学生的习作只有个性化地表达，才能真正体现出童真童趣，表达出真情实感，也就不会出现"千篇一律""千人一面"的现象，也才富有生命的活力。

五、进行总结升华，使学生领悟规律

教师总结本次习作的方法，使学生领悟把事情经过写清楚写明白的规律。

六、办一期墙报

用学生的习作办一期墙报。由学生自己当评委评出本次习作的"习作大王"和解决问题的"金剪子奖"数名。

设计意图：让学生当评委，对作文互相评价，有利于学生在评价中取长补短，互相学习，也有利于提高学生的习作水平。

《＿＿＿＿＿的时刻》作文指导课教学设计

[习作内容]

题目：＿＿＿＿＿的时刻

要求：能写清楚事情的经过，要重点把自己的真实感受写出来。

[设计理念]

本设计通过突出与生活的联系和学生的切身体验，实现学生作文的个性化。教师创设生动逼真的课堂教学情境，让学生进行现场体验。学生通过"眼、耳、心"等感官进行观察、思考，生发独特的体验感受，产生独特的表达欲望。在此基础上，学生能从中捕捉独特的生活素材，把印象最深的内容写具体，富有创意地表达出自己的真情实感。

[教学目标]

1. 能在生活体验中捕捉与众不同的素材。

2. 能真实、具体、生动地写出自己感受最深的内容。

[课前准备]

同学们，今天，我们坐在这么大的教室里和这么多老师一起上课，你们的感受和平时一定不太一样。其实从你们踏进教室的那一刻起，刘老师就一直在观察你们，你们有的面带笑容，充满了自信；有的东看西看，十分好奇；有的面无表情，还挺严肃的……我猜呀，你们每个人的心里肯定都有不同的感受。现在，咱们就来聊聊你刚才的感受，怎么样？你有什么感受？

教师小结。

过渡：其实啊，生活中每一个不经意的瞬间，每一个司空见惯的场面，只要你留意了，体会了，就会从中获得丰富的感受。好，现在，我们开始上课。

师生问好。

[教学过程]

一、创设情境，引导学生观察体验

1. 激趣导入

同学们，生活是多姿多彩的。有些往事随着时间的推移也许你会忘记，可有些瞬间却留在了你的心里。现在，请你回忆那些难忘的时刻，和大家一起分享，好吗？

刘老师从绚烂的生活中也捕捉了一些难忘的瞬间，制成了一段非常精彩的录像，这录像一定会打开你们的思路，大家想不想看？现在就请你们来欣赏，说一说你都看到了什么？

2. 创设逼真的生活情境

（1）创设电脑黑屏的故障情境。

打开课件，出现两三个镜头后，突然发生故障——电脑黑屏。

教师微微一愣，眉头紧皱，自言自语："这是怎么回事？"然后，教师故作镇定地点鼠标，连续点两三次，仍是黑屏。教师有点着急，四处张望，寻求帮助，见无人帮忙，调侃道："电脑在跟我们开玩笑，没关系，我再试试。"再按鼠标，依然黑屏。教师手忙脚乱地摆弄插座，不小心碰掉板擦，学生帮忙捡起。教师问学生："看没看见信息技术老师？"教师寻找信息技术老师，招手，该老师匆匆赶来，调试，依然故障。教师无可奈何："修不好了，是不是硬盘坏了？"

（2）激趣，谈出内心感受。

同学们，电脑出了点故障，信息技术老师拿去修了。很遗憾，那么精彩的画面我们看不成了。不过，刚才电脑出现故障这一幕一定给你们留下了深刻的印象。此时此刻，你心里有什么话想说？

（3）请几位学生谈谈感受，引导学生从不同的角度谈出感受。

（4）教师小结。

从同学们刚才的谈话中，我听出来了，同学们从不同的角度谈出了自己真实的体验和独特的感受，说明刚才的事情的确令你们深有感触。

设计评析：作文教学要从内容入手。教师在本环节通过创设逼真的生活情境，引导学生进行生活体验。体验是写好作文的前提，有了体验以后，学生就会产生独特的内心感受，正所谓"情动而辞发"。这一环节，既解决了学生的写作素材问题，又引发了学生表达的欲望，一举两得。

二、打开思路，述说感受

1. 录像回放，引导观察

刚才大家都谈了自己最真实、最独特的感受。其实，这些感受都是源于刚才你们观察的电脑发生故障的那一幕。干脆，咱们再回到刚才那一幕，大家仔细观察、用心思考：整个事件，哪些内容给你的感受最深？

教师回放刚才的录像，适时指导学生观察。

2. 让学生述说感受，并给予指导

同学们看得真认真！我们再来回想电脑发生故障这件事，谁愿意把你印象最深的内容（或感受）具体地说一说？虽然是一瞬间，但要说的内容有很多。

指名让学生说，教师相机点拨引导。没发现的地方，通过教师引导学生开始关注了；表达不具体的地方，通过教师引导学生能表达具体了。

教师针对学生表达的情况进行评价指导，使学生谈出新的感受。在同一时刻，感受不同，学生所关注的内容就不同。

教师评价之后，再指名让学生说说通过这次观察、思考之后产生的新感受。

小结：刚才，大家都能把事情的过程说清楚，把你看到的、听到的、心里想的描述得很具体，也谈出了自己的内心感受。那么，怎样才能把感受具体地表达出来呢？我们先来读读这篇文章，看看别人是怎样表达的。

三、读写结合，学写感受

1. 出示范文，提出阅读要求，指导表达方法

请大家认真阅读，画出描写感受的句子，看看作者是怎样把他的内心感受表达出来的。

一次，我和我最要好的朋友心心在院子里玩老鹰抓小鸡，我当小鸡被心心抓。不好，心心快追上了。我一边跑一边往后看，只见他一个大鹏展翅向我扑来，随即我一声惨叫，接下来的一幕就是我扶着流血的腿对心心说："心心，我不会告诉别人的。"我因为害怕妈妈不让我和心心玩，才这样说。

回到家，裤子上的一个大窟窿露了馅。妈妈问我这是怎么搞的，我吞吞吐吐地骗她说："是我自己摔了一跤。"可是我看到的是妈妈怀疑的目光，她分明看出了破绽。我想，怀疑就怀疑吧，反正我只要不和好朋友分开就行了。可谁知，妈妈却认为我是被高年级同学欺负了，一直逼问我。我的脑子乱极了，我想告诉她，但又怕失去好朋友。

还是爸爸厉害，先压住了妈妈的火，又走过来蹲在我身边，问我："你一定有事没有告诉我，来，和老爸说一说，我替你保密。"我的心里就像十五个吊桶打水——七上八下：说，还是不说？说，可能会失去好朋友；但不说，可能会……没事，就当和爸爸谈一谈心。想到这里，一股暖流顿时涌上我的心头。说过之后，我仿佛觉得什么都轻松了。"好，我替你保密。""不！"我坚决地说，"我要告诉老妈。"直到现在，我和心心还是好朋友。

从此，每当我遇到问题或矛盾时，都会和爸爸妈妈交流。这种感觉，真好！

（1）引导学生找出直接描写主人公心理活动的语句。

（2）明确"自己跟自己说话，这也是表达感受的一种方法"。

（3）通过联想也可使心情自然流露。

（4）恰当地运用打比方的方法也能把心情表现得传神。

小结：只要恰当地运用以上方法，就能把感受表达得更加具体、生动。我们再联系全文来看一看，作者在叙述这件事情的过程中，不仅将自己看到的、听到的写了下来，还将自己的感受清楚地表达出来了，这样，感受就会更真实、更清楚，文章就会更吸引人、更感染人。其实，感受不仅可以在叙事的过程中写，在文章的开头、结尾处也可以写。

2. 进行方法指导后，再次指导学生进行表达

（1）合作交流。

同学们，从这篇文章中，我们领悟了描写感受的一些方法，知道了原来感受可以这样写。我们再来回想一下电脑发生故障这件事，你能不能把当时的情景和你感受最深的部分再说一说？相信这次，你一定会描述得更具体、更感人。先在四人小组内说一说。

（2）指名交流。（略）

设计评析：先说后写，说中导写，是作文教学的规律之一。先说后写是一个整理思想、疏通思路的过程。学生观察的素材比较凌乱，必须经过大脑加工组织，才能将零散的素材有条理地用口头语言表达出来，借助口头语言来控制调整内部语言。本环节先让学生说一说自己感受深的内容，并引导学生将感受说具体。同时，在说的过程中插入例文进行方法的指导，引导学生领悟表达具体的方法，从而将印象深的内容写具体。

四、自主拟题，学生习作

1. 自主拟题，确定材料

同学们，就在今天这节课上，在你经历的这些事中，哪一幕给你留下的印象最深？把你感受最深的部分写下来，你想选择哪些内容来写？

根据想写的内容，你先来拟个题目吧！要知道，题目是文章的眼睛，拟个好题目，文章就成功了一半！请同学们静下心来，想想作文题目，想好了就在你的作文本上记下来。

刚才，老师在巡视的过程中，发现有很多同学拟的题目很有特点，命题非常好。想不想交流一下？谁先来？说说你为什么拟这个题目。

教师相机指出新颖、富有特点的题目，让学生进行交流共享。

2. 抓住重点，自由表达

同学们，这些题目多丰富，多有创造性呀，都是你们发自内心的情感的真

实流露。老师已经迫不及待及地想要读到你们的习作了。现在，请你们拿起笔来，把自己最想说的内容细细地写下来。

友情提示：

1. 把印象最深的内容写具体。

2. 要写出自己的真实感受。

教师小结：总结本节课学生学习的情况。

（执教：刘倩；设计评析：商德远）

《_____的时刻》作文评改课教学设计

[设计理念]

让学生根据作文要求修改自己的习作，并主动与他人交换修改，做到语句通顺，行文正确、书写规范、整洁。要重视对学生修改后的作文的评价，而且要关注学生修改作文的态度、过程、内容和方法。要引导学生通过自改和互改，取长补短，促进相互了解和合作，共同提高写作水平。

[教学目标]

1. 通过修改，学生能把印象最深的内容写具体，能具体地表达出自己的真实感受。

2. 学生在自主修改和相互修改的过程中，初步掌握修改习作的方法，提高修改习作的能力。

3. 学生能在修改的过程中认识到习作修改的重要性，同时在习作过程中提高对生活的认识能力和感悟能力。

[教学过程]

一、明确评改要求，引导学生进行自评互评

1. 明确评改要求

（1）激趣导入。

同学们，上节课刘老师和你们一起上了一堂非常精彩的作文课。课堂上电脑发生故障的那个小小瞬间，你们捕捉住了，仔细观察了，而且写出了作文，真了不起。

（2）明确评选明星的标准。

这节课，商老师想在咱们班评选一批"习作明星"，将有特点的优秀习作、进步大的习作在全校进行展示。谁想成为本次习作的明星？

那咱们看看评选的标准吧（点课件），熟悉吧？就是刘老师上节课提出的那两个习作要求，现在，老师把"习作要求"四个字这么一变，（点击出现"评选标准"）谁来读一读？

评选标准：

①能围绕感受把自己印象深的内容写具体。

②能写出真实的心理感受。

设计意图：明确评改要求，是准确评改的关键。

2. 学生互相评改

（1）师生共评。

请同学们结合上节课刘老师的指导以及这两个习作要求，在小组内互相评一评同学的作文。符合一个要求的，你就在作文题目上边打上一颗星，两个要求都符合的就打上两颗星。

在评的过程中，老师有个友情提示（出示课件），如果发现他人的文章中有好词、佳句、美段，可以用不同的符号标记出来，多读一读。课前，同学们都已经互相读了作文，看哪个小组评得又快又准。

（2）全班交流。请两个要求都符合的习作的作者站起来，教师了解学情。

（3）我发现你们每个组都找出了精彩的句子和优美段落，各组先推荐出一个读一读。可读 3 个好句、3 个好段。

教师将符合两个要求的习作的作者评为明星，并把他们的名字写在明星评比板上。

（4）教师小结。

设计意图：合作出智慧。本环节让学生在了解评改标准或要求的基础上，能依据标准读作文、评作文，找出作文中好的方面，并由学生评出符合标准的佳作。这一环节真正做到了面向全体学生，让学生成为评改的主人，符合新的课改理念，真正落实了学生的主体地位。学生在合作评改的过程中，可以充分学习他人之长，如表达的方法等，还能弥补自己之短。

二、领悟评改意义，激发修改动机

过渡：符合要求的习作，我们得选最优秀的；不符合要求的，也有机会。大家让自己的文章再上一个台阶，评为明星的希望就更大一些。

1. 范例引领，激发学生修改的兴趣

（1）出示大师的信息。看看文学大师的做法，你肯定会受到启发。谁愿意读一读这几个信息。

课件出示：

①海明威的代表作品之一《永别了，武器》，仅最后一页就修改了 30 多遍。

②列夫·托尔斯泰在写被公认为世界上最伟大的小说《战争与和平》时，据说修改了 7 遍。

③中国四大名著之一，曹雪芹写的《红楼梦》，"批阅十载，增删五次"。

……

通过这些，你感悟到了什么？

引导学生体会修改的重要性，好的文章或著作都是修改出来的，要多修改才能写出好的文章。

2. 教师小结

多改才能出佳作，文章是写出来的，而好的文章却是改出来的。

设计意图：苏霍姆林斯基说过："学习兴趣是学习活动的重要动力。"这里运用了"范例教学法"，利用名家反复修改作品的范例，给学生以引领。这样既能对学生起到示范作用，又能引导学生认识到修改的重要性，产生修改的兴趣。

三、明确修改要求，领悟修改方法

过渡：那么，怎样修改，文章才会更精彩呢？

1. 回顾修改方法

同学们回想一下，以往我们在修改一篇文章时，都是怎样修改的？

第一，看一篇文章是不是围绕一个中心来写的；第二，内容是不是围绕着一个中心来选择的，写得具体不具体；第三，条理是不是清楚；第四，语言、标点等是否规范。

2. 合作修改

刚才，有同学的作文不符合要求，我们一起来帮他改一改，这样咱们才能共同进步。

（1）师生共同修改。按照平日我们修改一篇文章的方法，四人小组共同修改这篇文章。大家要注意，一定要结合本次习作的两个要求进行修改。

（2）交流修改意见。先说说你们组认为这篇文章的最大问题是什么，再说说你们是怎么修改的。

预设问题一：内容不具体，怎样改就具体了？

（提炼写具体的方法——形容法、细描法、联想想象法等）

预设问题二：内心感受写得不好。

怎样改才更好？同样是写紧张，我记得还有几个同学也是写紧张的，写得很好，请一位同学读一读，你认为这个同学写得好，好在哪里？

（预设出现生动描写的几种情况——有用修辞手法的，有用细节描写的，有用联想的，有用歇后语的，等等）

3. 指导步骤

大家自由读一读给你印象最深的那部分内容，回想一下当时的情景，想一想哪里需要修改，可以标一标。

怎样修改就更具体了？

可引导学生改神态、语言、动作、环境等方面的内容。

小组汇报。

你们发现这篇文章有什么问题？怎么改？

每个人的感受是不同的，我们只能给他提点建议。谁来给他提一点修改建议？

学生提建议。

教师小结：看，回想当时的情景，如刘老师修电脑时的动作、神态、语言以及内心活动，在叙述中加上生动具体的描写，进行细描、联想、想象、比较等，就会将印象深的内容写得有血有肉，生动具体，给人以身临其境之感。其他方面还有没有需要修改的，如语言、标点等，你也可以修改。修改时，我们围绕着习作要求，再字斟句酌，文章就好多了。的确，只有多改、会改，才能出佳作。

设计意图：本环节中，教师先引导学生回顾修改方法，再针对学生作文中出现的突出问题，运用合适的修改方法进行有针对性的指导，让学生开展合作修改。学生在合作修改中学习并掌握了修改作文的方法，提高了修改作文的兴趣。学生将作文中的突出问题全部修改好，对每一个突出问题都能找到合适的修改方法，在合作中真正学会了修改，提高了修改能力。

四、学生自主修改，小组合作修改

1. 自主修改

现在我们就运用刚才的修改方法，用心修改自己的文章。

2. 同桌互相修改

大家可以同桌互相修改，也可以三人一组进行修改。互改时，你认为他的作文修改后可以加星的，就给他加上。

3. 教师小结

同学们彼此修改得很认真，真正做到了"字斟句酌"。

设计意图：本环节的主要目的就是要学生学会自主修改作文。正如叶圣陶先生所说："教师积年累月为学生批改作文，因在使学生终于能自改也。""教师只给些指导和指点，该怎么改，让学生自己去考虑解决，学生不就处于主导地位了吗？"此环节就很好地体现了这一点，让学生在自改实践中学会修改，避免了教师代替修改的现象的出现。

五、欣赏学生佳作，全班互动评价

1. 同学们都修改完了，现在，我们进入"妙语连珠"时刻，可以自荐和推荐优美的句子、词语，也可以推荐进步比较大的同学的词句。

2. "佳段欣赏"，请继续自荐和互荐。

这些片段写得这么精彩，小作者可不可以成为明星？可以的话就写在明星评比栏上。

3. "美文赏析"时刻，可以"毛遂自荐"读读自己的文章（2～3篇）。

教师对自荐的学生进行鼓励：这也是一种自信的表现，继续努力，有希望获得儿童文学国际最高奖——"安徒生奖"。

教师对推荐的学生进行鼓励：千里马还需要伯乐来发现。推荐自己是自信，会欣赏他人既是能力也是美德。

对表现特别好的学生进行鼓励：我看你将来有希望获得国际华人儿童文学艺术大奖——"冰心奖"。等你获得这个奖的时候别忘了拿回来让我看一眼。

教师小结：看来，同学们修改后的作文中的美段、佳句、好词太多了！要写好作文，课前的观察、体验、立意、构思、表达很重要，但修改更为重要，实践证明，文章是写出来的，而好的作文的确是改出来的。

设计意图：莎士比亚有句名言："赞美是照在人心灵上的阳光，没有阳光，我们就不能成长。"可见欣赏、学习他人的优点是多么重要。让学生相互欣赏和赞美，是提高学生修改能力和写作水平的重要一步，也是对每一位学生的一种激励、一种促进、一种提高。在欣赏的过程中，学生也借鉴了他人写作的方法，取长补短。

六、布置作业，拓展练笔

1. 把本次作文内容誊抄下来，贴在教室评比栏，进行展览。

2. 经过修改以后，其他同学的作文也不错，可以放在班级博客上供大家互评。

神秘的礼物

——观察写实作文指导课的教学设计

[习作内容]

认真观察生活，选取个性化的写作内容，自拟题目，写一篇作文。作文内容要具体，能表达真情实感。

[设计理念]

课程标准强调"写作教学应引导学生关注现实，热爱生活，表达真情实感"。叶圣陶老先生这样说过："生活犹如泉源，文章犹如溪水，泉源丰盈，溪流自然活泼泼地昼夜不息。"课标和叶老都给我们指明了作文教学的方向，即让作文教学生活化，让生活走进作文教学的课堂，只有这样，作文教学才能充满时代的气息和活力。换言之，作文不单单是一种教学活动，它本身就是一种生活，更是学生全身心投入的生活，是学生表达、交流的需要。所以，作文教学的过程也是学生的生命活动过程。同时，实现作文生活化也是实现作文个性化的前提。

[教学目标]

1. 学生学会多角度观察，观察时能抓住细节，学习选材并能选出独特的材料，学会观察和选材的方法，提高观察和选材的能力。

2. 通过有趣的游戏，学生产生参与的积极性，在教师创设的境中进行个性化的表达。

[课前准备]

课前游戏：

1. 猜扑克。教师依次拿出 3 张扑克，与学生互动，由学生猜出扑克牌上的数字。

2. 学生猜扑克。

3. 学生谈猜测理由。

4. 教师小结。

设计评析：教师通过简单有趣的猜扑克游戏，借助"聪"字，引导学生学会观察时用耳多听、用眼多看、用心思考、用嘴多问，敢于表达自己的观点并说出依据，为后面的活动做铺垫。

[教学过程]

一、引导学生猜礼物，导入新课

谈话后，教师出示"百宝箱"，并告知学生，里面的宝贝可以解决写作时没材料的问题。

1. 学生猜里面到底是什么宝贝，并说出理由。

2. 教师根据学生的猜测点评。

3. 体验后再猜。学生通过眼看、手掂、耳听等环节的体验，再根据各自的理解进行猜测。

设计评析：叶圣陶先生曾指出："作文是生活的一部分，它离不开生活。"教师通过现场创设学生感兴趣的"猜测盒子里面的宝贝"的生活游戏活动，极大地调动了学生参与的积极性。学生经过眼看、手掂、耳听的亲身体验之后，进行个性化的猜测，培养了大胆、合理想象的能力，为后面的个性化表达做了铺垫。这一生活化的游戏为学生的写作提供了鲜活的材料。

二、亮宝贝，揭开谜底

1. 请两位学生帮忙打开盒子外包装，同时引导学生观察打开的过程。

2. 学生打开盒子外包装后，立即停止。

3. 教师打开盒子，并在此过程中随机观察学生，同时借助神态、动作变化卖关子，引发学生观察的兴趣，使学生在观察中能抓住细节，产生独特的感受。

4. 让学生闭上眼睛，教师拿出望远镜和放大镜后再让学生看。

设计评析：这一过程是取宝贝的过程。教师通过精心设计取宝贝的连续动作、取宝贝的神态表情等，引导学生进行观察。让学生在观察中抓住细节，特别是让学生说清楚、说具体自己感受最深的环节，很好地培养了学生的观察能力。

三、谈宝贝，领悟方法

1. 观察礼物，谈感受，明方法。

（1）学生说出看到礼物的真实感受。

（2）教师引导学生思考、猜测送这两样宝贝的意图。

（3）学生交流后，教师总结送"望远镜"和"放大镜"的用意。

2. 教师小结。

设计评析：引导学生观察礼物后谈自己独特的内心感受，特别是通过让学生猜测送宝贝的意图的环节，很好地培养了学生的想象能力，还锻炼了学生的语言表达能力。教师通过总结，引导学生领悟教师送"望远镜"的目的是希望学生更全面、更广、更多地观察生活，送"放大镜"的目的则是希望学生将生活细节观察得更清楚、更细致，这样才能在写作时选好材料，描写具体。

四、用宝贝，选出素材

1.教师引导学生回忆课堂过程（从教师和大家一起做游戏开始，到学生刚才领悟了教师送望远镜和放大镜的意图），寻找各自印象最深的内容。

2.学生小组交流。

（1）印象最深的内容是什么（可以是一个环节或者一个细节）。

（2）为什么会有这么深的印象？

设计评析：教师通过引导学生交流给自己印象最深的内容，渗透多角度选材的方法，让学生在说出独特感受的同时，拥有独特的选材视角，体现选材的个性化，避免学生因讲述同一活动而出现千篇一律的现象。

3.教师巡视指导选材，及时点出学生说得不具体的内容。

4.全班交流。

（1）让学生简单说出印象最深的内容，引导学生广泛选材。

（2）引导学生具体说出给自己印象最深的内容，说清楚，说细致。

（3）师生点评，提出建议，学生再次补充表达。

设计评析：引导学生细致表达自己独特的感受，教师评议时重点关注学生的表达是否有序、细节是否突出、重点是否突出、用词是否准确等几个方面。

在引导学生说的过程中，教师对其进行了有价值的指导，还自然渗透了写具体的方法、突出重点的方法、写好细节的方法，同时也训练了学生的口头表达能力。

五、学生写作，教师指导

1.提出写作要求。自己拟题，写出印象深的内容。

2.学生写作，教师巡视指导。

3.交流评议，完善写作。

六、总结

突出本节课的重点是用"望远镜"全面观察，独特选材，为深入学习使用"放大镜"写具体埋下伏笔。

板书：

望远镜（图）：全面、独特 ┐会选材
放大镜（图）：清楚、细致 ┘写具体

（执教：苏婷；设计：商德远、苏婷；评析：商德远）

写名人的作文指导课的教学设计

[习作内容]

说起名人，同学们一定会想到那些战斗英雄、劳动模范，或是作家、画家、企业家、科学家，还有歌星、影星、球星等。其实，三百六十行，行行出状元。"泥人张""赖汤圆""张小泉剪刀"固然无人不知，就是你身边的那些"技术标兵""种田能手""养鸭大王"等也可以称得上地方上的名人。

你知道家乡有哪些名人吗？你了解他们的事迹吗？如果了解不多，可以做些调查访问，也可以直接拜访一下名人，然后写一篇习作。

[设计理念]

本教学设计要着力体现学生习作的个性化、生活化，体现"体验——积累——构思——修改——评赏"几个环节的纵向联系。学生通过自主体验生活、自主采访，生发独特的情感，再通过自主选材、自主构思、自主表达，实现写作的个性化，体现自主性。在作文教学中，我们必须尊重学生的个性，还其童真、童心、童趣，让学生走进生活、融入生活，通过与生活的紧密联系，体现习作的生活化，让学生在生活中作文，在生活中思索。

[教学目标]

1. 学生能自主选材，并通过具体事例写出人物的特点，学会观察、采访，提高观察能力、取材能力。

2. 学会利用读写结合法、细节描写法等方法写出人物的特点，养成独立构思和认真修改自己习作的良好习惯。

3. 在采访中产生对生活的热爱之情，在采访名人的同时受到感染和熏陶，学会做人。

[教学重点]

通过采访了解人物的特点，并写出人物的特点。

[课前准备]

提前准备好采访提纲，采访、了解身边的名人，做好素材积累。

[课时安排]

两课时。

[教学过程]

一、谈话导入，激发学生的写作兴趣

教师可启发学生从回忆自己的采访生活入手，唤起对所访名人的回忆。

教师可这样启发：前几天，我们都采访了周围的名人，在采访的过程中，每个人都有自己的采访体会和积累……能不能把他（她）介绍给老师和同学呢？要重点介绍采访过程中给你印象最深的内容。

设计意图：真实的生活是学生写作的唯一源泉。生活丰富、体验真实，表达才可能生动、具体、丰富而富有创意。叶圣陶先生曾提出"让作文成为生活的需要和组成部分"。生活实践、生活体验是习作的源泉，文章是生活的再现，要使学生有话可说、有事可写，就应该让学生先去观察生活、体验生活、实践生活。课前，学生通过采访周围的名人，获取了真实的生活体验，积累了生活中的真实素材。有了真实的生活体验，学生内心才会产生真实的情感体验，才能写得出引人入胜的佳作。

二、交流采访内容，确定习作素材

1. 出示交流的友情提示。

（1）交流时，能围绕一个中心，把所采访的名人的特点说清楚。

（2）说的时候要条理清楚，把重点内容说具体。

（3）学生听不明白的地方可以问发言者，通过提问帮助发言者说具体。

2. 四人一组进行交流。

教师先组织学生四人一组进行交流，让学生在合作互动中相互启发、相互补充，将采访的过程说具体。

3. 选出具有个性化的写作素材。选取最能突出名人特点、最能打动人的真实事例。

4. 学生自拟习作题目。教师要教给学生有关拟题的方法。如可按人物性格特点拟题，可按人物品质特点拟题，也可按典型事例拟题等。

设计意图：教师要让学生充分地、自由地、自主地、多方位地选择自己喜欢的生活题材，这样才能使学生充分表达自己的真情实感。选材的个性化，也是实现作文个性化的重要一环。

三、读写结合运用，领悟写作方法

学生的习作素材有了，紧接着，教师要通过讲读写的联系帮助学生领悟写人文章的一般写法。

1. 启发学生从本单元写人的课文中领悟写法。

本单元学过的三篇课文都是描写人物的。大家想一想在这些课文中，哪些人物给你留下的印象最深？为什么？同桌先讨论一下，然后大家一起来交流。

2. 引导学生从读过的优秀作品中领悟写法。

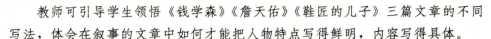

教师可引导学生领悟《钱学森》《詹天佑》《鞋匠的儿子》三篇文章的不同写法，体会在叙事的文章中如何才能把人物特点写得鲜明，内容写得具体。

（1）要通过具体事例表现出人物的突出特点。要运用一种突出的方法，如《钱学森》运用的是叙述法，《鞋匠的儿子》运用的是语言描写法等。

（2）引导学生归纳写法。

要介绍一个人物，必须注意哪几方面呢？

教师揭示写人文章的一般规律：

第一，要抓住具体的事写人，可以是"一人一事一品质"，可以是"一人多事一品质"，也可以是"一人多事多品质"。

第二，要抓住人物的外貌、语言、行动、心理等描写来反映人物的特点。

3. 选出有代表性的习作的小作者交流自己的写作内容。

结合以上讨论出的方法，指定几名学生交流自己的写作内容。教师可根据学生的交流发现其优势和不足，并对其进行点拨引导，使其完善改正。

设计意图：丁有宽先生有句话说得特别好："读写结合，相得益彰。"此环节中，教师运用范例引领学生进行读写结合，并在读中领悟写作的方法，使学生提高了表达的能力。正如叶圣陶老生所说："阅读得其方，写作之能力亦随之增长。"

四、引导学生独立构思起草，修改完善习作

1. 创设情境，激发表达的兴趣。

教师可创设这样的情境：同学们都想把自己采访的名人介绍给老师，但是在一节课中，同学们不可能都有机会介绍。这样，你们干脆将自己最想告诉老师的那个名人写下来给老师看，可以吗？现在我们开展一次竞赛，看谁写得既快又好。先构思一下，然后再起草，凡能在 25 分钟内完成初稿的同学都会获得奖励（其目的是为了培养学生快速表达的能力）。

2. 学生独立构思起草，教师巡视指导。

在学生起草时，教师可对习作有困难的学生进行有针对性的个别辅导。

3. 奖励在 25 分钟内完成习作初稿的同学一颗"红五星"。没有完成习作初稿的同学可以继续写，已经完成习作初稿的同学可以结合本次作文的要求，尝试着进行自主修改。

4. 师生评价，指导修改，完善习作。

（1）启发谈话。好文章是改出来的。你写好习作初稿以后，通过自己的修改可以使文章锦上添花。你有信心把自己的习作初稿修改得更完美一些吗？改得好的同学还可以获得本次习作的"小作家奖"呢！

（2）学生自改习作。学生自己进行错别字和病句的常规修改，然后，教师再引导学生对照"是否通过具体事例写出人物特点"这一要求进行重点修改。

（3）小组相互交流习作，商讨需要重新修改的地方，然后根据同学提出的修改意见进行再次修改。

（4）课堂交流。指名交流时，教师可要求学生按"原来怎么写的——现在怎么修改的——为什么要这样修改"的顺序说出自己修改的过程和理由。

设计意图：自由表达自己的真情实感是生活化作文教学的精髓，是写作的思想灵魂，是学生表达生活感悟、体验的具体体现，教师要让学生充分地、无拘无束地尽情倾诉。互改和自改的方法，能促使学生去寻找写好作文的途径，有利于学生学习、积累写作知识和写作方法，提高修改能力；有利于加强学生的思维训练，活跃学生的思维；有利于对学生渗透思想教育，让学生在修改作文时，提高思想觉悟和认识能力，把作文修改和思想教育有机地结合起来。

五、品赏学生佳作，重在鼓励进步

1. 进行示例评赏，引导学生学会评价。

教师先选择具有代表性的优秀习作或片段组织学生评赏，然后学生分组交流自评，畅谈习作收获，分享习作成功的乐趣。

评赏一篇优秀习作和一篇较差习作，让学生在评赏中发现问题并学会修改。

2. 自主修改，完善习作。

3. 教师小结。

设计意图：采用多种激励措施充分调动学生习作的积极性，让学生在习作训练的过程中，情绪受到激励，情致得以唤醒，情感受到熏陶。教师通过引领学生自主构思起草、自主领悟写法、自主修改评赏，体现学生的主体性，落实学生的主体地位，使写作实现个性化。

六、作业设计

1. 将优秀习作或修改后有明显进步的习作集中起来，在班内办一个墙报展。

2. 将自己的习作向学校广播站或学校画廊投稿。

3. 将班级中的优秀习作推荐给少儿报刊发表。

《未来的公交车》想象作文指导的教学设计

[习作内容]

科学发展日新月异，公交车也会随着时代的发展而不断发生新变化，请展开大胆而合理的想象，想象一下未来的公交车，把未来公交车的样子和功能写具体。题目自拟。

[设计理念]

课程标准强调，在写作教学中，要激发学生展开想象和幻想，鼓励学生写想象中的事物。本教学设计力求落实这一理念，通过培养学生的想象能力和创造能力，激发学生热爱生活的美好情感。正如俄国教育家乌申斯基所说："强烈、活跃的想象，是伟大智慧不可缺少的属性。"

[教学目标]

1. 能展开大胆合理的想象，想象出未来的公交车是什么样的，想象内容独特而富有新意。

2. 能按一定的顺序把未来公交车的样子、功能等写具体。

3. 能表达出自己的真情实感。

[教学重难点]

学生能打开思维想象的闸门，让想象的洪流喷涌而出，能多角度、大胆地进行想象。

[课时安排]

两课时（本设计为第一课时）。

[课前准备]

一、学生准备

（1）查阅公交车的有关资料，了解现在公交车的样子、构造、功能等情况。

（2）观察、了解现在公交车的实际情况、存在的问题（为学生创设想象的源头）。

（3）收集描写未来公交车的有关词语，阅读描写车的有关文章。

二、教师准备

准备电脑课件（具体运用在文中标出）。

[教学过程]

一、创设情境，引发学生思考，触动学生情弦

1. 同学们平时都坐公交车上学，你们对现在的公交车满意吗？如果不满意的话，是在哪些方面不满意呢？

在学生简要说明不满意的地方之后，引导学生找出问题：

（1）排废气，污染环境。

（2）车速慢，还经常堵车。

（3）车内的设施不够完善，不能满足不同乘客的需要。如早上上学来不及吃早餐，想在车上吃却办不到。

（4）遇到雾、雪、雨、霜等天气，在车内看不清前方，影响开车和观景。

（5）空间太小，车上经常很挤。

……

2. 小结。同学们真是有心人。看来，现在的公交车真是问题多多，还有更让人触目惊心的画面呢。（课件展示人们拼命挤车的录像片段及惨不忍睹的车祸场面录像）

3. 既然现在的公交车问题这么多，那你们心目中的公交车是什么样的？

这节课，我们就来想象一下自己心目中的公交车（出示未来的公交车）。

理解"未来"是什么意思？（可以是后天，也可以是几天后的一天，可以是几个月后的一天，还可以是多少年后的一天）

设计意图：这一环节是为诱发学生想象的"源泉"而设计的。"情动而辞发"，感情贫乏就不会有丰富的想象和联想。想象作文也应从学生的情感入手，从学生的生活入手，从学生关心的身边事物入手，从学生的兴趣入手，从问题入手。教师通过创设情境引发学生深入思考，一下子就触动了学生的情感之弦，诱发了学生想象创造的欲望，为学生更好地进行发明创造奠定了情感基础。

二、引导学生展开奇思妙想，渗透方法，创意点拨

1. 创设情境，明确要求

正好，老师收到一封信，信中说"宇宙创造公司"要举行汽车创意大赛。（课件出示大赛要求："本次创意大赛要求设计者能展开大胆合理的想象，改掉现有公交车的不足，想象出自己心目中未来公交车的'形象'，能把未来公交车的样子和功能等写具体。"）同学们想不想参加？

2. 想一想

你准备发明一种什么样的公交车，才能在这次创意大赛中获胜？

　　教师引导学生明白，要想让大赛组委会成员清楚地了解自己所发明的公交车，需要说清楚它哪些方面的内容，并引导学生有顺序地说出（同时板书下列内容）：

　　未来公交车的样子，如大小、形状、颜色、由什么材料制成等。

　　未来公交车的性能，如速度、空间大小等问题。要引导学生注意，既然公交车存在那么多问题，在创意时就需要先解决这些问题，哪怕解决一两个问题也行，特别要注意说清自己发明的公交车的最具创意之处。

　　设计意图：习作最重要的是要产生自己的思想，所以必须坚持"先想好再说，先想好再写"的原则。教师在引导学生想象时渗透对表达方法的指导，这样学生的想象就会更加细腻。

　　3. 画一画

　　把想象中的公交车用彩笔简单地勾画出来，也可以只简要勾勒出它的大体样子。

　　设计意图：画是为了使自己模糊的想象变得清晰、现实，这样由"想"到"画"，为后面由"画"变"意"，最后再由"意"变"文"奠定了基础。

　　4. 说一说

　　画完后，同桌结合图画说一说公交车的样子和功能有哪些新颖的特点。要让听的人明白你的公交车都解决了现实公交车的哪些问题，是否符合创意大赛的要求。听完后，再简要评一评。

　　设计意图：口语练习是至关重要的一环。它是"想"与"写"之间必不可少的桥梁，说是写的前提和基础，舍此，无法实现内部语言向外部语言的转化，也不能有效地提高语言表达水平。

　　5. 评一评

　　全班交流，师生多元评议。

　　（1）全班交流。引导学生在同桌交流的基础上，推选出几个有创意且有代表性的想法全班交流。教师在学生交流时通过评价渗透对想象方法的指导，启发学生的思维，引导学生想象出与众不同的内容。

　　渗透想象方法指导是我们多年来经过研究独创的方法，其具体内容如下：

　　①异类组合想象法。如果学生想象时是选择了不同事物的最好方面组合在一起，如把磁悬浮列车的悬、飞机的快、火车的大空间等几个方面的特点组合起来，形成未来的新公交车，那么这就是异类组合想象法。

　　②主体附加想象法。如果学生在想象时以一个主要事物为主体，然后附加上其他的一些变化，如以公交车的原型为主体，然后附加上车的主体部分能根

据人员的多少自动变大变小等，那么这就是主体附加想象法。

③发明创造法。如果学生在想象时发明一种完全与众不同的新式的公交车，如想象出一种全新的空中"飞碟"，样子不同于车，那么这就是发明创造法。

④移植改造想象法。如果学生想象时把其他事物的特点移植过来，并进行了改造，形成新的公交车，那么这就是移植改造想象法。

（2）师生评议。结合上述大赛的要求，看学生的想象是否符合本次创意大赛的要求，哪些地方的想象有新意，哪些想象还不够。针对想象是否新颖、想象内容是否与众不同、想象是否合理等方面展开评议。教师先评议，然后引导学生评议。

（3）在全班交流的基础上，各合作小组在组长的带领下进行小组评议（重点评议基础较差的学生），先由学生口头表述，然后小组根据优点和不足展开评议。

（4）教师小结。总结学生想象的优缺点。

设计意图：在评价中渗透对想象方法的指导，这是十分重要的一环。新课程标准强调三个维度的统一，这一环节真正体现了对三个维度中"过程和方法"的指导。学生在想象过程中，既发展了思维和创新能力，又学会了想象的方法。教师不仅是"授人以鱼"，更重要的是"授人以渔"了。同时，教师还注重面向全体学生，既照顾了最有创意的优秀生，又考虑到了有写作困难的学生，真正体现了"以人为本，面向全体"的新课标理念。教师在全面评价的基础上再让学生写，避免了学生走弯路，为学生写出符合要求的想象作文打下了基础。同时，新课程标准强调多元评价。本环节中，教师、学生共同评价，体现了评价主体的多元化。

三、理清思路，把握重点，具体写出

1. 理清思路。想一想你准备先写什么，再写什么，最后写什么，要理清自己写作的思路。

2. 想一想自己想象的车最突出的特点是什么，要把最具创意的部分写具体。

（学生写）

3. 评价学生写的重点部分，找出优点及其不足，指导自改和互改。

设计意图：本环节的目的是让学生在想象的基础上，理清写作思路，抓住重点有条理地写下来。

四、领悟方法，举一反三，学会想象

回顾一下本节课，我们是如何想象的？

引导学生悟出：要想写好想象作文，一是先发现问题，二是运用总结出的几种想象方法展开想象，三是把想象内容写下来。

设计意图：教师不仅引导学生想象出了富有创意的内容，还引导学生领悟了写想象作文的方法。学生通过学习写这篇想象作文，能运用本节课学到的方法独立地写这一类想象作文。本环节真正体现了既授人以鱼，又授人以渔的理念。

教师小结：同学们，我们通过课前观察发现了问题，然后我们又展开想象的翅膀，很好地设计出了让自己满意的未来的公交车。看来，只要我们能做生活中的有心人，善于发现问题，敢于大胆想象，就能有意想不到的收获。我认为你们这些创意可以参加这次创意大赛。

《我想发明……》想象作文指导的教学设计

[设计理念]

生活是发明创造的基石。从日常生活和学习入手，发现问题，进行奇思妙想，是发明创造的关键。本设计力求体现想象、发明与生活的联系，让想象从生活中来，并为生活服务。学生联系生活展开想象，这样的想象更具生命力，也更有意义，这样的想象也才能成为有本之木，有源之水。

课程标准指出，作文教学中要充分尊重学生的个性，让他们在作文中尽情地倾吐自己的心声，张扬个性，真正达到"我手写我心"的境界。本设计从以下几个方面贯彻了课程标准的要求。

本设计力求体现选材个性化、思维个性化、想象内容个性化和表达个性化。"自主""真实""创新"是作文个性化的基本内涵。写自己想写的内容，选自己喜欢的表达方式，写出自己的特色，是实现作文个性化的关键。本设计通过开拓学生的思维，引导学生从不同角度观察生活，独立发现自己感兴趣的问题，选出富有个性的小发明素材，然后进行大胆合理的独特想象，使想象的具体内容个性化，最后把富有个性的想象材料写下来，写出与众不同的作文，体现出学生作文的个性特点。

注重发展性。本节课的设计出发点不是只盯在这一节课上，而是着眼于学生的未来发展，着眼于累积学生智慧生命的基石。让学生设想出一个要发明的物品并不是本节课的真正目的。本节课的目的是着眼于学生的未来，着眼于学生的创造力、想象力、表达力以及写作兴趣和自信心的培养等，同时让学生学会创造和写作的方法。本设计将通过指导这篇想象作文，让学生从中领悟发明创造的方法，即"观察生活——发现问题——奇思妙想——反复试验——创造发明（解决问题）"。在此基础上，学生在教师的指导下学会写此类想象作文的方法（如本文的重点是写好车的样子和用途），且能举一反三，学会想象和写作。

[教学目标]

1. 学生通过观察生活，发现生活、学习中的某些问题，进行创造性的想象，改进它们的功能，或能根据生活需要发明新的事物，解决生活中的问题。

2. 学会写此类想象作文的方法，能具体有序地写出想发明的物品的样子和用途，提高写作的能力，同时发展想象能力、语言表达能力等。

3. 能在想象过程中关注社会、关注生活，从小树立热爱科学、发明创造及为人类造福的意识。

[教学重点]

因为本次习作的要求是"要写清楚想发明的物品是什么样子的及它有什么用途"，所以本节课确定的教学重点为"指导学生想象要发明的物品的样子和用途，并能说清楚、说具体"。

突破重点的策略：

策略一，以绘画促想象——以绘画的方式促使学生的想象更加具体。

策略二，迁移写法——复习已经学过的写法，将学生已知的方法迁移到本次作文中。

策略三，说中导法——引导学生在说的实践中领悟出写好事物样子和用途的方法，在师生共同对学生所说的内容的评析中指导方法，使学生在合作交流中互相促进和提高。

[教学难点]

难点一，想发明什么东西。

难点二，把要发明的东西的样子想细致。

突破难点的方法：

策略一，课前观察生活，发现生活中的问题，进行设想。

策略二，课前通过各种途径了解生活中的小发明，从中受到启发。

策略三，同"突破重点"的策略三。

[教学准备]

1. 阅读有关科学家及他们的发明的信息，了解科学家们发明创造的情况。

2. 了解生活中的一些小发明及发明过程。

3. 观察生活，发现生活中的问题，有初步的发明设想。

[课前活动]

课件出示新闻，并请学生阅读：

一提起发明创造，人们马上会想到那些有高深学问的科学家的发明。其实，除了科学家的发明之外，许多生活中经常碰到的小问题、小麻烦，你注意到了并且想办法解决了，也是发明创造。最近在湖南长沙便展出了 60 件少年儿童的小发明。

这些小发明其实都没有什么高深的理论，但是却充分反映了小朋友们观察生活、提出问题和解决问题的能力。例如，展品中有把不起眼的铁锹，它身上比一般的铁锹多了两个圆孔和一些突起的花纹。原来，一位小学生在使用铁锹铲土时，发现当土非常湿的时候，铁锹上老是粘上泥土，得不断地往下弄，很麻烦。发现这个问题后，这位小学生经过思考和反复试验，终于发明了带有孔和突起的不会粘泥的铁锹……

（材料来自华网湖南频道）

读了这则新闻，你了解了什么？（教师引导学生思考什么是发明、发明的步骤等）

教师小结：看来读新闻真能学到很多东西。小朋友们从这则新闻中知道了什么是发明，一种是科学家的具有高深学问的发明创造，一种是生活中一些没有什么高深学问的小发明。我们还了解了做小发明的一般步骤。观察生活，并能在观察中独立思考、发现问题，大胆地进行奇思妙想，再经过反复试验，就能发明成功。

板书：观察生活、发现问题、奇思妙想、反复试验、发明物品（解决问题）。

另外，老师还想介绍几种发明创造的方法，和同学们分享，这可是我精心研究出来的，如果同学们掌握了这样的方法，相信你们发明时会如虎添翼的。

1. 主体改造法。其实，要更好地进行发明创造的话，需要掌握一些发明的方法，如上边新闻中写到的那位小学生采用的是"主体改造法"，即对原来的主体事物进行了加工改造，使原来的主体事物发生某些变化的方法。

2. 主体附加法。有一个小学生发明了"自动伸缩挡雨板"并申请了专利，这位小朋友运用的就是这种方法，即在原来公交车的主体部分附加了一个能自动伸缩的挡雨板，从而使公交车增加了新的功能。

3. 异类组合法。除了以上方法之外，还有把不同事物的功能组合在一起创造新事物的方法。如我想发明一种"空中飞车"，就把飞机飞的功能、火车的长、坦克的坚硬组合在一起，这就形成了一种新的交通工具。

4. 发明创造法。重新发明一种新的事物的方法，如我想在青岛海底建造一座海底旅游城。

设计意图：通过阅读新闻，学生明确了发明的含义；了解了发明创造的一般步骤等。同时，教师在阅读过程中激发学生发明创造的欲望，消除学生对发明创造的畏惧心理，也为学生进行发明创造提供了事例借鉴。

[教学过程]

一、谈话导入，激发兴趣

其实，像新闻中报道的这种小学生的发明还有很多，老师这里有两组数字：第一组，1999 年，天津市百所小学一年就获得 104 项国家专利，这是一个多么了不起的数字；第二组，2002 年，某市 106 所学校，上了两节想象发明课就产生了 1550 项发明方案，其中有 133 项发明申请了国家专利。

同学们，通过刚才的交流，你们想不想也发明一些东西呢？这节课咱们就来通过想象发明一种东西。（板书：我想发明）老师会从中选出一些优秀的小发明设想，参加第四届全国宋庆龄小发明大赛。你们有没有信心呢？老师相信大家肯定行，说不定你们的发明还能申请专利呢。

设计意图："兴趣是学生学习的启动器"，教师通过提供几组数字和谈话，想方设法点燃学生写作的欲望，激发学生发明的兴趣。

二、观察生活，发现问题

1. 指导选材，开拓思路

通过平时观察生活，你发现生活和学习中的哪些事物存在着问题，需要改进或开发新的功能。或者说，通过观察生活，你发现哪些已有的物品已经不能满足人们生活或学习的需要，想发明一种新的东西为人们造福。

每个人先想一下，想完后再同桌交流一下：你发现了什么问题？想要发明什么东西？

2. 交流发明，教师评析

下面请同学们交流，交流时要注意说明这几个问题：你通过观察生活发现了什么问题？准备发明什么东西？你的发明越与众不同，就越容易引起人们的注意，这一点很重要。

教师简评。

设计意图：引导学生回顾生活，从生活入手思考生活中的物品存在的问题，开拓学生的思维，从而让学生想象自己要发明的东西，关注想象与生活的联系。由于有了课前新闻中提供的小发明做例子，学生从中受到启发，加上学生课前已经充分地观察了生活，所以很快就能想象出自己的小发明，从而选出与众不同的富有个性的小发明素材。

三、选准目标，奇思妙想

1. 展开想象，解决写作内容的问题

发现问题了，也产生了发明的想法了，下一步就要进行奇思妙想了。想象一下你想发明的这个事物是什么样子的，它有什么用途。

（1）展开想象，用简笔画勾勒出物品的样子。请同学们将新旧事物对比一下，想象自己所发明的物品的样子和用途，可以边想象边用简笔画画出所想物品的大体轮廓（注意：物品的用途要能解决你所发现的问题）。简单地画几笔就可以了。

（2）交流所发明的事物的样子和用途。在介绍时可以从下列三个方面进行介绍（课件出示）：

第一，你发现了什么问题，决定发明什么东西。

第二，你要发明的这个物品是什么样子的。

第三，它有什么用途（你发现的问题解决了没有）。

交流时尤其要注意把样子、用途（能解决发现的问题）说清楚，能让小朋友们听明白。

（3）重点指导，说好样子（通过指导使学生的想象更具体）。

这位同学介绍了自己发明的小物品的样子，同学们听明白了吗？哪些方面没听明白？

引导学生从（板书）大小、厚薄、形状、颜色、材料、组成、创意等方面来说。

（4）教师小结。看来，要说清楚所发明的事物的样子，就要把大小、厚薄、形状、颜色、材料、由哪几部分组成、最与众不同的地方、最具创意的地方等说清楚。

指导描写方法时，可从以前学过的"数字描写法""举例法""比喻法""拟人法""比较法"等方面加以指导。

指导说出重点：在说这个小发明时，你认为样子和用途哪一个方面应重点说？说说理由。

教师小结。

2. 小组合作交流并互相评议

请同学们四人一组说一说自己的小发明的样子和用途，要注意倾听，把你听不明白的地方提出来，把他想象不合理的地方指出来，并提点好的建议。

同桌说完后再让同学来说说，我们还是找刚才那位同学，看他现在说得有没有进步。

教师指导点评。

3. 全班交流，师生共评

第一位学生交流时，教师评析。（可从是否是小发明、样子是否具体、是否写出了用途、小发明有无意义、想象是否合理等方面评价，尤其要注意发明的意义——价值取向）

第二位学生说时，师生共同评议。

设计意图：要将发明的东西想象得更细致，让学生画一画是很好的方法。学生要画出它的样子，就得想细了，只有想细了才能画出来。这样以画促想，学生想象出的事物的样子才会更细致，同时也发展了形象思维能力。再者，在以画促想的基础上，教师从事物的样子、叙述的重点、描写的方法等方面给予适当的点拨指导，让学生在合作交流中互相指出优点和不足，评价想象是否合理，学生就能由说不好到说得具体了。这为后面的写作打下了良好的基础，因为说是写的前提和基础，先说后写是写作的基本原则之一。

四、根据想象，指导写作

1. 明确写作要求

（1）出示要求。

同学们都想象出了自己要发明的事物，那么怎样才能把它写出来呢？下面我们看本次写作的要求，请一位同学读一读。

出示写作要求：写一种你想发明的东西。要写清楚想发明的东西是什么，它是什么样子的，有什么用途，要把句子写通顺，不写错别字。

（2）明确要求。

读懂要求了吗？本次作文要重点写好什么？本次作文有没有文体的要求？你写成一篇像《鲸》《太阳》等课文那样的介绍事物特点的说明文行不行？编一个故事，在叙述故事的过程中，把事物的样子和用途等写清楚行不行？

（3）除了注意以上要求之外，大家还应注意什么？（写作顺序）根据自己所选文体的需要自行确定。

2. 依据要求写作

（1）根据写作要求，把你想要发明的东西写下来，主要写一写事物的样子和用途。

（2）学生写作，教师巡视。

（3）师生评议已完成的同学的写作内容，评议要结合习作要求。

（4）教师小结。

设计意图：在学生选好材、说具体的基础上，再引导学生进行审题，按顺序抓住文章的重点写出所发明事物的特点，这样不易束缚学生的思维，有利于张扬学生的个性，培养学生的习作能力、评析能力。

五、布置作业

必做：完成草稿，没完成的继续完成，完成的修改。下节课交给老师。

选做：

①近期能完成小发明的用两周时间完成。

②两周后，把制作成的小发明带到学校准备展览，不能制作出来的画出来，展览你画的小发明。

多彩的感悟

——"书香"主题读后感写作指导的教学设计

[习作内容]

同学们，在平日的阅读中，你一定读过很多让你动心的文章或是好书，请你结合自己的生活实际把感受、体会以及受到的教育、启迪用读后感的形式写下来。快快行动起来吧！

[设计理念]

课程标准所倡导的新的习作理念是：能不拘形式地写下见闻、感受和想象，珍视个人的独特感受，说真话、实话、心里话，不说假话、空话、套话，自由表达和有创意地表达。为体现这一理念，本设计力求引导学生从自身实际出发，联系自己的生活和思想实际，写出自己的真实体验和独特感受，进行个性化的表达，真正做到写真话、抒真情。

[教学目标]

1. 通过本次作文指导课，学生能围绕自己要表达的观点联系自身的生活实际写出真实的感受。

2. 能初步了解写读后感的方法，懂得联系自己的生活实际才能写好真实的感受。

3. 在写读后感的过程中，学生还能从中受到思想启迪和美好情感的熏陶，既学会作文，又学会做人。

[教学重点]

能联系生活实际写出自己的真实感想，要以写感想为主。

[教学过程]

一、谈话启发，激发兴趣

同学们，喜欢阅读吗？一本好书或者一篇好文章，就像多姿多彩的万花筒，里面盛满了智慧，它能让你变得聪颖与睿智；里面装满了真情，它能让你品味出快乐与幸福……荡漾其中，你会有着丰富多彩的感受：也许你能从中领略到自信；也许你能从中体会到感动……

你一定读过不少好书或好文章吧？读了这些书或文章，我们都会产生不同的感受。那么怎样才能把这些感受写出来呢？这节课我们就一起来学习写读后感。

设计意图：兴趣是通往成功之路的桥梁。通过谈话，引发学生对自己读过的一本好书或一篇好文章的回忆，使学生从记忆的长河中搜索出曾经感动过自己的书或文章，唤起其写好真实感受的强烈欲望，为指导学生写出真实的感受做好准备。

二、读写联系，写好"感受"

1. 范例引领，领悟写法

（1）品读短文

读读下面的短文，然后说一说最让你感动的是什么。

爱的针法

一次，在一位朋友家小坐，发现他给父母打电话的时候拨了两遍号码。第一遍拨过之后，铃响三声就挂断，再拨第二遍，然后通话。

"第一遍占线吗？"我不经意地问道。

"没有。"

"是没想好说什么吗？"

"不是。"

"那干吗拨两遍？"

他笑了笑："你不知道，我爸爸妈妈都是接电话非常急的人，只要听见铃响，就会跑着去接。有一次，妈妈为接电话还让桌腿把小脚趾绊了一下，肿了很长时间。从那时起，我就和二老约定，接电话不准跑。我先拨一遍，给他们足够的时间。"

我忽然觉得眼睛十分湿润。父母之爱总是细致入微，犹如孩子衣衫上细密的针脚。子女对父母的爱难道不也一样？

多拨一遍电话号码，不过是一件细微的小事，可正是这样一行行细密的针脚，才能为父母织出舒适的衣衫。

（2）精选"感源"

读完短文，说说最让你感动的是什么。

教师结合学生找出的内容，总结出选取"感源"的方法：可以选取文中的一句话，可以选取人物的语言，也可以选取其中的一件事，还可以选取文中的人物等。

（3）述说"感受"

你为什么会受到感动？请说出自己的真实感受。

指名请学生说说自己受感动的原因及真实的感受。在学生说的过程中，教师点拨指导：

第一步，读懂文本，找出自己被感动的内容，想一想文章中的哪些地方感动了你。

第二步，想想为什么自己会感动，结合文章内容加以感悟。

第三步，引导学生由阅读的内容展开联想。想一想，在平时的生活中，自己是如何对待父母的？结合文中的朋友所做，再联系生活实际加以对比，对"孩子对父母的爱"的感受就会很深刻。

第四步，总结出写读后感的方法。

（4）自拟题目

结合你的感受，想一想，可以给读后感起什么样的题目，题目最好引人入胜。特别强调一点，题目可以在说感受以前起，也可以根据自己的感受提炼。

可以参考以下题目：

爱是针法——读《爱的针法》有感

可怜天下"儿女心"——读《爱的针法》

爱来自于小事中——读《爱的针法》有感

爱就在细节中——读《爱的针法》

教师小结：写让自己产生感想的地方要简练，内容要概括，写感受时要重点写自己的感想，还要联系生活实际写。

2. 联系实际，学写"感受"

刚才，我们通过理解和交流《爱的针法》这篇文章，从中领悟了写读后感的方法。下面我们就运用这些方法来写读后感。

（1）交流内容

学生简要交流最能打动自己的一篇文章或一本书。

（2）找出"感源"

文章或书中的哪些内容打动了你？最能打动你的是哪一点？

教师请几位选择"感源"不一样的学生交流他们的感想，师生共享。

（3）学写感受

首先，把最能打动自己的地方重点说一说。

教师尽量找那些选取"感源"不同的学生说。学生交流最能打动自己的地方及打动自己的原因。

其次，联系自己的生活实际，说说自己读了书或文章后的感受。

设计意图：教师通过让全班学生读一篇文章，引导学生领悟选取"感源"及写感受的方法，之后，进行方法迁移，使学生学以致用。引导学生回忆让自己感动的书或文章，找出最能打动自己的地方，这是写好本次读后感的重要一步。读后感是有感而发的，那么，从哪里产生感想呢？只有准确地找到"感源"，才能使感想成为有源之水。引导学生找出"感源"后，再让学生说一说。这样，学生既能在说的过程中不断地完善内容，又能在相互欣赏、补充的过程中受到美好情感的熏陶。

三、构思起草，完成初稿

1. 编写提纲

结合自己所读的文章，编写自己要写的读后感的提纲。

2. 合作交流

小组交流所写的提纲，并选取最好的提纲进行全班交流。

3. 师生评价

在师生评价的过程中，引导学生发现别人的优点，改进自己的不足。

4. 修改完善

个人修改完善写作提纲，完成初稿。

设计意图：列好提纲对写好一篇文章非常重要，通过列提纲，可以使学生写的内容更加有条理，教师也可以从提纲中看出学生是否关注了自己的感受，是否能联系生活实际谈感想。修改提纲的过程，也是一个完善写作思路的过程，通过修改能让学生更好地完成初稿。

四、完成习作，指导修改

1. 指导讲评一篇不合要求的读后感。师生共同评议分析，找出问题，指导修改。

(1) 分析该读后感为什么不符合本次要求，问题出在哪里。

联系学生所说，预设可能出现的问题：一是原文内容写得太多，而自己的感受写得太少，往往只写了一两句话；二是把读后感写成了"读后扩"，即在原文内容的基础上，增加一些内容，但没有自己独特的感受；三是把读后感写成"决心书"，即在文中空表决心；四是把读后感写成了"检讨书"，即将自己与文中的人物相比，说自己如何不行，应该怎样等。

(2) 指导学生如何修改。全班一起修改问题文章。

2. 小组评议、共同修改。

学生评议小组中每个同学的读后感，找出问题，共同修改，教师巡视指导。

设计意图：好的文章都是改出来的。教师同学生一起评改文章，旨在引导

学生发现并解决写读后感的过程中容易出现的问题，掌握写读后感的方法及评价方法。通过评议和共同修改，学生能发现自己写的读后感中的问题，找到修改的方法，在修改中学会写读后感，从而写出高质量的读后感。

五、指导评赏，成就激励

1. 选出写得最好的读后感，在全班讲评。

引导学生一起分析此文好在哪里。各小组选出一至两篇最好的读后感，全班进行交流。

2. 小组合作，引导学生把自己认为写得最好的内容拿出来与大家一起分享，共同交流自己的成功之处。

设计意图：让学生把自己认为最好的内容拿出来与大家分享，一是让学生从内心深处有一种写作的成就感；二是可以让学生从不同的同学身上汲取更多有价值的东西；三是可以使学生开拓写作视野，丰富内心感受，分享大家的体验。

教师在指导学生写读后感时，一定要特别注意下列几点：

第一，要重在指导学生写"感"。"读后感"，顾名思义就是要写出自己读后的感想，虽然也要写读过的内容，但写作的重点应该放在"感想"上。只有在写作中抓住"感受"详写，才能突出文章的重点。

事实上，学生在写读后感的过程中往往会出现这样的问题：对原文内容叙述太多，而最后的感受往往写得太少，重点不突出。

第二，写感想要联系自己的生活实际。如果只是空谈自己的感受，不结合生活实际，感想就没有说服力，体会也就不会深刻，也很难打动人。

第三，中年级的学生要按照课标的要求，先概括感源再写感受可以，夹叙夹议也行。总之，在写作时要不拘形式。

[范文点评]

例文：

可怜天下"儿女心"

——读《爱的针法》有感

以前，我读过许多关于母爱的文章，对于"可怜天下父母心"这句话深有感触，也深信不疑。然而，当我读了《爱的针法》这篇文章后，我对于儿女对父母的爱也有了新的认识，从内心深处感受到了可怜天下"儿女心"。

当我怀着激动的心情读完《爱的针法》这篇文章以后，我真的被这篇文章触动了，也真的被文章中儿子对父母的爱打动了。文章叙述的事情是那么小，就是写了一位朋友因为他爸爸妈妈都是接电话非常急的人，一次，妈妈为接电话碰肿了脚趾，从此他就和二老约定，打电话先拨一遍，给他们足够的时间准备，然后再拨。一件小小的事情，一个小小的细节，让我看到了儿子的细心，也看到了儿子对父母的关爱。儿子真是有心人，父母性急，他了解；母亲碰伤了，他为此着急，而且就因为这个，还设身处地地为父母想出了解决的好办法。从此，母亲可以悠闲地做好接电话的准备，再也用不着那样着急，用不着因着急而碰伤了。

多么小的一个细节啊，儿子却想到了。他对父母的关心是多么细致入微啊！想想自己，我的妈妈对我是那么体贴、那么无微不至，就连芝麻大的一点小事都为我想着，而自己真正体贴妈妈和爸爸的时候却很少。今天，读了这篇文章，我认识到，爱也应是相互的。我不能光接受父母的爱，更应对父母付出更多的爱。而且，儿女对父母的爱就像文章中那样体现在生活的细节中。

可怜天下父母心，同样也应可怜天下"儿女心"。这样，尊老爱幼的中华美德才能世代相传。

（张琦凡）

点评：

小作者选取了文章中叙述的一件小事作为感想的源泉，围绕"可怜天下'儿女心'"这一要点进行了思考，谈出了自己的认识，写出了自己真实的感受，最后又联系生活写出了自己的认识，表达了自己的观点。感情真挚，重点突出，感想深刻，不失为一篇佳作。

张扬个性　自由表达
——《记一次辩论》作文指导课的教学设计

[习作内容]

人们常说："开卷有益。"但也有人说："开卷未必有益，看了那些不健康的书反而有害。"你对这个问题怎么看？我们可以展开一次辩论。

辩论结束后，可以以"记一次辩论"为题，写一写这次辩论的经过，也可以把自己对这个问题的看法写下来。

[设计理念]

回归生活本源。课程标准指出，写作教学应贴近学生的实际，让学生易于动笔、乐于表达，应引导学生关注现实、热爱生活、表达真情实感。这一论述集中体现了"生活本源"的教学理念。生活是作文的源泉。教师要想方设法引导学生去体验生活，调动各种感官关注生活，丰富思想和情感体验，获取真实、鲜活的生活素材，生发表达欲望，自由快乐地抒写美好生活。

凸显作文个性。作文个性化是作文教学的研究和发展方向。本次设计力求面向全体学生，关注学生的个性差异，实施差异教学，激励学生自由地倾诉所见所闻、所思所感，写出个性，富有创意，真正实现选材的个性化、思维的个性化、写作内容的个性化和表达的个性化。

[教学目标]

1. 能根据自己的兴趣爱好自由选择自己喜欢的写作内容，进行自由表达。

2. 在体验中观察与思考，写好辩论的经过及自己的收获，增强表达能力。

3. 通过讲述读书故事、交流读书体会、介绍采访心得、开辩论会等活动，提高认识水平，认识到读好书的重要性，练习修改自己的习作。

[写前准备]

1. 学生准备读书故事、读书体会、采访。

2. 精心准备写作前的口语交际课。本节课以辩论会为主，重点准备辩论会的设计过程，准备说明"开卷有益"和"开卷未必有益"的材料。教师在口语交际课上要引导学生注意关注辩者的语言、动作、表情、神态等。

[教学过程]

一、导入激发兴趣，点燃表达欲望

1. 播放精心剪辑以后的辩论会的精彩录像片段。

2. 谈话导入。

同学们，刚才我们又重温了那场辩论会的经典片段，同学们都欣赏得津津有味。看了自己的精彩表现，大家都很振奋，这次辩论会真是让人回味无穷、印象深刻啊！如果以"记一次辩论"为题写下来，一定会使此次辩论在我们心中得到永久的珍存。

设计意图：产生兴趣，是学生愿意写、喜欢写的前提和基础。本环节播放剪辑后的录像片段，一是可以让学生回顾那节课的精彩之处，进行一次再观察、重体验，引起他们对辩论会的美好回忆，激发他们的自豪感；二是可以以此点燃学生表达的欲望。

二、明确习作要求，畅谈辩论经过

1. 出示习作要求，引导学生自主审题。

课件出示：请以"记一次辩论"为题，写一写这次辩论的经过，也可以把自己对这个问题的看法写下来。

请学生思考：读了此要求，你明白了什么？

着重引导学生明白：

（1）从写作内容来看，文章应重点写辩论的经过或自己对这个问题的看法。

（2）从辩论的数量范围来看，本次习作应只写"一次"辩论，而不是两次或三次等。

（3）从体裁来看，文章应写成记叙文。

2. 回顾辩论过程，自由对话交流。

（1）学生根据自己的记忆，回顾辩论过程，在小组中富有个性地自由叙说辩论的经过。

①学生在组内交流。教师巡视、检查、督促、提醒，力求引导全体学生都发言。

②教师分层指导。对优秀的学生指导，旨在提高难度；对个别表达有困难的学生采用个别辅导或同学互助的方法，旨在鼓励他们大胆表达自己的想法。

③生生互听互评，互相启发，共同提高语言表达水平。

④推荐表达富有个性的代表参加全班交流。可以选取辩论事例与众不同的，可以选取语言表达富有特色的，也可以选取叙说有条理的，只要具有独特的个性特点的同学，就可以被推选出来参加全班交流。

（2）全班对话交流辩论经过，教师在交流中点拨引导。

①学生全班交流。

②师生共同给予评析及点拨引导，重点评析富有特色并值得学习的习作。同时，教师应点拨引导学生叙述辩论经过中的重点，例如，"同学们怎样才能把辩论经过说得更清楚、更具体呢？""你认为还应注意说清楚哪些方面的内容？"引导学生补充。

（3）在学生交流的基础上，教师归纳总结要说好辩论经过需要注意的几个方面。

①此次辩论带给你的启示，即要表达的中心。

②重点要说好大家是怎么辩的，即辩论的精彩内容、方法和技巧，如有理有据、用举例的方法来说明自己的观点以及大家的表情、神态、辩后的感受等。

③可以按一定顺序说，如"辩论前——辩论时——辩论后"的顺序或倒叙的顺序等。

④要注意说好自己感兴趣的地方。

⑤说清自己的收获或体会等。

（4）教师小结。

设计意图：先说后写，自由表达。说是写的前提和基础，先说后写，符合写作规律。从思维和语言的关系看，先说后写是一个整理思想、疏通思路的过程。在学生说的过程中，教师的点拨引导能帮助学生将表述零散、不完整、不具体的内容有条理、具体、完整地表达出来，使学生进行第一次素材整理。说，为较好地进行书面表达做了铺垫，搭建了桥梁。

先放再收，放中有收。先放手让学生自由表达、想说什么就说什么，再在学生说的过程中给予恰当的点拨引导，使其明确该说的内容。

三、自由个性表达，互相修改习作

学生可以写"记一次辩论"，如果有的学生有把握也可以写读书故事、交流读书体会、介绍采访心得等。

1. 学生独立习作，教师巡视指导

（1）学生进行习作，教师对有困难的学生进行个别指导。

（2）学生完成初稿后，可在小组内交流自己的习作。

2. 选择典型习作进行全班评析

（1）对比评改。

教师把在巡视过程中发现的最好的习作，或小组推荐的写得有特色的佳作，以及具有共性问题的作文用实物投影仪展示出来，全班评议。

①评议优秀作文，学习他人优点。

结合本次习作的重点进行评议，请学生思考优秀作文的哪些地方最值得学习，可重点引导学生从辩论内容、表达方法两个方面进行赏析。既可以从辩论人员是怎么辩的，如语言、行为、表情、神态、选取的事例等方面进行赏析，又可以从其表达方法方面富有创意的地方进行赏析。教师可将学生赏析出的优秀片段或句子等在实物投影仪上呈现出来，供大家学习。

②评点问题作文，指出修改意见。

师生共同评析几篇问题作文，找出其中存在的问题，提出修改策略。预计可能出现的问题是：辩论的过程写得不具体，写不出同学在辩论过程中的精彩之处，捕捉不住具有代表性的语言、动作等。

师生共同提出修改策略。

③依据上面的评议方法，组内同学互读互评，并能针对不同同学写的不同内容提出修改建议，然后同学自改。

④小组内再互改习作。

⑤朗读修改后的佳作，共同赏评。

全班推荐一至两名同学，分别朗读各自的习作，可以是全文，也可以是片段，教师引导学生进行赏析。

（2）教师小结。

（3）再次修改自己的习作，满意后抄写在作文本上。

设计意图：一是学生根据自己的喜好，进行自由表达；二是师生根据自己的经历参与评价，抓住学生独特的感受进行积极评价。

（4）课后作业。

①整理习作和收集到的资料，小组合作办一期以"读书乐"为主题的手抄报。

②誊写作文，制作小报，举行成果交流会。

后　记

让学习成为生命的自觉，让研究成为一生的习惯，让创新成为永远的追求。

——商德远

历经数年，本书在大家的帮助下终于问世了。书中的作品是我近年来在教学和教研一线不懈学习和深度研究的智慧结晶。

2000年，我在新世纪学校时，就在郭青伟和徐学红等校领导的引领和指导下，学会了自主学习和记学习笔记，并一直坚持至今。这些积累丰厚了我的知识底蕴，提升了我的知识素养，这为我成为一名特级教师打下了坚实的基础。在此，我要真诚地感谢新世纪学校的郭青伟校长和徐学红校长以及和我一起工作过、给我帮助的同事们，是他们的帮助引领我走向成功。

我的研究在青岛市南区教育研究指导中心驶入了快车道。在当教研员的5年里，我多次跟随山东省教研室的李家栋老师、青岛市教研室的张兴堂老师编写教材、参与教学研究，在与他们的共同研究和学习中，我从他们那里学到了研究方法，提高了教学研究水平。在他们的帮助下，我有数篇学术研究论文发表，主编和参编论著近二十部，指导十余名青年教师在市、省、全国优质课比赛中获奖，还被评为"山东省特级教师""全国优秀教研员"等，取得了丰硕的教学研究成果。当然，在进行教学研究的过程中，青岛市教育局、市南区教育局领导及教育中心的领导和同事们以及那些老教研员们都给予了我很多关注、指导和帮助，我的成长凝聚了他们的大量智慧和心血。在此我要对所有关心、帮助过我的各级领导、教研员、同事们表达最诚挚的谢意！

现在，作为青岛市太平路小学的一位副校长，在太平路小学这个温暖、和谐的大家庭里，我得到了校长和同事的关心与厚爱。工作上，朱雪梅校长给予了我很多支持、帮助和关爱。在这里，我被评为了"齐鲁名师""青岛市专业技术拔尖人才""市南区优秀党员"等，朱雪梅校长和所有同事是值得我永远感恩的好领导、好同事。

除了几篇是近期刚刚写出还未发表的，本书中的文章绝大多数都是在国家中文核心期刊或书籍上发表过的。在此，我要向这些书刊的编辑们致以真诚的感谢和敬意。

当然，最应该感谢的还有我的爱人蒋文老师。她本身也是一位很优秀的语文老师，为了支持我的工作，她默默地承揽了家里的所有事情，放弃了很多发展的机会，这才让我有了更多的时间和精力进行学习、研究和工作。

……

还有太多需要感恩的人！今天，我在这里感恩所有帮助过我的人，并不意味着感恩就此结束，恰恰相反，这是一个新的感恩起点！感恩永远没有终点！我相信，有了大家的支持、关心和帮助，我一定会坚持我的理想和信念，坚持对教育事业的美好追求，持之以恒地学习、研究和创新，争取有更多的研究成果问世！

西南师范大学出版社
《名师工程》系列丛书目录

系列	序号	书　　名	主编	定价
创新课堂系列	1	《个性化课堂教学艺术：小学语文》	商德远	30.00
	2	《如何实现三维目标——让学生与文本共鸣的诵读教学》	张连元	30.00
	3	《想说　会说　有话可说——突破作文瓶颈的三维教学法》	杨和平	30.00
	4	《综合课的整合创新教学》	周辉兵	30.00
	5	《如何打造学生喜欢的音乐课堂》	张　娟	30.00
	6	《理想课堂的构建与实施——一个教研员眼中的理想课堂》	张玉彬	30.00
	7	《小学语文：决定教学质量的关键策略》	李　楠	30.00
	8	《用〈论语〉思想提升数学教育智慧》	胡爱民	30.00
	9	《童化作文——浸润儿童心灵的作文教学》	吴　勇	30.00
思想者系列	10	《做一个纯粹的教师》	许丽芬	26.00
	11	《率性教书》	夏　昆	26.00
	12	《为爱教书》	马一舜	26.00
	13	《课堂，诗意还在》	赵赵（赵克芳）	26.00
	14	《今日教育之民间立场》	子虚（扈永进）	30.00
	15	《教育，细节的深度反思》	许传利	30.00
	16	《追寻教育的真谛——许锡良教育思考录》	许锡良	30.00
高效课堂系列	17	《用什么提高课堂效率——有效数学课必须关注的10大要素》	赵红婷	30.00
	18	《让作文更轻松——小学作文高效教学36锦囊》	李素环	30.00
	19	《让研究性学习更高效——研究性学习施教指导策略》	欧阳仁宣	30.00
	20	《让母语融入学生心灵——提升学生语文素养的高效施教艺术》	黄桂林	30.00
班主任专业化系列	21	《神奇的教育场——打造特色班级文化创新艺术》	李德善	30.00
教研提升系列	22	《教师怎样做小课题研究——高效助力教师专业化成长》	徐世贵　刘恒贺	30.00
	23	《今天我们应怎样评课》	张文质　陈海滨	30.00
	24	《今天我们应怎样进行教学反思》	张文质　刘永席	30.00
	25	《一节好课需要的教育智慧》	张文质　姚春杰	30.00
优化教学系列	26	《让教学更生动——激发兴趣让学生快乐认知》	朱良才	30.00
	27	《让教学更高效——策略创新让教学事半功倍》	孙朝仁	30.00
	28	《让教学更开放——拓展延伸让学生触类旁通》	焦祖卿　吕　勤	30.00
	29	《让教学更生活——体验运用让学生内化知识》	强光峰	30.00
	30	《让知识更系统——整合与概括让学生建构体系》	杨向谊	30.00
	31	《让思维更创新——思辨与发散让学生思维活跃》	朱良才	30.00
名校长核心思想系列	32	《做一个智慧的校长》	孙世杰	30.00
	33	《成为有思想的校长》	赵艳然	30.00
名校系列	34	《好学校，从关注每个学生开始——石梅小学优质教育多元感悟》	顾　泳　张文质	30.00
幼师提升系列	35	《全国优秀幼儿健康教育活动课例评析》	教育部教育管理信息中心	30.00
	36	《全国优秀幼儿艺术教育活动课例评析》	教育部教育管理信息中心	30.00
	37	《全国优秀幼儿社会教育活动课例评析》	教育部教育管理信息中心	30.00
	38	《全国优秀幼儿语言教育活动课例评析》	教育部教育管理信息中心	30.00
	39	《全国优秀幼儿科学教育活动课例评析》	教育部教育管理信息中心	30.00

系列	序号	书　　　名	主编	定价
名课名师系列	40	《名师如何炼就名课》（美术卷）	李力加	35.00
教师修炼系列	41	《班主任工作行为八项修炼》	杨连山	30.00
	42	《教师心理健康六项修炼》	李慧生	30.00
	43	《教师专业化五项修炼》	杨连山　田福安	30.00
	44	《课堂教学素养五项修炼》	刘金生　霍克林	30.00
	45	《高效教学技能十项修炼》	欧阳芬　诸葛彪	30.00
	46	《教师新师德六项修炼》	王毓珣　王颖	30.00
创新数学教学系列	47	《小学数学：名师教学目标落实艺术》	余文森	30.00
	48	《小学数学：名师高效教学设计艺术》	余文森	30.00
	49	《小学数学：名师易错问题针对教学》	余文森	30.00
	50	《小学数学：名师魅力课堂激趣艺术》	余文森	30.00
	51	《小学数学：名师同课异教》	林高明　陈燕香	30.00
	52	《小学数学：名师抽象问题艺术教学》	余文森	30.00
教育通识系列	53	《用心做教师——青年教师快速成长的十大定律》	王福强	30.00
	54	《做最受学生欢迎的老师》	赵馨　许俊仪	30.00
	55	《做有策略的校长——经典寓言与学校管理智慧》	宋运来	30.00
	56	《做有策略的教师——经典故事中的教育启示》	孙志毅	30.00
	57	《从学生那里学教书》	严育洪	30.00
	58	《突破平庸——提升教育质量的31个跳板》	严育洪	30.00
	59	《教育，诗意地栖居》	朱华忠	30.00
	60	《好班规打造好班级》	赵凯	30.00
	61	《做学生成长的引领者——学生终身成长的素质培养》	田祥珍	30.00
	62	《如何管出好班级——突破班级管理的四大瓶颈》	刘令军	30.00
	63	《青春期性教育教师实用手册》	闵乐夫	30.00
教育心理系列	64	《做最好的心理导师——中学生心理健康咨询手册》	杨东	30.00
	65	《每天学点教育心理学》	石国兴　白晋荣	30.00
	66	《学生心理拓展训练与指导》	徐岳敏	30.00
	67	《好心态成就好学生——学生心理问题剖析与对症教育》	李韦遴	30.00
教育管理力系列	68	《名校激励管理促进力》	周兵	30.00
	69	《名校安全管理执行力》	袁先潋	30.00
	70	《名校师资团队建设力》	赵圣华	30.00
	71	《名校危机管理应对力》	李明汉	30.00
	72	《名校校本研究创新力》	李春华	30.00
	73	《学校文化力建设策略》	袁先潋	30.00
	74	《名校长核心教育力》	陶继新	30.00
	75	《名校长高绩效领导力》	周辉兵	30.00
	76	《名校行政管理细节力》	杨少春	30.00
	77	《名校教学管理提升力》	张韬　戴诗银	30.00
	78	《名校学生管理教导力》	田福安	30.00
	79	《名校校园文化构建力》	岳春峰	30.00
创新语文教学系列	80	《小学语文：享受对话教学》	孙建锋	30.00
	81	《小学语文：名师教学目标落实艺术》	刘海涛　王林发	30.00
	82	《小学语文：名师魅力教学设计艺术》	刘海涛　王林发	30.00
	83	《小学语文：名师魅力课堂激趣艺术》	刘海涛　豆海湛	30.00
	84	《小学语文：单元整体教学构建艺术》	李怀源	30.00
	85	《小学作文：名师情趣课堂创设艺术》	张化万	30.00

系列	序号	书　　名	主编	定价
教育细节系列	86	《名师最具渲染力的口才细节》	高万祥	30.00
	87	《名师最有效的沟通细节》	李燕　徐波	30.00
	88	《名师最有效的激励细节》	张利　李波	30.00
	89	《名师培养学生好习惯的高效细节》	李文娟　郭香萍	30.00
	90	《名师人格教育的经典细节》	齐欣	30.00
	91	《名师营造课堂氛围的经典细节》	高帆　李秀华	30.00
	92	《名师最有效的赏识教育细节》	李慧军	30.00
	93	《名师最有效的批评细节》	沈旎	30.00
大师讲坛系列	94	《大师谈教育心理》	肖川	30.00
	95	《大师谈教育激励》	肖川	30.00
	96	《大师谈教育沟通》	王斌兴　吴杰明	30.00
	97	《大师谈启蒙教育》	周宏	30.00
	98	《大师谈教育管理》	樊雁	30.00
	99	《大师谈儿童人格塑造》	齐欣	30.00
	100	《大师谈儿童习惯培养》	唐西胜	30.00
	101	《大师谈儿童能力培养》	张启福	30.00
	102	《大师谈早恋与性教育》	闵乐夫	30.00
	103	《大师谈儿童情感教育》	张光林　张静	30.00
教师成长系列	104	《学学名师那些事》	孙志毅	30.00
	105	《给新教师的建议》	李镇西	30.00
	106	《教师心灵读本：成为有思想的教师》	肖川	30.00
	107	《教师心灵读本：教师，做反思的实践者》	肖川	30.00
高中新课程系列	108	《高中新课程：教师角色转变细节》	缪水娟	30.00
	109	《高中新课程：班主任新兵法细节》	李国汉　杨连山	30.00
	110	《高中新课程：教学管理创新细节》	陈文	30.00
	111	《高中新课程：更有效的评价细节》	李淑华	30.00
教学新突破系列	112	《把教学目标落实到位——名师优质课堂的效率管理》	冯增俊	30.00
	113	《拿什么调动学生——名师生态课堂的情绪管理》	胡涛	30.00
	114	《零距离施教——名师和谐师生关系的构建艺术》	贺斌	30.00
	115	《一个都不能落——名师提升学困生的针对教学》	侯一波	30.00
	116	《让学习变得更轻松——名师最能吸引学生的情境设计》	施建平	30.00
	117	《让知识变得更易学——名师改造难学知识的优化艺术》	周维强	30.00
教学提升系列	118	《方法总比问题多——名师转变棘手学生的施教艺术》	杨志军	30.00
	119	《用特色吸引学生——名师最受欢迎的特色教学艺术》	卞金祥	30.00
	120	《让学生爱上课堂——名师高效课堂的引导艺术》	邓涛	30.00
	121	《拿什么打开思路——名师最吸引学生的课堂切入点》	马友文	30.00
	122	《没有记不牢的知识——名师最能提升学生记忆效果的秘诀》	谢定兰	30.00
	123	《让学生的思维活起来——名师最激发潜能的课堂提问艺术》	严永金	30.00
名师讲述系列	124	《施教先施爱——名师讲述班主任的核心教导力》	杨连山　魏永田	30.00
	125	《在欢乐中成长——名师讲述最具活力的课堂愉快教学》	王斌兴	30.00
	126	《让学生做自己的老师——名师讲述如何提升学生自主学习能力》	徐学福　房慧	30.00
	127	《引领学生高效学习——名师讲述如何提高学生课堂学习效率》	刘世斌	30.00
	128	《教育从心灵开始——名师讲述最能感动学生的心灵教育》	张文质	30.00

《名师工程》系列丛书

征 稿 启 事

　　《名师工程》系列丛书是西南师范大学出版社策划、组织出版的大型系列教育丛书。丛书以新课程下的新教学为背景，以促进施教者的教育能力为落脚点，以提高教育质量、提升教师水平为宗旨。

　　丛书首批推出的"名师讲述""教学提升""教学新突破""高中新课程""教师成长""大师讲坛""教育细节""创新语文教学""教育管理力""教师修炼""创新数学教学""教育通识""教育心理""创新课堂""思想者""名师名课""幼师提升""优化教学""教研提升""名校长核心思想系列""名校工程""高效课堂""班主任专业化"等系列，共120多个品种，其余系列也将陆续出版。为了让广大教师有一个交流、借鉴的机会，同时也为了给广大教师提供更多、更好的图书，《名师工程》系列丛书编辑出版委员会特向全国教育工作者征集稿件。

稿件要求：

1.主题鲜明、新颖，有独创性。

2.主题以提升教育能力为主，也可适当外延。

3.主题要有一定规模、有典型案例支撑。

4.案例要贴近教育实际，操作性强。

5.文章、书稿结构清晰，语言精彩。

　　书稿作者在选题确定之后，请及时与我们做好沟通，具体事宜确定好之后再进行创作；也欢迎用已经完稿的稿件投稿。一线教师如希望参与图书案例的创作，可联系我社策划机构，由策划机构备案，在适合的图书中参与创作。

　　真诚欢迎各位教师踊跃投稿。

联系方式：

西南师范大学出版社高教分社

电话：023-68254356　　　　E-mail：zcj@swu.cn

西南师范大学出版社高教分社北京策划部

电话：010-68403096

E-mail：guodejun1973@163.com

图书在版编目（CIP）数据

个性化课堂教学艺术：小学语文/商德远编著. —重庆：西南师范大学出版社，2011.12

（名师工程系列丛书）

ISBN 978-7-5621-5631-4

Ⅰ.①个… Ⅱ.①商… Ⅲ.①小学语文课－课堂教学－教学研究 Ⅳ.①G623.202

中国版本图书馆 CIP 数据核字（2011）第 259858 号

名师工程系列丛书

编委会主任：马　立　宋乃庆

总策划：周安平

策　划：李远毅　卢　旭　郑持军　郭德军

个性化课堂教学艺术：小学语文

商德远　编著

责任编辑：钟小族　李　平

封面设计：吴乾文

出版发行：西南师范大学出版社

　　　　　　地址：重庆市北碚区天生路 1 号

　　　　　　邮编：400715　市场营销部电话：023-68868624

　　　　　　http://www.xscbs.com

经　　销：新华书店

印　　刷：九洲财鑫印刷有限公司

开　　本：787mm×1092mm　1/16

印　　张：16.5

字　　数：288 千字

版　　次：2011 年 12 月　第 1 版

印　　次：2011 年 12 月　第 1 次印刷

书　　号：ISBN 978-7-5621-5631-4

定　　价：30.00 元